中国出版家丛书
ZHONGGUO CHUBANJIA CONGSHU

国家出版基金项目
NATIONAL PUBLICATION FOUNDATION

Zhongguo Chubanjia
Luo Zhufeng

中国出版家

罗竹风

柳斌杰 主编　　许志杰 著

人民出版社

出版说明

　　出版不仅仅是一个充满竞争的商业领域，同时，它也深深打上了"文化"和"思想"的印记。在这个文化场域中，交织着多种力量的动态关系，通过出版物的呈现和出版活动的开展，描绘了一个时代的文化风貌；而回旋折冲于其间者，则是那些幕后活跃、台前无闻的各类出版人。他们自喻"为他人做嫁衣裳"，事实上，却是国家文化传承和历史记录的主要担当者，有出版发展的参与人和见证者甚至称他们所起的作用为保存民族记忆的千秋大脑。虽然扼据出版要津之地，却少见自家行当的人物传记出版。本丛书是第一次规模化地为这个群体中的杰出者系列立传，从一个人到一群人的出版事功中，折射出近代以降出版业的俯仰变迁，同时也见证着出版参与时代文化思想缔构及其背后深广的社会历史内容。那些曾经彪炳于时的出版人，一方面安身于这个行业，以其敏锐犀利的时代洞察力，在市场、经营与创意中躬行实践，标领乃至规划了这个行业的发展，并使之成为国民经济的一个重要门类；另一方面又在"安身"之外，显现出面向社会的公共性关怀与"立命"的超越性关怀，从职业而志业的追求中，服务于民族解放、思想启蒙与文化进步的社会性经营，书写了出版人生的风采、风骨与风流。

本丛书所传写的30余位出版人，均为活跃于20世纪并已过世的出版前辈。中国古代也曾涌现了陈起、毛晋等出版大家，只是未纳入本书的传主范围。丛书在体例上，有单人独传与多人合传之分，但这并不必然意味着对传主出版贡献及其历史地位的轻重判别，许多情况下的数人合传，乃困于传主史料的阙如而不得已的选择，某些重要出版人如大东书局总经理沈骏声、儿童书局创办人张一渠等，也囿于同样情形而未能列入本丛书的传主名单，殊觉憾事。虽说隐身不等于泯灭，但这个行业固有的幕后特征多少带来了出版人身份上的隐而不显、显而不彰。本丛书的出版，固然是想通过对前辈出版事迹的阐幽发微、立传入史，能让同样为人做嫁衣者的当今出版人不至于觉得气类太孤，内心获得温暖，并昭示后来者在人生目标上，在家国情怀上，在出版境界上，追步于前贤，自觉立起一面促人警醒自鉴的镜子；同时更希望通过一个个传主微历史的场景呈现，让更多的人认识到出版在产业之外，更是一项薪火相传的社会文化事业，它对时代文化的接引与外度，使其成为一种任何人都不可忽视的"势力"，在百余年来的社会发展进程中，发挥了不可替代的作用。

故此，我们推出这套"中国出版家丛书"，以展示中国文化创造者的风采，弘扬他们的优良传统和崇高的职业精神，发掘出版史史料，丰富出版史研究和编辑史研究。

"中国出版家丛书"编辑委员会
人民出版社编辑部
二〇一六年四月

目录

前　言

罗竹风（1911—1996），原名罗振寰、罗震寰，曾用笔名田牛、陆旭、骆漠、戴春雨等，山东省平度县（今平度市）人。他是中国著名社会活动家、出版家、杂文家、语言学家、宗教学家、辞书编纂家，曾任上海市出版局代局长，中国宗教学会副会长，上海市哲学社会科学学会联合会主席、名誉主席；任《辞海》常务副主编，主编《汉语大词典》、《中国大百科全书》宗教卷、《中国新文学大系》（1949—1976）杂文卷，是《中国人名大词典》主编之一。

罗竹风于1931年考进北京大学中文系，其间参加北大学生南下爱国请愿活动，创办报纸《北大新闻》和杂志《冰流》。他以笔名田牛在《冰流》杂志上发表小说《潮汐》、《建设》、《这一群》等作品，并于1934年在陈望道主编的《太白》杂志上以陆旭为笔名发表了杂文《看画》，这也是目前我们能够看到的罗竹风最早的一篇杂文。而笔名陆旭有人认为是鲁迅的谐音，或可管窥青年罗竹风对于鲁迅先生的敬慕始自北大。由此可见，罗竹风成为著名杂文家非一日之功,他的内心世界早有一个杂文家的梦想。创办《北大新闻》和《冰流》,则是作为出版家的罗竹风留下的第一串脚印。此后,他便再也没有停下为出版事业打拼、探索、前行的脚步,直到生命的最后一刻。

可以说,出版工作是贯穿罗竹风一生的事业主题,生命主线,社会根基。

学生时代,他参与创办报纸、刊物;在民族危难之际,他更是义无反顾,脱下长衫,投笔从戎,组织领导胶东地区的抗日武装。在担任八路军三支队八大队政委和平度第一任抗日民主政府县长的同时,他还兼任《抗战日报》社社长,主编《海涛》半月刊,亲自撰写了大量关于抗日战争的社论、政论、时评,极大地鼓舞了胶东地区人民抗战必胜的信念。胶东地区是八路军控制区域较大、较为巩固的抗日根据地,武装抗日烽火连天,文化抵御日军侵略同样如火如荼。除了前述罗竹风亲自担任社长、主编的报纸、杂志之外,还有《胶东大众》、《胶东青年》、《大众画刊》、《农村戏剧》、《文化防线》、《大众报》,宣传力度非常强大。罗竹风既是这些报刊的组织者、策划者,也是主要撰稿人。文章种类涉猎广泛,既有小说,也有政论、文艺评论、杂文,还有多篇关于新文字改革的文章,如《猛烈开展新文字运动》、《从新文字的理论到实际》,今天读来依然有诸多启迪。对罗竹风冠以语言学家,许多人不甚理解。翻看抗战时期乃至更早一些他关于新文字推广的鸿篇巨制,你就会懂得罗竹风作为语言学家是当之无愧的。

有人问,为什么罗竹风能够从一个杂文家而衍生成那么多的"家",接任罗竹风担任上海市哲学社会科学学会联合会主席的李储文作如是说:"他在年轻时就打下了深厚的学术功底,加上一生勤奋好学，锲而不舍，从不浅尝辄止，更不哗众取宠，孜孜不倦地寻求知识，追求真理。"[1]

通俗地说起来就是他干一行，爱一行，专一行，精一行。1949年6月2日青岛解放，罗竹风作为军代表接管山东大学。经历了一系列的整肃、理顺、规整之后，在校长华岗的领导下，山东大学迅速找到了教学、科研的正确途径。《文史哲》杂志的创办，便是这一时段山东大学发展的明证。《文史哲》是一本同人杂志，大家有钱出钱、有力出力，初期的《文史哲》便办得有声有色。毕竟那是中华人民共和国成立初期，百业荒废，百废待兴，稿子虽然不成问题，但印刷、发行却是离了钱寸步难行的。于是，主编杨向奎亲自到山东省和青岛市有关部门跑钱，作为山东大学教务长的罗竹风则是跑邮局协调杂志的发行工作，使居于一隅的第一份由大学创办的学术刊物，迅速走向了全国。罗竹风后来回忆说："1951年初秋，华岗同志作为上任不久的山东大学校长，他应华东局和华东军政委员会的邀约，曾到上海述职。陈毅元帅在一次宴会上，曾盛赞《文史哲》开风气之先，各高等院校应当仿效。"[2]

《文史哲》创刊不久的1951年8月，罗竹风奉调赴上海工作。服从组织安排，听从党的调遣，是罗竹风那个时代知识分子的特点。从他后来的回忆中可以看出，虽然他对离开山东大学有种种的不舍，但还是愉快地踏上了新的工作岗位。在《七十四岁自述》的长文中，罗竹风说："这一段是最值得我怀念的，可惜时间并不长，如果能够继

---

[1]　上海社会科学学会联合会主编：《罗竹风纪念文集》，上海辞书出版社1997年版，第2页。

[2]　罗竹风：《回顾以往　激励未来》，《文史哲》1986年第5期。

续下去，那该多好呀。"① 从他之后对《学术月刊》的支持来看，其实，罗竹风的心里还是放不下自己参与创办的《文史哲》。1957年《学术月刊》在上海创刊之后，他说："全国性的学术刊物还不多，只有《新建设》、《文史哲》两家，《学术月刊》创刊后，可谓鼎足而三了。"《新建设》在北京，《文史哲》在山东，《学术月刊》在上海。罗竹风身在"曹营"，心却一直记挂着《文史哲》，《学术月刊》的创刊其实是他深藏心中的那份情愫的延展。此后几十年，罗竹风一直努力呵护着《学术月刊》，使其茁壮成长。这既是他对一份学术刊物的厚爱，更是他希望借此实现风清气正、百家争鸣、百花齐放，营造一种学术研究氛围的远见所在。

初到上海，罗竹风的职务是华东抗美援朝总分会秘书长，围绕抗美援朝、保家卫国，开展生产自救和增产节约运动。第二年，他调任华东军政委员会宗教事务处，不久被任命为宗教处处长。从此，罗竹风一直在上海工作，无论抗美援朝，还是宗教事务，都容不得半点拖沓和延误，都是关乎国家安定、民族进步的大事。干一行就要干好一行的罗竹风，全身心投入其中，以满腔的热忱把自己本不熟悉的陌生工作，做得风生水起，卓有成效。现在我们说罗竹风是宗教学家，起点就在他出任宗教处长这四年多的时间。正是这不寻常的四年，让罗竹风熟悉了宗教的历史、文化，以及具有社会主义特点的中国宗教。"文化大革命"时期，有造反派找他调查曾任金陵神学院院长、全国政协副主席丁光训的问题。罗竹风用一句反问，把造反派问得哑口无言："共产党办党校，校长总是会写宣传马克思主义文章的，

---

① 罗竹风著：《杂家和编辑》，山西人民出版社1986年版，第1页。

那么，怎么能够期望一个基督教神学院的院长，写出宣传无神论的文章呢?"[1]此语彰显了罗竹风对宗教工作的真知灼见。当然，如前所述，出版是罗竹风贯穿一生的事业，他之所以被誉为著名宗教学家，在于此后他对宗教学的精辟总结和深邃阐述，都以出版的形式体现在了这些不朽的典籍之中，如《中国大百科全书》宗教卷、《中国社会主义时期的宗教问题》、《人·社会·宗教》、《上海宗教史》、《宗教通史简编》、《宗教经籍选编》、《宗教学概论》等。每一部书在当时都是启蒙性和建设性的宗教学开山之作，对于中国宗教学的研究、教学、实践，具有开拓性和引领作用。

罗竹风从一个业余或者说兼职出版家到职业出版家的角色转变，是他 1957 年 11 月被任命为上海市出版局代局长之后。如果说，此前他做了一系列与出版有关的工作，属于兼而有之的话，那么任出版局局长则是踏上了名副其实的职业出版家之路。一个出版家所应具有的基本素养、学识、胆识、情怀、眼界，以及对出版事业的前瞻、驾驭、把握，作为出版局长必不可少。尤其是对当时的上海市出版局局长，要求尤甚。上海是中国近现代出版事业的发源地，在这里曾经诞生了影响至今的多个出版机构，涌现出张元济、王云五、陆费逵、鲁迅、邹韬奋、郑振铎、李小峰、叶圣陶、赵家璧、赵景深等一批出版大家。要做好上海市出版局局长，没有自己的主见是难以打开局面的。罗竹风上任之初，首先要求出版工作必须坚持党的领导和社会主义出版方向，在这个基础上"百花齐放"。他以"多出书，出好书，形成规模，形成优势"作为出版方针，严格按照"坚持质量第一"的基本

---

[1] 　上海社会科学学会联合会主编:《罗竹风纪念文集》，上海辞书出版社 1997 年版，第 20 页。

原则，保持了上海图书出版工作全国前列的势头。

在 1959 年《上海出版工作》第三期上，有一篇罗竹风《对提高书籍质量问题的几点意见》的文章，今日读来依旧耳目一新，仍可作为现代出版工作的指导性文献。大概有以下几点：

一是制定年度选题计划和长远选题计划，选题是出版工作的龙头，龙头先行，可以带动全盘。

二是经常开展组稿活动，千方百计地开辟稿源。只有稿子多起来了，有回旋的余地，编辑才会心情舒畅，从而提高书籍质量。

三是计划有了，稿子也有了，编辑加工很重要。编辑要对作者负责，对读者负责，从书的内容到形式，都必须认真对待，一丝不苟。

四是出版社除每年出版的新书之外，还必须注意修订旧书，使之有再版的机会。

总之，罗竹风的要求是，质量第一，多出好书，宁缺毋滥，决不凑数。

要知道，罗竹风说这话的时间节点和社会背景，是在 1957 年反右，隔年"大跃进"，那样的大气候之下。我认为这应该就是罗竹风出版思想要义所在。正是在罗竹风这样出版思想的指导下，上海出版系统接连推出深受读者欢迎的好书，代表作就是少年儿童出版社编辑出版的《十万个为什么》。不知道有多少人读着《十万个为什么》长大，甚至可以说这套书影响了几代中国人的成长。

罗竹风作为出版家对于出版工作的重要贡献，是他对编辑角色的思考，他提出的编辑"杂家"说，可谓其编辑思想的核心。1962 年 5 月 6 日，罗竹风在《文汇报》副刊"笔会"，发表署名"骆漠"的杂文《杂家——一个编辑同志的想法》。本来这就是一篇稍带一些个人见解的杂文，或者说是一篇探讨编辑工作性质的短小精悍的论文，没料到却成了此后数年罗竹风被无休止揪斗的借口。《杂家》发表一周之后，时任《解放日报》编委兼文艺部主任的姚文元也在同一张报纸的同一副刊同一位置抛出《两个编辑同志的想法》，从标题就能看出其针锋相对的用意。姚文元还附一短信，声称："如果你们还允许我争鸣的话，请把此文照登。"

罗竹风和姚文元两篇观点迥异的文章一经见报，立即引来如潮的"支持"与"反对"。《文汇报》编辑部共收到六十多封读者来信，几乎一边倒地批评姚文元，力挺"骆漠"。同样是编辑，深知作为一名编辑不易的《文汇报》工作人员，在征得领导首肯之后，准备将这些来信整理，在报纸上开展"如何做好编辑工作"的讨论。在上级主管领导的干预下，《文汇报》准备的讨论还没有讨论起来，就被捂下了。然而，罗竹风因《杂家》而闯下的祸根并未拔除，有关领导甚至对他直接点名。时间不长，罗竹风便顶着上海市出版局代局长的官帽，被安排专心去搞《辞海》的修订编纂工作去了。从此，罗竹风也结束了自己五年多的职业出版家生涯，而走上了职业辞书编纂家的道路。

是年，罗竹风 52 岁。

《辞海》的修订是从 1957 年开始的。当年，毛泽东视察上海，在谈到上海作为中国近现代出版高地应当有更大作为时，他提出上海出版界和文化界要修订 1936 年版的《辞海》。遵照毛泽东的指示，上海市委指定石西民主管，主编 1936 年版《辞海》的舒新城继续担任主编，罗竹风任副主编。这是毛泽东嘱托的事，是罗竹风作为辞书编纂家接手的第一项重大任务。1958 年春，《辞海》修订编纂工作进入启动阶段。罗竹风作为上海市出版局领导，首先抓了中华书局辞海编辑所的组建工作，对干部的配备、人员调动、选择办公场所等问题，一一过问，帮助落实。《辞海》的修订编纂工作，从此有了一个专司其职的工作机构和一支具有相当水准的编辑队伍。

如何将一部编纂于二十多年前的"旧"《辞海》，修订为符合时代特点和具有前瞻性的"新"《辞海》，罗竹风把修订方针概括为政治性、科学性、通俗性、正面性、知识性、稳定性。他对释文原则和表述顺序，以及力求内容详略、深浅、适当，作出了更为具体的规定。释文内容必须切题，不可东拉西扯，罗竹风形象地定为"四至"说，即"东至墙、西至庙、南至沟、北至道"。经过五年多的艰辛修订，1961年10月，《辞海》出版了以二稿"试写本"为基础，按学科分类编排的内部发行"试行本"16分册；1963年4月，又在"试行本"征求意见的基础上，修订完成了继续供内部修改使用的"试排本"60分册；1965年4月出版了《辞海》（未定稿）版，全书收词98000条，总字数达到1160多万字。虽称"未定稿"，实际已经达到了公开出版的要求和标准。

其后，《辞海》的修订工作因"文化大革命"而陷入停摆状态。

罗竹风在遭受了10年"文革"的迫害之后，1976年10月获得了重新工作的机会，被临时挂在上海人民出版社古籍组，编辑《中华文史论丛》。两年之后的1978年，他得以平反并恢复名誉，"官复原职"，任《辞海》副主编。他对那十年遭受的迫害并没有过多的纠结和怨恨，反而对自己工作进行了"检讨"。罗竹风曾经这样说："二十多年来，《辞海》的修订任务未能及时完成，我们有愧于老一辈的无产阶级革命家。有愧于广大的知识分子和干部，也有愧于'望眼欲穿'的

所有读者们。"① 这是何等的胸怀和工作热情啊。1978 年底开始编纂新
1979 年版《辞海》。为向中华人民共和国成立三十周年献礼，罗竹风
坐镇编辑部，挑灯夜战九个多月，保质保量准时地让 1979 年版《辞
海》面世了。

罗竹风对 1979 年版《辞海》的修订工作，作了这样的总结：

其一，辞书是工具书，不同于一般书籍，不是一家之言，不是
一般的评论文章，概括起来就是实事求是的精神。他举例说，"假如
习仲勋一直不露面，彭德怀尚未平反昭雪，对于解放战争的第一野战
军，究竟应当怎样写？没有司令员和政治委员，这对一支强大的野战
军，岂不是莫大的讥讽。"②

其二，辞书不是从头到尾读的，而是备查备用的工具书。《辞海》
体例规定，大条目不过四五百字，中条目三百字左右，小条目只有
一二百字。言简意赅，要言不烦，大约就可以概括了。

其三，应当依靠知识分子，特别是依靠专家学者编纂修订辞书。
修订《辞海》属于提高性质的工作，需要专长，离开专家学者是无法
完成这一艰巨任务的。

罗竹风认为，对比 1936 年版《辞海》，1979 年版《辞海》可谓
面目一新，第一，条目增多、更新了。第二，释文更加确切稳定了。
第三，整个内容充实了。第四，文风更加简洁了。第五，知识性得以
全面贯彻。

在实践中探索，在探索中总结，在总结中改进，在改进中完善，
这是罗竹风从事出版工作的操作思路。正是由于罗竹风有修订编纂

---

① 罗竹风著：《行云流水六十秋》，上海教育出版社 1991 年版，第 526 页。
② 罗竹风著：《行云流水六十秋》，上海教育出版社 1991 年版，第 527 页。

《辞海》的心得，他主编《汉语大词典》时，才轻车熟路，其工作方法和编纂手段、出版思想日臻成熟。《汉语大词典》是一个浩大的系统工程，为了保证编纂工作有条不紊地向前推进，罗竹风提出了"三驾马车"的工作方法。第一驾马车，是为后勤保障提供人力、物力的工作委员会；第二驾马车，是由吕叔湘担任首席顾问，王力、叶圣陶等 14 位专家、学者组成的学术顾问委员会；第三驾马车，是由 72 名专家、学者组成的编辑委员会。"三驾马车"在主编罗竹风的统一指挥驾驭下，齐头并进。曾任上海辞书出版社社长、副社长的阮锦荣和孙立群说，"三驾马车"不仅为顺利编纂《汉语大词典》奠定了坚实基础，也为后来的大型辞书编纂树立了组织架构的典范。从此，"三驾马车"带领着华东五省一市几十个编写组、几百名专家学者跨越了举步维艰的初创期，共同为营建《汉语大词典》这座文化长城而工作。

毋庸置疑，罗竹风作为出版家，所经历的那个时代已经与时下出版界的境况大不相同了，可能有人会认为罗竹风的出版思想已经过时了。在当今社会，传统出版业面临着新媒体、自媒体和新兴阅读方式的全面挑战，出版家是否还有立身之地呢。如同当年毛泽东决策修订《辞海》、周恩来拍板编纂《汉语大词典》一样，罗竹风应运而生，成为了那个时代成功的出版家。当今出版业依旧需要更多具有知识分子气质、企业家决策能力和自觉意识、敢于担当的出版人，全身心地投入到适应新需求、新发展的出版事业中来。新一代出版人可能很难像罗竹风那样"又杂又专"，行行成家了。毕竟，像罗竹风这样的出版家，即使在他那个时代也并不多见。但是，无论时代如何变幻，出版人所应有的角色自信、文化自觉、担当精神、社会情怀，是不会随着社会变迁而消磨殆尽的。

应国靖先生在编辑罗竹风的《杂家和编辑》这本书时，于后记中这样说："在我选编这本集子时，既是我的再学习过程，也使我更全面地认识了罗老，我衷心祝愿罗老'一点浩然气，千里快哉风'，我们国家的文化事业需要这样博学多才、忠厚仁慈的学者。"① 亦如应国靖先生所言，写作本书的过程，既是我作为一个曾经的出版界小兵，对罗竹风为代表的老一代出版家的敬意，也是不断修正自己的出版想法，向老一辈出版家再学习、再致敬的心路历程。

斯人已去，罗竹风留给出版事业的精神财富，只要我们珍惜，就是一代又一代出版人取之不尽、用之不竭的宝贵矿藏。每当想起罗竹风在修订编纂《辞海》时，以古稀之年，将 1340 余万字的《辞海》通读一遍时，不禁心潮澎湃，难以自抑，甚至在写作中几次流下了感动的泪水……让我们一起走进罗竹风的出版世界吧，弘扬他的出版思想与精神，努力前行，再前行。

---

① 罗竹风著：《杂家和编辑》，山西人民出版社 1986 年版，第 497 页。

第一章

又杂又专　行行成家

——罗竹风的"杂家"情怀

1931 年，罗竹风考取北京大学中文系，同时还被清华大学的生物系录取，最终，罗竹风选择了北大中文系。那年，北大中文系只招了 6 名学生。罗竹风的这个决定，其实就是他日后成为出版家的原点。

在家乡读书的时候，罗竹风就受到后来曾担任中共山东省委书记的平度老乡刘谦初革命思想影响。刘谦初当时在燕京大学读书，与李大钊领导的北大学生组织联系密切，是燕京大学为数不多的接受中共地下党领导的学生领袖，参与主编《燕大周刊》。假期回家，刘谦初组织青年学生学习"五四"领袖李大钊、陈独秀、胡适、傅斯年、鲁迅等人的文章，他带回平度的一册《新青年》杂志，顿使罗竹风等思想活跃的小伙子，眼界大开。罗竹风选择北大中文系，在北大读书期间又参与创刊《北大新闻》和《冰流》杂志，几乎是沿着刘谦初的道路走下来的。

入学北大不久，即发生了九一八事变，20岁的罗竹风响应学生会的号召，到张学良在北平的"行辕"示威，要求捍卫国土，收复失地。之后，罗竹风又参加"北大南下示威团"，到国民政府首都南京请愿，要求蒋介石出兵抗日。这使年轻的罗竹风从中悟到了作为一个大学生的责任，一要读好书，二要以自己的爱国意识和文化自觉唤醒更多民众投身到民族自强中去。罗竹风想到了陈独秀、李大钊、鲁迅、胡适等人在五四时期编辑的旨在唤醒青年觉悟的《新青年》杂志，想起了自己考入北大之前被国民党政府在济南枪杀的共产党人刘谦初，以及他参与创办的《燕大周刊》。这些主张民主、科学的杂志不知让多少中国人猛然觉醒，走上反帝、反封建、反殖民主义的革命道路。

于是，罗竹风和千家驹、肖家驹、徐世纶、李山风等北大同学，开始筹划创办《北大新闻》。1932年4月15日，第一号《北大新闻》出版发行，罗竹风撰写的发刊词以"刊前"形式发表在头版头条。阅读这篇八百多字的刊前词，会发现那时罗竹风的出版思路已如万物生发的春天，开始萌芽。或者说，21岁的罗竹风在热血沸腾、充满激情的脑海里已经给自己的出版思想勾勒了一幅尚未成形的草图。这是目前我们看到的罗竹风最早的一篇与出版活动有关的论述，从中初见罗竹风早期的出版思想。辑录在此，"希望它能够永久成为时代思想上权威的东西"。

刊　前

我们感到目前环境的需要，负着种种困难建立了这一个北大同学自由说话的机关。我们的动机是非常单纯，因为在中国这样的局面之下，我们青年的危机陷于日益深刻，我们失去了一切思想研究言论出版集会结社的自由，我们在学校生活上的安全无保障，大学宿舍和神圣的教室及礼堂可以随便出入武装军警，任意殴辱同学，或加以非法逮捕及搜查。最高学府的庄严横被蹂躏，我们应有的"民主"的权利全遭剥夺。我们反抗一切帝国主义，争取民族解放的斗争的运动均为暴力所压伏。尤其是因为政府连年内战，政府当局的漠视教育，致全国学校濒于破产，最近平津院校因为经费积欠盈年，而倚为生命的俄款又为一二政客所把持，致教职员施行联合罢工，我们不绝如缕的读书的机会竟陷入绝境。……对于这些切身问题，我们不能永久沉默，并且，相信大多数同学绝不能以这样的生活现状为满足，所以：

（1）为拥护我们青年神圣的权利，我们要时时给予恶劣的现状以最低限度的批判；为的增长我们的力量，在精神上把我们北大同学（并且进而把北平全市的同学）紧密地联系起来，我们需要一种彼此交换意见、自由发挥言论的中心机关；并且，为的冲破目前校内极端的沉闷空气，我们更需要这样一个言论机关以发动同学的情绪。

（2）现在的日刊已经成为学校纯官办的行政公报，我们同学的意见是完全被封锁，因为我们需要一个代表我们学生利益的自己的刊物。

（3）世界各大学多有《大学新闻》一类的出版物，这不但是具有新闻性质的灵活的刊物，而且是探讨学术思想的真理的园地。我们希望这一个"北大新闻"能够负起这同样的任务，希望它能够永久成为时代思想上的权威的东西。

青年是现代社会的新细胞，是未来时代的主人，我们应当鼓起生命的热情，开拓我们自己的出路。我们相信"没有斗争便没有进步"，我们惟有对于一切障碍历史进行的恶势力作无情的斗争，新的时代才会实现。同时，我们更需要统一正确的思想才会有力量。北大同学在过去曾经负起历史的任务，现在我们当再站在时代的最前线，勇敢的走上战斗的途径！①

读罢"刊前"，首先感受到的是罗竹风犀利的文锋，扎根很深的革命思想基础。很难想象这样一篇鼓动性强劲、文采飞扬的文章，是出自大学一年级的学生之手。而他对"世界各大学多有《大学新闻》一类刊物，这不但是具有新闻性质的灵活的刊物，而且是探讨学术思想的真理的园地"的判断与希冀，足见其"少年老成"，眼界之长远，思考之深邃。让我们想起罗竹风曾经的北大文科学长陈独秀，1915年9月在《青年杂志》（后改名《新青年》）第一卷第一号发表的《敬告青年》一文中的话："青年如初春，如朝日，如百卉之萌动，如利刃之新发于硎，人生最可贵之时期也。青年之于社会，犹新鲜活泼细胞之在人身，新陈代谢，陈腐朽败者无时不在天然淘汰之途，与新鲜活泼者以空间之位置及时间之生命。"

青年罗竹风值得期待。

---

① 《北大新闻》第一号，1932年4月15日，第1版。

一、"杂家"和编辑

时空跨越三十五年，1957 年 11 月，罗竹风被任命为上海市出版局代局长。

对于出版局的社会角色，一般人知道的可能不多，它毕竟不像公安局或房管局那样更直接地贴近寻常人的生活。出版局的职责是对辖区内的出版社或出版机构，以及新华书店、新华印刷厂等进行功能性管理，比如人事任免、财务管理、业务协调等。人们看到的书籍上只有出版社、新华书店、印刷厂的标识，不会想到他们背后出版局的作用。这样的机构定位也就决定了出版局长罗竹风，对于出版社的具体业务可放可收，可粗可细。他首先的职责是把局长的分内之事做好，不在其位不谋其政，在其位必谋其政，这也是罗竹风的一贯作风。1957 年的政治生态严峻，反右运动如火如荼。从某种意义上讲，上级把罗竹风调任组建不久的出版局任代局长，就是为了领导出版系统的反右运动向纵深发展，甚至有多挖出几个出版界"右派分子"的意图。对此，罗竹风心知肚明，作为党的领导干部，他一方面要在行动上与党中央的大政方针、运动方向保持高度一致，同时又要以提高业务水平、促进出版事业发展为抓手，在政策、党性允许的前提下，尽量保护应该得到保护、能够保护下来的业务骨干和知识界、文化界精英。

罗竹风认为，保护业务骨干最有效的方法就是做好出版事业，出好书，出读者喜欢阅读的书。曾担任上海科技出版社和上海远东出版社领导职务的贺崇寅说："罗竹风同志主持上海市出版局工作时给我留下的印象，最深刻的有两个点：一是他经常召开出版社社长会议，约一两个月一次；另一个是他拎着他那个大皮包到各出版社来讨论出版社的年度选题计划或其他重大事项。那时上海出版社不多，只十一家。在出版局开会时，除了十一家社长外，出版局各处处长和新华书店、印刷公司经理各一人也一起入会。会议内容一般是根据当时的形势讨论各出版社的出书问题。由于会议人数不多，且较经常，因此会议气氛比较融洽，除汇报工作外，也常有议论，涉及问题有出书内容、作者情况、编辑思想等。这样的会议有一个很大的好处，就是情况便于沟通，不但上级了解下级，而且彼此之间也都能增进了解。"[1]

内部的沟通是为了出好书，有了好书，怎样送到读者手里，罗竹风的做法是主动推销。现在看"推销"一词平常不过，在"政治挂帅"的年代里，却是一件非常困难的事，需要胆识、担当、勇气。据《上海出版志》辑录：（1958 年）6 月 8 日，罗竹风和几位副局长带领着各出版社社长、总编辑、编辑一共七百多人到市区的电车上、马路上，推销宣传党的路线、方针、政策类及科普知识类图书。

罗竹风还在工作之余经常到编辑家里聊天，也常有编辑到他家串门。贺崇寅回忆："罗竹风同志还能在公余时间走访同志家庭，我记得他曾在周日或晚间来过我家闲话家常。他对同志很真诚，能直言相谈。记得是 1958 年，他在看了我社大字报后，语重心长地对我说：'以后要抓业务，不能光抓运动。'这话对我的影响很大。因为我是'反右'斗争时派到上海科技出版社的。到了就搞运动，挖'右派'，

---

① 上海社会科学学会联合会主编：《罗竹风纪念文集》，上海辞书出版社 1997 年版，第 178 页。

对出版业务可说是一窍不通。此后即转而专心抓出版编辑业务，1960年上海科技出版社曾被评为全国文教先进集体。现在回想起来觉得这是罗竹风同志工作作风上的一大优点，就是他能花时间来倾听下级反映的情况和意见。因此他对各出版社的情况，特别是编辑的情况，包括思想情况是比较了解的，这恐怕与他后来写出《杂家》这篇名噪一时的佳作不无关系。这篇杂文对当时编辑们的思想作了十分贴切的刻画，令人赞叹。发表时用的是笔名，后来知道作者就是罗竹风时，更是惊讶不已，觉得局长能自己出来为民'请命'，这在建国后的'文坛'中实属罕见。"①

贺崇寅所说的《杂家》，是指1962年5月6日罗竹风在《文汇报》副刊"笔会"发表的杂文《杂家——一个编辑同志的想法》。

现在看当时作为繁荣杂文事业而作的"豆腐块"，其实是一个职业出版家对编辑这个特殊社会角色最为直接的认识，也是罗竹风作为出版局局长最清澈的内心独白。如果说三十年前发表在《北大新闻》的"刊前"词，是罗竹风吹响进军出版界的号角，那么，《杂家——一个编辑同志的想法》就是罗竹风成为一个职业出版家的思想宣言。他在文中说："人的欲望是无限的，也是有限的。怎样在无限中求有限，这是一种艺术，也是一门学问。明乎此，领导者的天地就广阔了。"

杂家——一个编辑同志的想法

骆　漠

窗外下着毛毛雨，春雨贵似油呀，但这天气却总有点使人

---

① 上海社会科学学会联合会主编：《罗竹风纪念文集》，上海辞书出版社1997年版，第178页。

腻烦。

工作了一天，正应该"逸"一下了，便顺手拿出一本《史记》来，想查清"左袒"这个典故的出处，也算是一种消遣吧？

"笃，笃笃……"有人敲门，却原来是一位出版社的编辑来访。

多日不见，不免寒暄一番。起初，没话找话说，两人都显得吃力。不知怎么一来，话头转到编辑业务方面，于是松动活泼起来了。

"人都要有一行，没有一行，就会变成二流子。"编辑同志是这样开头的："其实二流子也应该是算是一行，不过是'等外品'而已。但使我迷惑不解的却是'编辑'究竟算哪一行、哪一家呢？"

我认真地想了一下，答道："社会分工，不能用植物分类学的方法，编辑就是编辑。如果硬要追问属于哪一家，恐怕只能算是'杂家'了。"

他哈哈大笑起来，连连说："好一个杂家！有意思，真有意思！"

"三百六十行，缺一不可。《水浒传》一百零八将配搭起来，行当齐全，才显得热闹。若都是一群呜呀呀的黑旋风李逵，岂不扫兴？"我借题发挥，着实谈了一通社会分工必须有"编辑"的大道理。然而又联系实际，说什么"当教师的，得天下之英才而教之，一乐也；得天下之妙文而先欣赏之，在许多书稿编辑出版过程中，既开阔眼界，又增长知识，更能发掘宝藏，有利于人类文化知识的积累和传播，那自然是编辑同志的一大乐事了"。

"嗯，嗯……"他先是漫应着，后来却突然兴奋起来，说了这样一大段话：

"李逵也好，鲁智深、武松也好，当然各不相同。但谁又愿意做个水亭放箭的联络员朱贵呢？一个作家成名，谁也看得起；

作家以自己的作品为社会所重视，这当然是他辛勤劳动的成果。然而这其中也有编辑的一分心血。编辑的不平，正是他年年为人作嫁衣裳，而自己却永远坐不上'花轿'。这些年来，领导上颇重视演员、作家，似乎什么都有他们的份儿，而编辑却有点'广文先生'的味道。难道你听说过有什么负责同志专门接待过编辑这一行么？哈哈……所谓'杂家'，名不正则言不顺，命定该坐冷板凳！在后台的人也有各式各样，我不相信组织上给我一定的条件，像一般作家那样，我会写不出东西来！如果真是不堪造就，那只好从心里认输。然而这几年，我却在'可出可不出的书，不要出'呀，'有益无害的书，不妨出一点'啦等等空洞原则底下，搞得头昏脑胀。当然，这并不是说我白吃饭，成绩总还是有一点的。这不过是一些牢骚话，偶尔说说也就算了。"

我深切体会到"言者谆谆，听者藐藐"的苦楚。雨夜一席话，好像谁也说服不了谁。但我始终认为：编辑这一家是无论如何也缺少不得的，杂家必杂，杂中求专，当一个名副其实的编辑专家，对社会的贡献恐怕也不一定比其他行当的专家们更少一些吧？

为什么这位编辑同志还有一肚子苦水呢？个人主义么？名利思想么？不甘心作无名英雄么？都间或有之，但也不尽然。如果，"帽子"什么的可以解决问题，那未免太简单了。凡是自以为不被重视的工作，最好是从两方面的原因去想一想。例如负责同志专门接待一次编辑工作者，同他们谈谈心，对编辑工作的情况多了解一点，帮助解决一些可能解决的问题。这样岂不皆大欢喜么？

我常想：人的欲望是无限的，也是有限的。怎样在无限中求有限，这是一种艺术，也是一门学问。明乎此，领导者的天地就广阔了。①

读罢此文，很多人感同身受，却不知骆漠何许人也。但是，有一个人知道骆漠是谁，这个人就是姚文元。据查，仅在1957年开始的反右运动之后，姚文元就以独特的视角、偏执的文锋，先后批判过王若望、徐懋庸、施蛰存、许杰、徐中玉、流沙河等上海文化界名人，现在又轮到了罗竹风。

其实，强调政治嗅觉的姚文元当然知道罗竹风这篇杂文问世的背景。1962年春天，周恩来和陈毅在广州的一次会议上为知识分子"脱帽"的讲话，使压抑已久的文化气氛活跃起来。《人民日报》和《北京日报》开辟了杂文专栏"长短录"、"燕山夜话"，全国反响强烈。地处上海的《文汇报》也召开了杂文创作座谈会，罗竹风受邀参加，并提出杂文要有点棱角，有点偏锋，不要四平八稳，面面俱到。罗竹风说："杂文讲究一个杂字，最忌'步调一致'，毛主席要我们'十个指头弹钢琴'，我们偏偏只会敲锣，一锤子买卖。"②入会者深受鼓舞，一致推荐罗竹风带头写杂文，抨击时弊，褒扬正气。

已经在出版局长这个岗位上工作了五年的罗竹风，从实际出发，以自己对出版和编辑工作的深入了解，也感到有些话应该说出来，以便让更多的人能了解出版和编辑。于是，他连夜赶出一篇短文，在寄发文章的同时，罗竹风还给《文汇报》副刊编辑附

---

① 《文汇报》1962年5月6日"笔会"版。
② 张忠强著：《罗竹风传略》，东方出版中心2016年版，第167页。

了一封短信：

> 这几天，我到出版社走了走，和一些编辑交谈后，引起了写作的冲动，草成《杂家》一稿，请阅处。

虽然文章是以杂文的形式写的，也是在繁荣杂文创作的气氛下创作的，但文章的出发点和落脚点却是出版行业，写的是出版行业的主角——编辑。当年发表《杂家》一文的《文汇报》副刊编辑余先藻说："这些话中肯，亲切，合情合理。今天读来，仍不失思想的光彩。"此文至少可以理解为一个出版局长对自己下属的深度认知，是对编辑这个行业的正确引导，是一个出版家应有的人文关怀，是一个称职的好领导、好同事的建言，甚至可以理解为一个出版局长对自己工作不足的检讨。

《文汇报》副刊编辑还为《杂家》写了一则"编后记"，知情人后来透露，这则"编后记"是时任《文汇报》总编辑的陈虞孙亲笔撰写的，而陈虞孙也是《文汇报》举办的那次杂文创作座谈会的召集人和主持人。

> 骆漠同志文短情长，为吃编辑饭的人吐气。编辑这个行当有其悠久的历史，恐怕比新闻记者还要年岁老一些。当然，这样说，并非在资历上比长短；只是说，编辑确是一个行当，而且是不可轻视的行当。……今天，既然有名教授，名科学家，名作家，名音乐家、画家、演员，名记者，我们有什么理由不希望有响叮当的名编辑呢？问一问一些老作家，他们会告诉你，某某编辑是

他的知己朋友。此中消息，正告诉我们，编辑这个行当，从古至今，向为文坛所重视。这个行当正大有可为也！①

其实，姚文元也参加了《文汇报》的杂文创作座谈会，而且还极力鼓动罗竹风："罗局长，你就带头写一篇吧，题目我都给你想好了，题目就叫《敲锣说》，你看好不好？"②他明明知道《杂家》一文的来历，却突然调转笔锋，对《杂家》上纲上线，横加批判。《杂家》发表第三天，《文汇报》编辑部就收到了姚文元差人送来的杂文。姚文元的笔法、行文、套路亦如罗竹风的《杂家》，从"毛毛雨"起笔，借编辑说事。而且也如罗竹风一样，姚文元在给《文汇报》副刊编辑的稿件中，也附了一封短信：

　　如果你们还允许我争鸣的话，请把此文照登。

听这口气似乎有谁不允许争鸣一样，不发就是不允许争鸣。可见，姚文元的文章看似"毛毛雨"，实则"狂风暴雨"。题目也从罗竹风的"一个编辑同志的想法"，变成"两个编辑同志的想法"，"一言堂"被姚文元巧妙地上升为"众人说"，其用心之刁钻，铺垫之深厚，意味深长，耐人寻味。本着百花齐放、百家争鸣的方针，《文汇报》编辑部很快将姚文元的《两个编辑同志的想法》，安排发表在一周后5月13日副刊"笔会"，其规格、形式几乎与《杂家》一致。

姚文元的这篇文章极尽讽刺挖苦之能事，把原本争论的问题一下

---

① 《文汇报》1962 年 5 月 6 日"笔会"版。
② 张志强著：《罗竹风传略》，东方出版中心 2016 年版，第 167 页。

扩大化，《杂家》的性质被严重扭曲，已经不再是一篇杂文，不再是"一个编辑的想法"了。姚文一出，舆论哗然，读者纷纷给《文汇报》写信写稿，指责姚文元无中生有，坐着花轿说风凉话，以此堵塞言路。上海文艺出版社一位编辑，以自己的亲身经历，予以反驳："姚文元是一个赫赫有名、叱咤文坛的批评家，现在独以编辑自命，想必是出于谦虚。在下倒真是个编辑，深知有些同志之所以产生'凄凉感'，是因为目前的工作条件下，为文艺服务而摒弃于文艺界线以外，文件、报告、观摩、访问，诸凡是为文艺工作者增知识、广见闻者，唯编辑独无。姚文元何以一说起为编辑创造更好的工作条件，便触机弩发，就会'加重国家的困难'呢?"北京市第六十二中学一位老师在《谈心与揪辫子》的文章中说："骆漠同志谈的'编辑三昧'，正可以聊聊，但姚文元揪出'人的欲望是无限的'一条辫子，并且正在翻书，不知结果如何，罪状可曾找到，打算如何发落?"

　　正如北京市六十二中的这位老师所料，时过不久，中国的政治生态再度恶化。当年 9 月下旬，"千万不要忘记阶级斗争"的号召发出，阶级斗争被提到了"年年讲，月月讲，天天讲"的高度。上海市委的一位主要领导，从北京开完会一回到上海，立即开讲阶级斗争，并在随后召开的一次全市大会上，首先拿罗竹风"开讲"，他说："现在客观形式复杂，不要伤风感冒，嗅觉要灵敏一些。老罗哪，你那篇《杂家》，就是有些伤风感冒，要注意啦! 但也不要紧张，更不能从此搁笔，我还希望你能写出更多更好的文章。"①

　　很快，结果出来了，罗竹风被组织安排专门搞《辞海》去。

---

① 张忠强著:《罗竹风传略》，东方出版中心 2016 年版，第 173 页。

罪状也找到了，《杂家》这样一篇普通的杂文被张春桥拔高为"杂家风波"，随即又上升为"思想战线上的一次资本主义复辟"，"出版社刮起了一股资本主义自由化的歪风"，"站在资产阶级立场上，矛头直接指向党"。①

罗竹风被安排到《辞海》编辑所，虽然代局长的官帽依然戴着，却是"专门"去搞《辞海》的。明眼人一看便知，他自己更是心知肚明："1962 年因为《杂家》问题，我变成修订《辞海》的专职副主编了。虽然没有明说，但自己心里有数，这是一次'戴罪立功'的机会，于是沉下心来，所有稿子几乎都通读过。有的纵然囫囵吞枣，食而不化，但不管怎样，并非窥豹一斑，而是目有全牛。总算没有白白浪费生命。"②

从 1957 年 11 月到 1963 年，罗竹风在上海市出版局代局长的岗位上实际工作了五年多。

二、一脉相承的成长路径

追根溯源，罗竹风的杂家情怀深邃而广远。

翻看历史记录，中国现当代出版家抑或称之编辑家，多是业余兼职而成。他们首先是某个领域的行家里手、卓越的领导者，然后才是我们所知道和看到的出版家或编辑家。他们成功的路径也大致相似，先入手一份同人刊物，以此为阵地针对时局发表自己的见解，步步为

① 上海市哲学社会科学学会联合会主编：《罗竹风纪念文集》，上海辞书出版社 1997 年版，第 183 页。

② 罗竹风著：《杂家和编辑》，山西人民出版社 1986 年版，第 93 页。

营，成就自己，服务社会。始于新文化运动的代表人物陈独秀、李大钊、鲁迅、胡适、傅斯年，以及李达、邹韬奋、巴金、茅盾、郑振铎、赵景深、孙伏园、李小峰等，无不如此。

早在罗竹风进入北京大学之前，蔡元培于 1917 年 1 月成为北大校长之时，便在这所大学进行了一系列改革。蔡校长提倡"兼容并包，思想自由"，聘用陈独秀为文科学长，并把《新青年》从上海迁到北京，从第三卷开始在北京编辑出版，从而迅速形成了以北京大学为依托的新文化运动中心。《新青年》也成了具有新思想、新意识的知识分子传播新义化思潮的重要手段和媒介。这个新的文化动向对北大学生产生了很大影响，他们组织活动，形成合力，以社团的形式酝酿出版新的杂志刊物。

北大的新潮社就是在这样的背景之下，由在读学生傅斯年、徐彦之、罗家伦等于 1918 年底相约成立的。傅斯年称："我敢大胆着说，新潮社是最纯洁的结合，因为感情基于知识，同道由于觉悟；既不以私交为第一层，更没有相共同的个身利害关系。第三层，我们很有些孩子气。文词上有些很不磨练的话，同时觉着他是些最有真趣的话；思想上有些很不磨练的思想，同时觉着他是些最单纯可信的直觉。"①而新潮社的成立就是为了编辑出版杂志做准备，各种章程以及组织程序都是围绕着杂志的创办去制定的。

《新潮》杂志 1919 年 1 月 1 日创刊。与同时存在的《新青年》杂志不同，《新潮》是一本同学刊物，主要的读者还是青年学生，因而它的影响更具潜在的意识和未来的力量。新潮社前后分六批相继吸纳

---

① 傅斯年：《新潮社之回顾与前瞻》，《新潮》第 2 卷第 1 期，1919 年 10 月 30 日，第 202 页。

了 41 名社员，胡适作为顾问也出现在了新潮社的名单上。新潮社社员除叶圣陶和周作人不是北大学生外，其他都是清一色的北大在读学生，这些人几乎全部参与了《新潮》杂志的创办以及后来的发展。如第四批加入新潮社的孙伏园、李小峰，不仅是《新潮》杂志的参与者，还是重要的社会推动者和北大精神的发扬者。

孙伏园在五四运动时期就开始做《国民公报》的副刊编辑，北大毕业后于 1921 年出任北京《晨报》副刊编辑，鲁迅的《阿 Q 正传》就是由孙伏园首次在《晨报》副刊发表。他之后接受著名报人邵飘萍的邀请担任《京报》副刊编辑，以及在广州出版的《国民日报》副刊编辑和在武汉出版的《中央日报》副刊编辑。他主编了《农民报》和《民间》、《贡献》、《当代》三种杂志，法国留学回国后任重庆中外出版社社长。此后，已经任教齐鲁大学国学系的孙伏园，又先后担任《士兵月报》社社长并在成都主编《新民报》。孙伏园先后主编过六张不同类型报纸的副刊，开了一系列的报纸副刊的新形式，总结了大量的副刊编辑工作的经验，发表了诸多研究报纸副刊的文章，形成自己编辑副刊的方式方法和编辑思想，是名副其实的中国报纸"副刊大王"。

李小峰在新潮社负责《新潮》杂志的编务比较多，同时还担任校对和记录。他曾经写过一篇关于《新潮》杂志的印刷、发行、广告的回忆文章，可见其对这份杂志的用心和熟悉。他说："《新潮》初刊时，代销处也只限于本校、北京的一些高等学校及书报摊。外埠由于：一则不登广告，只靠同道的几个杂志互相介绍，知道的人不多；再则，《新潮》同《新青年》一样，被一般守旧派视同洪水猛兽，一般书店就是知道也不敢代销；因此只有原来发行《新青年》的几家书店经销，如上海的群益书社、亚东图书馆等。当时《新潮》的主要推销员都是青年学生，他们自己看过杂志之后，借给同学看，寄给朋友看，送给兄弟姐妹看，如此一传十，十传百，由近及远，从北到南，做义务的宣传员、推销员，《新潮》杂志的读者就这样越来越多，遍及到全国。"① 从北大毕业之后，1924 年，李小峰进入《语丝》周刊，负责出版发行工作，出版了 12 种新书。他一生最大的成就是 1925 年与孙伏园、蔡漱六、李志云联合创办了著名的北新书局，直到 1954 年公私合营，时间长达 29 年。

踏着前辈的足迹，罗竹风追随北大前辈和学长的做事风范，在国家危难之际，投身到轰轰烈烈的北大学生南下请愿团，创办《北大新闻》和《冰流》杂志。在这点上，他与北大的历史步伐和前辈们的所作所为完全一致。罗竹风还把这种精神与传统推而广之，在抗日战争中发扬光大。简单梳理，仅在抗战期间，罗竹风就担任了诸多报纸杂志的社长或主编、总编辑。首先是他担任《抗战日报》社长兼总编辑，这张在山东掖县（今莱州市）出版的八路军胶东三支队的机关报，三天一期，共发行五十期。1938 年 8 月胶东《大众报》创刊后，《抗战日报》与之合并。其次是创办《海涛》半月刊，罗竹风为主编，同时，他还是主笔。《海涛》创刊号上就有他以不同笔名撰写的五篇文章，其中发刊词今天读来依然令人心动，文章在结尾处说："海涛半月刊匆匆的和社会见面了，因为先天不足、贫血衰弱的现象，希望能够得到友谊的批判，共同培植，使他慢慢的健壮起来。"②《海涛》只出版了三期，因部队转移而停刊。

---

① 李小峰：《新潮社的始末》，《五四运动回忆录》（续），中国社会科学出版社 1979 年版，第 209 页。

② 罗竹风：《发刊词》，《海涛》创刊号，1938 年 12 月 15 日。

　　胶东地区在抗日战争期间堪称蓬勃发展的文化高地，出版报纸、杂志，办教育，文化与军事并进。除了前面提到的几种报刊，还有不少报刊颇具影响。如胶东联合出版社出版的《文化防线》，罗竹风也参加了创刊，撰写了很多稿件；还有《胶东大众》，后来改名《胶东文艺》，罗竹风的《论中国文学的鲁迅方向——鲁迅的方向就是中华民族新文化的方向》、《关于文艺形式的讨论》等著名文论，都是发表在这个杂志上。罗竹风一直担任抗日根据地创办最早的党报之一《大众报》编辑委员会委员，他的长文《论帝国主义战争》和《纪念鲁迅先生》，都是在《大众报》发表的。年轻的罗竹风在抗日战场上，一手紧握枪杆子，一手拿起笔杆子，成为胶东地区有名的文武全才，有"小鲁迅"之称。从那个时期的大量文章中可以看出，罗竹风的笔触已经深入到了他以后所从事的文字改革、教育、图书出版，对他转型成为一名出版家积累了丰富的实战经验和思想基础。

　　或许，这也是罗竹风与李小峰、孙伏园等诸多前辈专业出版家的不同之处。虽是一脉相承，但罗竹风却有着自己更多、更深层次、更丰富的与时代同步发展的思考。

三、"杂家"和编辑学

　　因为《杂家》风波，罗竹风去了辞海编辑所，并受到一连串的攻击与批判。但是，也有人敢与"大形势"唱反调，这个人叫邓拓。说起来，邓拓也应该是一位杰出的出版家，现在提到他都称之为当代杰出的新闻工作者、历史学家、杂文家、政论家，但并不全面。1937

年他任晋察冀边区《抗战报》的社长兼总编辑，主持编印了《毛泽东选集》，这是中国革命史上出版的第一部《毛选》，在出版史上具有划时代的意义。1949 年之后曾任《人民日报》社长、总编辑，并主编《前线》杂志。在《北京晚报》副刊用马南邨的笔名开设专栏《燕山夜话》，与吴晗、廖沫沙合写《三家村札记》，深受读者的喜欢。1961 年 3 月 26 日，邓拓在《燕山夜话》专栏发表杂文《欢迎"杂家"》。可能是邓拓知道罗竹风因"杂家"说而遭难，《欢迎"杂家"》一文中通篇没有一个字提及罗文，但明眼人一瞧又能读懂作者的心思。文章的结尾是这样的："现在如果我们不承认所谓'杂家'的广博知识对于各种领导工作和科学研究工作的重要意义，那将是我们的很大损失。"细细揣摩，似与罗竹风《杂家》一文的结尾有同工之妙："我常想：人的欲望是无限的，也是有限的。怎样在无限中求有限，这是一种艺术，也是一门学问。明乎此，领导者的天地就广阔了。"

但是，谁也没有想到"文化大革命"一开始，邓拓竟成为第一个失去生命的高级干部和著名文化人士。拔出萝卜带出泥，本已偃旗息鼓的罗竹风"杂家"风波因邓拓之死，再次被推到风口浪尖……罗竹风被冠以"上海出版黑线的总头目"之名，从 1966 年到 1976 年，一直处于被批判、靠边站的状态。

书刊编辑在中国是一个很古老的行当，但是，对于现代编辑的内涵、外延，当时尚无一个清晰的概念。虽然难以确定罗竹风就是第一个对此提出思考的人，但至少他一直在思考着这个问题。以《杂家》为始，罗竹风在这个问题上的探究从未停止过。随着社会变革步伐的加快，他对编辑的研究更加深入、持久了。1978 年 10 月，上海市委正式批示对罗竹风"三恢复"，即恢复原级别、恢复原工资、恢复组织生活。罗竹风被安排担任《中华文史论丛》的编辑工作，主要负责审阅古籍类稿件，包括文学、历史、哲学，头绪繁杂，事务巨多。这是一本创刊于 1962 年的高端学术刊物，那时罗竹风还是上海市出版局的代局长，创刊之前的论证、专家座谈会、约稿等很多活动，他都参加了。罗竹风熟悉这份学术刊物，爱护这块国内并不多见的高端学术阵地。"文革"中，该刊被迫停刊，直到 1978 年才与罗竹风一样获得新生。这年出版的第一期《中华文史论丛》，罗竹风和同事们在封面上兴奋地打上了"复刊号"，以纪念这个令他们难以忘却的日子。

这年罗竹风 67 周岁。

再次回到编辑岗位，罗竹风心情自然是愉快的，有一分光发一分热，不管干点什么都是为人民服务。罗竹风没有抱怨自己在过去的岁月中受到的冲击和不公正待遇，而是抓紧一分一秒的时间，努力工作，力争将失去的宝贵时间在工作中弥补回来。

在工作之余，时隔十七年，罗竹风再次将自己的思绪拉回到对编辑这个角色的思考上。他发表于 1979 年第 4 期《上海文学》的《再论"杂家"》，让人们看到了一位执着的出版家对自己职责的尽心尽力。纵观《再论"杂家"》一文，罗竹风的编辑学和编辑思想，有以下要点：

一是作为编辑，应当具备四个条件："第一是专业知识，第二是业务能力，第三是文字素养，第四是组织能力。四者搭配，才能成为力能胜任、名副其实的编辑人才。大学里有专讲李白、杜甫的教师，出版社不可能分科这样精细，至多设一个具有相当水平的诗歌编辑，负责联系作者，审稿时提出意见，对提高质量起点作用。"

二是编辑懂行，也可以起"参谋"作用："文法、修辞、逻辑是所有编辑的基本功，一站二走三跑，循序渐进，才能攀登高峰。如果文字能力差，等于两脚凌空，不但不能锦上添花，势必'佛头着粪'，搞得一塌糊涂。打好基本功，这是看家本领。从热爱自己的业务，到熟悉业务、精通业务，积累某一学科的知识，纵观全局，对所处理的书稿心中有数。"

三是编辑对本书的整体把握："对版面、字体、装帧设计以至印刷、发行都能相当内行。出一本书，质量要求固然高，形式也应当不断创新，许多封面单调，版式呆板，编辑有责任研究改进，使风格多样化。根据书籍不同内容，表现在形式上，不妨有的端重，有的活泼，有的严谨，有的放纵。总之，百花齐放，不拘一格。"

罗竹风还希望，首先，"编辑工作要静、动结合。不静，便无从审理稿件；不动，思想容易僵化，而且坐井观天，所见甚小"。

其次，"编辑和作者的关系最好是做到水乳交融，相互帮助，相互促进。""有一位老编辑曾经语重心长地说过：通过我的手，出过很多好书，也看到不少作者成了讲师、副教授甚至于教授。这正好说明一个称职的编辑所付出的劳动，一定是会开花结果的。为他人做嫁衣么？这种'嫁衣裳'是应当大做特做的。"

最后，"应当十分重视编辑工作，大力培养编辑队伍，让他们参加必要的会议，经常深入实际生活，保证有一定的时间学习和写作，不断提高政治水平和业务能力，成为思想活跃、眼界开阔的文化学术'助产师'。"

罗竹风以鲁迅为例，倡导编辑既能编也要会写："有名作家，有名导演，有名演员，也不妨有名记者和名编辑。鲁迅是名作者，同时也是名编辑，他除了为我们留下了大量作品以外，还编过许多杂志和书籍，培养出不少新作家。《未名丛书》、《奴隶丛书》的出版，就是最好的例证。《海上述林》的编辑出版，更加说明鲁迅在这一方面的功绩。所谓'名'，并不是个人成名成家的'名'，而是由于他们辛勤劳动，孜孜不倦，作出了特殊的贡献，更好地为人民服务，为四个现代化服务，应当受到表扬。这样的名和家，不是越多越好么？一定要求没有丝毫杂质掺杂在内，而是提出所谓纯之又纯的主观动机，那是虚幻不切实际的。如果真有这种纯之又纯的东西，岂不早就到达'顶峰'，用不着再继续前进了么？"

罗竹风再次为编辑鼓与呼："人必自尊而后人尊之，这也是至理名言，无可指责的。据我所知，埋头苦干的编辑是大有人在，他们为了提高书稿质量付出了大量劳动，做过许多对广大读者有益的工作。为了更进一步调动编辑的积极性，充分发挥他们的主观能动性，必须倾听他们的呼声，了解他们的甘苦，和其他意识形态领域的工作同志一样，给编辑应有的社会地位，为编辑创造一定的工作条件，这是合情合理的愿望。应当受到重视。要马儿跑，就要马儿多吃草，不然，又该怎么办呢？……杂家必杂，杂中求专……"①

如果说，1962 年的那篇《杂家》还局限在为编辑这个行当说几句公道话，有一些鸣不平的意味。那么这篇时隔十七年之后的《再论"杂家"》，无论是思想的深度、高度、广度，都已经跨入了一个新的境界。或者说，在罗竹风的思想中关于"编辑"的思考已经不仅限于"角色"，而是开始对"编辑学"这个尚处在萌芽状态的新兴学科门类有所梳理，有所引领。

在《中华文史论丛》做了一年多编辑工作，罗竹风共参与了三期

---

① 罗竹风：《再论"杂家"》，《上海文学》1979 年第 4 期。

组稿、编辑，包括复刊号。1979 年秋，罗竹风调任上海市社会科学联合会常务副主席兼党组书记。社联组织被"文革"废了十几年，初临恢复，百废待兴，千头万绪。大量繁杂的事务性工作摆在罗竹风面前，年近古稀的他没有疲惫不堪、畏手畏脚，而是见招拆招、按部就班，迅速使上海社联的工作走上正轨。

与此同时，罗竹风并没有停止对"编辑"之学的思考，编辑成为他心里最放不下的群体，"杂家"已成心结。心有归，情更浓，继《再论"杂家"》之后，罗竹风又写了《三谈"杂家"》、《编辑与杂家》、《编辑职能与业务道德》、《要在物质上、精神上支持教师和编辑》、《组织编辑，更好地为"四化"服务》、《向前辈老编辑叶圣陶致敬》等诸多论及编辑、编辑学的文章。他的文章从细微入手，点滴说起，深入浅出，提出了创立中国特色编辑学的基本思路和方法。舆论已出，风气渐成，在罗竹风的推动之下，关于编辑和编辑学的论述越来越多，书籍出版蔚然成风。

1988 年 5 月，罗竹风在为《书籍编辑学简论》一书所写的前言中说：

　　……这些年来编辑学也被编辑出版工作者们"自己"重视起来了，论文专著不断脱颖而出。出版、编辑专业刊物有中国新闻出版署主办的《出版工作》、上海编辑学会主办的《编辑学刊》、中国出版发行科学研究所主办的《出版发行研究》、书海出版社出版的《编辑之友》，还有《文汇报》的《读书周报》、《光明日报》的《图书评论》、《新民晚报》的《读书乐》和《解放日报》的《读书》等副刊。这同过去相比，真可说是"满天星斗"了。

这些报刊固然不是专门谈论编辑学的，但都与书籍密切相关，提供了不少活材料，从一定的量变到质变，它们必然会变成研讨编辑学的催生剂，再加上几十年来出版社所积累起来的丰富经验，也是促使编辑学萌生、成长的酵母。张玫、林克勤两位编写的这本《书籍编辑学简论》，可谓空谷足音，群山回荡。

据我所知，这是中国唯一的一本比较全面而又有系统地发掘和论述书籍编辑规律的专著。人走多了必有路，从建国以来编辑工作的实践中，抽引出其中大量带有规律性的经验，加以提炼、发挥，这就是编辑学的基础。"学"是探讨，研究客观事物规律的，一切事物有源又有流，过去、现在、未来形成一个轨迹，构成一条隐约可见的线路，显示它发展的方向。①

此后，编辑学登堂入室，成为不争的一门科学学说。一批关于"编辑学"的论著问世，很多大学开始讲授"编辑学"课程，甚至设立"编辑学"专业。

中国是一个具有几千年编纂书籍传统的古老国度，从编辑的"祖师爷"孔子开始"删《诗》、《书》，定《礼》、《乐》，赞《周易》，修《春秋》"，到1897年商务印书馆成立，乃至此后更长的一段时间，中国的书籍编辑出版事业蓬勃发展，大批精良书籍问世，却很少有人专门提及编辑本身这个职业的重要性，犹如罗竹风所说："正像'茶壶里的饺子'，闷在肚子里倒不出来，不仅社会上一般人对编辑这一行当，蒙头转向，不少领导干部以至高层领导也不甚了了，有的竟然把编辑

---

① 张玫、林克勤著：《书籍编辑学简论》，中国书籍出版社1989年版，第1页。

贬为初级劳动，不足道的；因为书稿是教授和研究员们写的，编辑不过随便弄弄，送到印刷厂去就完事，果真如此么？我干过几十年编辑，现在也是'藕断丝连'。对于这种外行人所说的一些外行话，不仅不以为然，而且大为反感。但又能埋怨谁呢？只好'哑巴吃黄连'吧。"①

张元济主持商务印书馆，功勋卓著，他也是第一个关注提高编辑素养的出版家。"张元济很重视编辑人员的业务能力的提高，购置了大量图书，供编辑人员参考。编辑人员无论在工作时间或业余时间都可借阅。边干边学，是提高编辑素质和学术水平的一个有效途径，因而培养了不少人才。商务印书馆的涵芬楼（图书资料室）——后来发展成为东方图书馆，藏书宏富，当时不仅在国内，即使在国外也是不多的，也正为编辑教科书和《辞源》等工具书准备了条件。"②

罗竹风继承和发扬了老一代出版家的优秀传统和做法，并在此基础上发扬光大，在新的工作实践中，不断探索，逐渐形成了适合当时实际工作状况的一套编辑、出版思路。这是罗竹风之前的老一代出版家未及的课题和事业，也是罗竹风异于张元济、王云五乃至鲁迅、叶圣陶等老一代出版家的时代特点之所在。

四、出版家的愿景

1988 年中国书籍出版社组织翻译出版了一套《出版知识译丛》，曾任国家出版局局长的边春光在为这套译丛撰写的总序中开门见山：

---

① 张玟、林克勤著：《书籍编辑学简论》，中国书籍出版社 1989 年版，第 1 页。
② 张玟、林克勤著：《书籍编辑学简论》，中国书籍出版社 1989 年版，第 58 页。

"创建具有中国特色的社会主义出版学、编辑学、发行学的开拓性任务，已经具体地落到了当代出版工作者的肩上。这绝非是偶然的，而是我国出版事业历史进程中的一种必然趋势。"[①]

可谓"北呼南应"，几乎在同时期，罗竹风为《中国出版简史》写的序言中，也对出版学提出了自己的见解："在人类历史的长河中，出版是积累文化科学知识和提供著录性资料最重要的手段。代代相传，利用这些资料，后人便在不断探索研究的基础上，各取所需，加以综合归纳和利用，写出了浩如烟海的文章和论著，为丰富人们的物质生活和精神生活作出贡献。假若没有图书作为载体，人类将会长期处于停滞不前和愚昧落后状态。"[②]

关于出版社的管理经营和学术著作的出版问题，罗竹风文论甚多。他在发表于《上海出版工作》1980 年第 3 期的《政治读物的新面貌——谈上海人民出版社的几种政治读物》一文中，对政治读物的出版提出了真知灼见："政治读物是帮助青年一代健康成长的有利因素，使他们养成思考、分析、比较和鉴别的能力，从而扩大眼界，增长知识，提高认识，奠定革命的世界观。"当时有一本很有影响的杂志《青年一代》，罗竹风给予极大的关注和肯定："出版社不定期地出丛刊，这是去年的新生事物，值得提倡。《青年一代》是根据青年一代的特点进行思想教育的，同时照顾到生活爱好，从适应中提高他们的精神境界，不知不觉地受到感染，步步上进，与时代的脉搏合拍。这比起板着面孔说教，妄图'揠苗助长'来，简直不可同日而语。政

---

① ［美］德索尔著，姜乐英、杨杰译：《出版学概说》，中国书籍出版社 1988 年版，第 1 页。

② 吉少甫主编：《中国出版简史》，书林出版社 1991 年版，第 1 页。

治读物应该越出越活，越出越为读者所欢迎，而绝不能总是那么单调
呆板的老面孔。"①

　　而在古籍整理方面，罗竹风通过自己编辑《中华文史论丛》，也
有相当心得：

　　　　其一，对于文化遗产，我们必须左右开弓，着重反对两种
　　错误倾向：一是国粹主义，认为什么都是宝贝，明明是红肿的毒
　　疮，却看成"艳若桃花"，欣赏不迭。另外一种是抱着民族虚无
　　主义态度，把一切当作垃圾，好像没什么值得一顾的好东西。唯
　　一正确的办法，只能是批判地继承：就是去其糟粕，取其精华。
　　凡是闪耀着科学、民主、正义、抗争光芒……，足以激励人们奋
　　发图强，力求上进的成分，都应该继承下来，古为今用。
　　　　其二，概括说，中国古籍可分为文、史、哲三大门类。三者
　　又往往是相互联系的，不好一刀切。然而各自的面貌总还是清楚
　　的绝不至于混同。从哪里下手呢？不妨齐头并进。我以为史最重
　　要。可以先行，多整理一些。正史之外还有野史。正史多属官
　　修，难免受"正统思想"的影响，多以统治者的眼光观察问题，
　　衡量是非，因而有很大的局限性。野史卷帙浩繁，多属私人著
　　述，对于某一历史事件，就个人见闻，信手写来，往往能从另外
　　一个角度反映真实情况。当然，作者本人并不是超然的，也受时
　　代、立场等等的限制。正史与野史两相参证，取长补短，对于了
　　解历史真相，必大有助益，这恐怕是毋庸置疑的。

　　──────────
　　①　罗竹风著：《行云流水六十秋》，上海教育出版社1991年版，第478页。

其三，整理古籍，普及与提高相结合，专家与业余分工写作，都是应当重视的。全本、节本、定本、选本、洁本、译本等等，要根据不同读者对象，多层次的加以考虑。至于让小学生读点什么，恐怕就更值得认真严肃地来选择和对待了。①

难能可贵的是，罗竹风在那个时代，就对出版社的经营改革提出大胆设想，在为《中国出版简史》写的序言中，他说："根据商品经济的特点，出版社也不妨采取多种经营方式，试行股份制，集资合营，个人自费出版，中外合作出书，转让版权，等等，打破'大一统'，'一锅煮'，'吃大锅饭'的种种束缚和弊端，把出版工作搞得生动活泼，富有朝气和活力。对于学术著作，可由出版行政机构筹集基金，专门补贴鼓励。有价值的学术著作永远是出版社的脊梁，千万不能忽视。"②

罗竹风的这些设想现在看可能并无特别之处，但在二十多年前能提出这样问题和大胆设想的出版人，微乎其微，甚至是要冒一定政治风险的。这些具有超前意识的预判，是需要见识、胆量、勇气的，搞不好会出"大问题"。其后中国出版业的发展验证了罗竹风的设想不仅具有前瞻性，更具宽广的实际操作空间，是符合出版事业发展方向的。

本章所述内容到此搁笔，以中国书籍出版社1988年10月出版的《出版知识译丛》之一的《出版学概说》"导言"作为结束：

---

① 罗竹风著：《行云流水六十秋》，上海教育出版社1991年版，第483页。
② 吉少甫主编：《中国出版简史》，书林出版社1991年版，第4页。

　　图书出版既是一种工业,也是一门专业,两种说法都是适用的。因为一方面,图书出版在很大程度上是一项寻求利润的商业活动,但另一方面,出版者——至少是那些为图书出版带来荣誉的人们——又有着超越单纯牟利的动机。在他们眼里,图书不仅是商品,也不仅仅是像其他知识传播媒介和娱乐手段一样的消费品,对于那些倾心吮吸书本知识的读者,图书能够影响、改变他们的思想和行为,能够使他们昂奋。或者使他们颓唐。图书具有什么样的性质和功能,主要取决于那些选择并生产图书的出版者,取决于他们的诚实正直、判断能力、情趣爱好以及敏慧才智。①

----

① [美]德索尔著,姜乐英、杨杰译:《出版学概说》,中国书籍出版社1988年版,第1页。

第二章

去冗补缺　海纳百川
——罗竹风《辞海》人生四十年

罗竹风最早接触《辞海》修订工作是在 1957 年。这年的秋天，毛泽东到上海视察工作，在接见《辞海》1936 年版主编舒新城的时候，提出应该对过去出版的《辞海》根据新的需要进行修订，并希望由《辞海》的诞生地上海承担这个任务，让《辞海》在上海获得新生。

舒新城是毛泽东的湖南老乡，1928 年应中华书局总经理陆费逵的邀请出任《辞海》主编，1930 年开始担任中华书局编辑所所长兼图书馆馆长，全身心投入到《辞海》的编纂工作中。在舒新城的领导之下，《辞海》在 1936 年正式出版发行，也就是我们所说的《辞海》1936 年版，1947 年又出版了合订缩印本。据罗竹风回忆，关于修订《辞海》工作，毛泽东曾经亲自找舒新城谈过，并决定由他担任主编。《辞海》继续由中华书局出版，因为当时的中华书局已经由上海迁至北京，为此，专门在上海成立了中华书局辞海编辑所，调集干部，组成编委会，选择上海陕西北路的一处楼宇为办公场所。

毛泽东是《辞海》的忠实使用者，可谓厚爱有加。1947 年，中共中央决定战略大转移，撤出延安，大批物资不得不临时弃用。起初，警卫员李银桥一直把《辞海》背在身边，以便毛泽东随时查阅，后来为了轻装，李银桥征得毛泽东的同意后将《辞海》埋在了陕西黄陵县的某个地方。但是，等收复延安再回去找那本《辞海》时，已经记不清楚埋藏的地方了。毛泽东在上海曾向舒新城忆及此事，惋惜和遗憾之情溢于言表。

接到毛泽东交给修订《辞海》的任务，上海市委立即着手搭建领导机构，指派当时的文教书记石西民专门负责。在他的领导之下，1958 年 4 月 28 日，中共上海市委向中共中央上报了《关于修订〈辞海〉问题的报告》。同年 5 月 19 日，中央电告上海市委，同意修订《辞海》：

上海市委：

4 月 28 日电悉。同意你们关于修改《辞海》的意见。关于统一规划辞书的出版方针以及给《辞海》调配编辑人员问题，已嘱中央宣传部研究解决。

中央

1958 年 5 月 19 日

有了毛泽东的嘱托，有了中共中央的正式批复文件，可谓东风已至，只待破浪起航了。

就在毛泽东将修订《辞海》的工作交给上海市之时，罗竹风被任命为上海市出版局代局长。从此开始，罗竹风便与《辞海》结下了不解之缘，成为与《辞海》打交道时间最长的出版人，历任撰稿人、编辑、副主编、分册主编，编委会副主任，专职副主任，常务副主编……

> ……最初是发动大学生写，轰轰烈烈，热火朝天，但所写的等于一堆废纸。碰壁之余，不得不有所改变。1959年春夏之间在锦江饭店南楼集中了各学科的一部分专家学者，经过详细研究讨论，按照辞书的规格和要求，大家写出了一批"试写稿"，并以此作为"样板"推动全局，总算是入门了。以后经过几次分散和集中，1962年冬终于出版了试行本16分册，并派人分赴各地征求意见。在16册的基础上，又按部首编排，搞了一个内部参考本，稍加修订，就是后来出版的《未定稿》。所积累的经验，说明修订《辞海》是金字塔形的，越往后人数越少。头脑发热，兴师动众，是无济于事的。[①]

这是1983年8月罗竹风发表在《辞书研究》杂志的一篇文章，基本勾勒出了《辞海》修订的大体轨迹和艰难过程，而这也正是罗竹风投身《辞海》四十年的真实写照。

---

① 罗竹风：《修订〈辞海〉的前前后后》，载《辞书研究》1983年第五辑。

一、春耘《辞海》五载

《辞海》春来早。

几乎无人想到，在政治形势那么复杂多变的 1957 年，毛泽东会提出重新修订《辞海》。

万事开头难。

身为上海市出版局代局长，罗竹风首先要做的就是为《辞海》铺垫夯实基础性工作。他在思考："什么组织形式比较适合于领导《辞海》的修订工作呢？在当时的条件下，由出版局、出版社直接领导，恐怕都不恰当。《辞海》虽然不是大百科全书，但它所涉及的知识面相当广泛，必须依靠上海以至全国学术界的集体力量，才能挑起这副重担。因此，由各有关方面（大学、科研所、业务部门等）的代表性人物组成编委会，然后确定各学科的主编负责制，是行之有效的办法。否则力量分散，便无从调动学术界的积极性，也不能按照预定计划进行工作。"①

1958 年 5 月 1 日，中华书局辞海编辑所正式成立，在行政和业务上隶属上海市出版局，是一家独立的出版事业单位，最初的地址是上海澳门路 477 号，很短的时间之后又搬到绍兴路 7 号。1959 年 3 月，中华书局在上海的两个编辑单位分家，辞海编辑所入住陕西北路 457 号。这里是一座不大的西式小院，郁郁葱葱的树木花草，把这座原本英国爵士居住的别墅点缀得生机盎然。辞海编辑所挂在中华书局

---

① 罗竹风著：《行云流水六十秋》，上海教育出版社 1991 年版，第 523 页。

名下，这是历史的延续。原本总部在上海的中华书局 1951 年迁到北京之后，一部分因各种原因不能去北京工作的员工，就留下来成立了中华书局上海编辑所，采取属地管理的办法。罗竹风是辞海编辑所的直接领导。同年 8 月 25 日，上海市出版局正式给中华书局辞海编辑所核发《书刊出版营业许可证》，准许辞海编辑所的营业项目和范围为《辞海》及一般辞书、字典；经营性质为地方国营，负责人是舒新城。罗竹风亲自将这张具有划时代意义和开拓性工作的许可证，送到舒新城的手上。

> 罗竹风作为上海市出版局长，从一开始即参入其事，并在上海市委的领导和支持下，首先抓了中华书局辞海编辑所的组建工作，对干部配备、人员调动、选择办公场所等问题，一一关心，帮助落实，《辞海》的修订编纂工作，从此有了一个专司其职的工作机构和一支具有相当水准的编辑队伍。[①]

辞海编辑所的架子虽然已经搭起来了，也聚集了一些编辑人员，但是编辑力量还是相对薄弱，与当时上海市委要求的"百名干部大干《辞海》"相差甚远。1958 年底，罗竹风参与了舒新城主持制定的《重编〈辞海〉计划（草案）》。这份草案审时度势，实事求是，迎难而上，提出《辞海》是一部"综合的、实用的、知识性的工具书"，单靠上海市学术界的力量是不够、不全面的，需要"依靠全国学术界的合作"，方能按时、保质完成毛泽东主席、党中央交给的这个任务。

---

① 上海社会科学学会联合会主编：《罗竹风纪念文集》，上海辞书出版社 1997 年版，第 195 页。

先是 1959 年 3 月，上海市委根据上海市出版局的提议，决定把原来在一起的中华书局上海编辑所和中华书局辞海编辑所分开，使辞海编辑所更专业、更独立，更加专心致志地去修订《辞海》。新成立的中华书局辞海编辑所加强了领导机构的力量，由舒新城任主任，鲁平和上海市社联秘书长曹漫之任副主任，陈落、严霜任副总编辑。与此同时，上海市委在批转市委宣传部关于修订《辞海》问题的请示报告中，明确提出修订《辞海》是毛泽东主席交给上海的一项光荣任务，要求本市各高校、科研机构，以及相关业务部门把修订《辞海》列为本单位的首要科研任务。在此基础上，1959 年 6 月 14 日，上海市委决定成立辞海编辑委员会，舒新城为编委会主任，罗竹风和上海市社联秘书长兼辞海编辑所副主任曹漫之任编委会副主任。

此前，罗竹风只是作为辞海编辑所的直接领导参与到《辞海》的修订工作中，而且从事的多是基础性组织工作。现在，他作为编辑委员会副主任，一些与修订《辞海》相关的业务就要直接参与进来了。在辞海编委会成立后的第一次会议上，确定政治性、科学性、通俗性为修订《辞海》的指导方针，这就是后来统称的《辞海》修订"前三性"。修订后的《辞海》将成为一部可供中等文化水平的读者参考使用的工具书，是以百科知识为主的综合性大辞典。罗竹风对《辞海》1936 年版进行了针对性分析，同时根据出版后二十多年的变化，特别是 1949 年中华人民共和国成立以来的新特点、新变化、新要求，结合辞书编纂和使用规律，提出了修订《辞海》的计划和步骤，比较详尽地介绍了《辞海》的性质、读者对象、词目选收、释文编译等重要内容，并在凡例中拿出一整套可行、易操作的规程。罗竹风的建议经过辞海编委会的讨论修改后通过，成为《辞海》修订工作的第一个规范性文件。

计划确定后的工作重点，一是以《修订〈辞海〉计划》为统领，进行选收词目、试写样稿的实战演练。"罗竹风在克服行政工作繁忙的情况下，坚持深入实战演练第一线，与专家学者一起，共摸索、共探讨、共研究、共实践。经过一个时期的艰苦工作，词目在反复斟酌，反复增删，反复平衡后，框架基本形成。样稿经反复撰写，反复推敲，反复论证后，一批能起示范作用的样稿终于试写成功。"二是根据词目内容和要求，选找合适的写作人选。"工作取得初步成果之后，罗竹风与编委会一起，一方面迅速组织全体编写人员，根据各学科确定的词目框架，在样板稿的示范下全面开展有所遵循的编写工作；一方面认真总结初战阶段的工作经验，形成规律，形成理论，及时补充和修改了指导全书修订编纂工作的一系列方针原则。"①

辞书的精华是对词语的解释文字，释文得当、精到、凝练，是必须的要领。在释文的行文规则上，罗竹风提出了著名的"两说"，一个是十分形象逼真、通俗易懂的"四至"说，即"东至墙、西至庙、南至沟、北至道"。其实这是罗竹风针对释文内容的撰写提出的要求，利用有限的文字空间，切中题意，不能漫无边际、东拉西扯。另一个是释文必须简明扼要的"挤水分"说，要毫不留情地挤压冗长的、烦琐的释文，精心提炼每一个文字，包括标点符号。《辞海》条目众多，不能挂一漏万，每一个条目占据的版面十分宝贵，要用同样的篇幅介绍更多的内容与知识。罗竹风认为，应当要求明确，把握精华，既要

① 上海社会科学学会联合会主编：《罗竹风纪念文集》，上海辞书出版社1997年版，第196页。

抓住核心部分，还要客观表述，不能偏颇。针对这个问题，罗竹风在先前的"两说"之后，又加了"一说"，叫作"并存"说。某个词语凡是有多种学术观点时，应逐一介绍，尽量做到不偏不倚，既能体现"百花齐放，百家争鸣"的学术原则，还能增加读者的阅读面、知识量。"三说"一出，让每一位释文撰写者感到有了依靠，以"三说"为写作指南，犹如一列在铁道上疾驶的火车，有轨可循，防止了因为各自理解的差异而出现的跑偏现象。

有了这么明确的释文"三说"，对作者的要求当然随之提高。刚刚开始的时候，《辞海》编委会物色作者比较严谨、慎重，设置了一些过关测试，对作者的专业知识和写作水平要求很高。但是，随着政治形势的变化，《辞海》修订工作也不可避免地进入了一个"大跃进"时期。有人提出了"多快好省编《辞海》"的口号，大搞《辞海》编纂的"人海战术"，违背了最初确定的两个基本思想：一是依靠全国学术界，二是走群众路线，综合起来就是"走专家和群众路线相结合的道路"。

罗竹风回忆，在修订《辞海》开始"搭班"时，关于从何处调人的问题，毛泽东曾提示从全国各大学物色一部分有真才实学的"右派"当编辑，有几位骨干大约就是这样调来的。"人海战术"搞起来之后，各大院校和科研机构承担的本来应由专家和科研人员撰写的条目，被层层分解到了学生和青年教师手上，迅即形成了一个热闹非凡的《辞海》气候。专家编《辞海》演变为学生动手编《辞海》，比进度，赶进度，你追我赶超进度。一个好好的、严谨的、学术的文化项目，完全沦落为一个与大炼钢铁、放卫星相类的政治笑话。

1959 年 11 月 17 日，华东师范大学地理系"《辞海》编写组"以大字报的形式，抢先向《辞海》其他编写组提出"八比"大挑战：

亲爱的党总支：

亲爱的各兄弟组：

我们《辞海》编写组通过今天下午"科学研究落实大会"及充分讨论后，明确了《辞海》工作在政治上和科学文化上的重要意义，它标志着我国科学文化事业的飞跃发展，所以个个意气风发，斗志昂扬，决心多快好省地完成这一政治任务。为此，我们提出下列八比，向其他兄弟组挑战。

比政治挂帅好

比苦干巧干好

比组织安排好

比完成任务好

比互助协作好

比师生结合好

比工作质量好

比万马奔腾好

——《辞海》编写组全体[1]

《辞海》修订编纂是一项需要宁神静气、按部就班的慢工细活，来不得半点马虎，更不可心浮气躁。"大跃进"和"人海战术"，让罗竹风寝食难安。

---

[1] 李春平著：《辞海纪事》，上海辞书出版社 2000 年版，第 75 页。

　　"大跃进"也好，"人海战术"也罢，给《辞海》修订编纂工作带来了诸多伤害，然而也有一个"好处"那就是"快"。"多快好省"编《辞海》，只有一个"快"字是名副其实、名不虚传的。从1957年秋天毛泽东提出修订《辞海》，到1960年3月25日《辞海》试写稿完成，只用了不到两年半的时间。期间，《辞海》编委会也是搞了多次"人海战术"，组织编写人员进行集中写作和修改。舒新城身体一直不好，很多编委会的工作就由副主任罗竹风去做。根据编委会的要求，罗竹风做了很多统一要求、统一思想、统一体例、统一进程的工作，尤其要求编写人员不要为了赶进度而忽视质量，只有保质保量完成《辞海》的修订编纂工作，才是真正的好。这些工作适时解决了编纂过程中出现的大量质量问题，特别是释文质量参差不齐的问题、进度不一的问题，尽可能地提高了《辞海》修订编纂工作质量。

　　虽然罗竹风想方设法，尽心竭力，但一个"快"字却不可能不影响《辞海》试写稿的质量。如果"试写稿"粗制滥造，质量不过关，就会极大影响下一步的修改定稿。为了解决试写稿中存在的质量问题，1960年4月24日，在罗竹风的主持下召开了"《辞海》工作交流会"。上海市社会科学院哲学所、上海市电影局、华东师范大学等六个单位介绍了走群众路线编纂修订《辞海》的经验。罗竹风，还有1959年10月从上海市教育局调任辞海编辑所专职副主任的杭苇，在舒新城查出肠癌之后，共同承担领导辞海编辑所的工作。听罢各单位的经验交流，大家都坐不住了。杭苇首先开腔，他有些激动地指出："出版辞书的目的，也就是辞书的基本任务，在于提供必要的知识。因此，批判不是它的主要任务。提供材料给读者以必要的知识，才是辞书的基本原则。"话语至此，罗竹风点头称是，杭苇也刹不住车了，他接着说:"编写《辞海》,必须肯定专家的作用,没有专家参加编写,不能调动专家的积极力量,要求《辞海》有高度的质量,看来是不可能的。因此,必须做到专家与群众结合。"① 在当时那种政治形势之下,杭苇能够与罗竹风一唱一和,说出这样的话,是具有相当胆识和魄力的。

随后的政治形势发展也的确如此,1966 年"文革"后,《辞海》的修订编纂工作全面停止。

在当时的条件下,虽然形势严峻,政治风云变幻莫测,但一心想着把《辞海》修订编纂好的罗竹风和辞海编辑所、《辞海》编委会的全体同人,顾不了这么多了。在主编舒新城因病无法主持日常工作的情况下,作为《辞海》编委会副主任的罗竹风和作为辞海编辑所专职副所长的杭苇,挑起了这副沉重的担子。在征得市委分管领导石西民的支持意见之后,罗竹风和杭苇召集了一次《辞海》编委会关于《辞海》的初稿审查会议。

初稿审查会议于 1960 年 8 月 23 日开始,一直持续到 9 月 2 日。罗竹风主持,杭苇作了《辞海》初稿词目、释文质量、改进建议的报告,石西民也到会讲话。此次会议规模庞大,足有五百人参加,后来被叫作"五百人会议"。与会人员对照"试写稿"与石西民、罗竹风、杭苇提出的问题,逐条逐目分析,把存在问题的根子挖深挖透,诊除病根。与会者一致认为试写稿存在严重的帽子多、棍子多、空洞议论多、不着边际多、大批判多、知识少等怪相,提出了"明四至"、"挤水分"、"割尾巴"、"撕标签"的要求,并在肯定编委会提出的"政治

---

① 李春平著:《辞海纪事》,上海辞书出版社 2000 年版,第 82 页。

性、科学性、通俗性”的基础上，再次增加了“知识性、稳定性、正面性”。以“前三性”与“后三性”合称为“六性”，作为《辞海》修订的“六原则”。

1960 年 11 月 28 日，《辞海》主编舒新城病逝。出师未捷身先死，一心要把《辞海》编纂修订好的舒新城仅仅看到一堆杂乱无章的“试写稿”，便带着无尽的遗憾撒手人寰。主编一职空缺，直到 1961 年 8 月，征得中央同意，上海市委决定由陈望道任《辞海》主编，副主编由原来的两位增加到九位。主编空缺期间罗竹风以上海市出版局代局长的身份兼任编委会副主任、《辞海》副主编，实际行使主编、编委会主任之职责，使《辞海》修订工作有条不紊地向前推进。

1961 年 2 月 6 日，《辞海》编委会在上海浦江饭店召开各个学科召集人扩大会议。这次会议的规格非常高，国务院副秘书长、文化部副部长齐燕铭专程从北京赶来出席，并作了讲话。他首先提出修订《辞海》要精益求精，要有高标准、质量为上的精神。这次会议作出两个前所未有的决定，一个是强调要依靠教授、学者，走专家路线的方式修订《辞海》，再一个是决定对《辞海》第二稿由专家进行全面审查修改，能修改的修改，不能修改的废弃重写。这次会议祛邪扶正，从根子上理顺了思路，打通了关节，是修订《辞海》工作中具有决定意义的“遵义会议”。

在这次会议的鼓舞下，1961 年 9 月《辞海》（试行本）共 16 分册，由中华书局辞海编辑所出版。每册印数不一，有多一点的，有少一点的，如“文化·教育”分册印了 15200 本，“工程技术”分册印了 16200 本，“自然科学·生物”分册印了 11700 本。根据罗竹风的建议，每册之中都夹上辞海试行本“修改意见”表，供读者反馈意见所用。还有一份反正两面都有内容的"致读者"：

> 《辞海》正在修订中。为了使新《辞海》具有较高的质量，特在正式出版前，先将修改二稿按学科分成十六个分册，出版试行本，向各方请教。我们竭诚希望您对试行本的选词、释义工作，给予严格的审阅和批评。
>
> 谢谢您的合作。致
>
> 敬礼！
>
> 中华书局辞海编辑所

"征求意见要点"共分六项：

（一）根据《辞海》的性质（供中等文化水平用的综合性的工具书），那些重要词目需要补充，那些可以删去？词目名称（包括学名译名在内）有无错误或不妥之处？各学科、各分册间的词目是否平衡，那些过多，那些过少？

（二）释文是否符合《辞海》性质，即解释是否清楚、确切，主要的、基本的知识是否完备？那些过专，那些过简？事实（包括人名、地名、学名、译名、引文、举例等在内），数据（包括年月日、公式、符号等在内）有无错误？

（三）释文内容，对学术上有争论的问题，是否贯彻"双百方针"？对历史人物，事件的注释是否有反历史主义的观点，或简单下结论的毛病？对现实问题的注释有无违反党和国家政策的错误？

（四）对交叉词目的处理是否妥善，应该怎样改正？（正式出版时，全部词目拟新部首编排，所有相同的词目，均需归并综合。词目相同、意义不同的分项排列。各学科间此类词目相同的交叉词目，虽经初步综合，当因分工编写、分科出版，限于认识和限于时间，还未及全部处理妥善。）

（五）插图是否符合正文要求？内容有无错误？哪些质量太低应该重画，哪些词目应补画插图，哪些可以删去？

（六）关于体例、编排、版式、字体（简繁、异体字的处理）、注音（要不要注直音）等方面的意见，以及那些经常需要参考的知识应采作附录和其他应该注意、改进的意见。

回收意见采取"零寄整付"的办法，可免贴邮票，想得实在太周到了。

之所以把这大段的文字照抄在此，因为借此我们看到的不仅是一份"致读者"书，更是一份让人暖暖的心意。如此之细致的工作方法，如此踏实的工作作风，如此令人敬佩的工作态度，至今仍是我们学习的范例。从中可以看出，修订《辞海》的点点滴滴，在每一个参与修订的"辞海人"心里，打下的根基是多么深厚。

于细微处见精神。1989 年版《辞海》问世之后，时任上海市委书记的江泽民欣然题词："发扬一丝不苟字斟句酌作风严谨的'辞海'精神，为提高中华民族的文化素质而努力。"很好地诠释了"辞海人"为《辞海》所作出的一切默默无闻的奉献：事无先后、事无巨细、事必躬亲。这份很不起眼的"致读者"，就是"辞海人"和《辞海》之"精神"所在。

这样做事符合罗竹风的性格，雷厉风行，从不拖泥带水，敢作敢为，更多地为读者着想，而且身体力行。为了尽快将试写稿修改完毕，编委会决定把全国各地的学者、教授、专家集中到上海的浦江饭店，来一次"浦江会战"。罗竹风既要组织人马，当好后勤部长，保障编写人员的生活起居，还要参与修订与大家一起讨论定稿。

有天晚饭后，罗竹风拿着一叠已经审阅的词语条目来到词语学组的房间里，跟张撝之他们从词语谈到了中国古代文学（两个学科之间原本有许多交叉条目）。大家一高兴，就把话题越扯越远，谈到了宋代女词人李清照的配图问题，当时有人主张用李清照31岁时的像，此像在王鹏运所刻《四印斋词》之《漱玉词》中。像中的李清照手持菊花，取其词《醉花阴》中"莫道不消魂，帘卷西风，人比黄花瘦"之意。据说此像藏在山东诸城某氏家中，而诸城是李清照丈夫赵明诚的老家。罗竹风认为，李清照的这幅画像十有八九是靠不住的。理由是赵明诚虽然是密州诸城人，但实际上家住青州，那幅藏于诸城某氏家中的李清照画像又不见著录，且与原本李清照手持兰花的画像相异，自然是不可靠的。相比之下，1957年《文学研究》某期上发表的李清照的另一幅画像则可靠一些，更能表现李清照作为一位大文学家的气质和风韵。罗竹风又说，找古人的画像，原本不能胶柱鼓瑟，古时又没有照相术，即使流传有序的画像，也不过是依稀仿佛而已，张撝之听罗竹风分析一番后，对罗老的广博和通达表示惊讶，问道："罗老，你怎么知道这么多呀？"罗竹风一边笑一边说道："李清照是咱们山东老乡，又是少有的女作家，还能不关心吗?"

罗竹风先生身躯伟岸、壮实肥胖，又多汗又怕热，实在受不了时他就光着膀子，赤膊上阵。即便如此，汗水依然不停地流淌下来，不时将稿纸浸湿一片，写字时洇成墨团。有时是右手握笔，左手拿一把蒲扇，尽量使流下的汗水少一些。①

以上这两段文字摘自李春平所著《辞海纪事》一书，可见罗竹风对《辞海》倾注的心血以及热爱之情。张撝之早年毕业于无锡国学专修学校，国学底子深厚，又是《辞海》词语分科的主编，对罗竹风的见解佩服之极，可谓惺惺相惜。

或许这就是冥冥之中心与心的沟通，或许这就是命中注定罗竹风从此要与《辞海》相伴始终。接下来，罗竹风将以"专职"的身份，毫无保留地献身《辞海》……

二、深耕《辞海》四年

自成为专职副主任后，罗竹风就把办公室安在了有"辞海园"之称的辞海编辑所。其后直到1966年6月"文革"开始，辞海编辑所被强行拆散，罗竹风在这个位置上坐了近四年的时间。

修订《辞海》不仅是中华民族文化史上的一件盛事，更是一次前所未有的大师、名家大汇聚。先后三任主编舒新城、陈望道、夏征农，

① 李春平著:《辞海纪事》，上海辞书出版社 2000 年版，第 98 页。

个个都是响当当的人物。舒新城前已介绍，陈望道是复旦大学校长，第一位将《共产党宣言》全本翻译成中文的人，夏征农曾任中央华东局宣传部长。先后任副主编的有不变的罗竹风，还有周谷城、谈家桢、钱伟长、谢希德、李国豪、苏步青、王元化、周予同、赵超构、刘大杰等。编委和分科主编同样大名鼎鼎，他们有费孝通、徐中玉、谷超豪、熊月之、汤志钧、刘佛年、谭其骧、蒋学模……《辞海》戏剧分科主编周信芳、音乐分科主编贺绿汀……太多了，可以说是数不胜数。在这支庞大的名家队伍中，还有一批特殊人物，即"右派分子"。

事情的原委是这样的：1957 年 9 月 7 日，毛泽东在上海会见舒新城，把修订 1936 年版《辞海》的任务交给了他。在问到有什么困难时，舒新城向毛主席提出了房屋、经费、人员三个非常实际的问题，只有解决了这三个问题，工作才能开展起来。毛泽东当即责成时任上海市委书记的柯庆施帮办前两项。至于人员，毛泽东想了一个非常好的办法，他说现在有那么多的"右派分子"没事干，你们何不调一批有真才实学的人去？这些人来了，就可以用他们的才华才智加快修订进度了，至于要哪些人，上海提出来，再由中央通知各地批准放人就行了。

为了尽快落实毛泽东的指示，上海市委于 1958 年 4 月 28 日给"中央并报主席"的报告中，提出了一份名单。其中包括原九三学社中央常委、山东大学副校长陆侃如，中央人民出版社（现人民出版社）总编辑曾彦修，以及北京师范大学的陶大镛、南京师范大学的高觉敷。罗竹风在山东大学任教务长的时候，陆侃如是副校长，他们共同分管教学、科研等工作，尤其是一起在华岗校长的领导下创办了全国高校第一份学术刊物《文史哲》。虽然罗竹风去了上海，但两人始终保持着密切往来。

但是，陆侃如并没来，原因是陆侃如虽然被打成"右派"，却依然承担着教学和科研任务。就这样，两位老同事未能相聚在《辞海》，失去了又一次像当年创办《文史哲》那样合作干事的机会。像陆侃如一样被上海市委邀请却因各种情况没来的，还有不少。为了尽快落实毛泽东的指示，罗竹风和几位副主编就分头到他们的原单位亲自沟通，希冀尽快放人。在他们的努力下，曾彦修、徐铸成等都来了，成为了修订《辞海》的主力军。罗竹风曾经这样说："知识分子就是为人民服务的，修订《辞海》，正是'得其所哉'。可以断言，没有知识分子和专家学者的努力，《辞海》是不可能出版的。人造卫星上天，需要科学家的创造和发明，否则不管多少人，即使全中国9亿人口，也不可能把它抛上天去。"①

从1963年开始，修订《辞海》的工作进入到可以看得见的收获期。1963年4月15日，《辞海》（试排本）60分册完成，"试排本"是在"试写本"的基础上，经过了第一次的"浦江集中"，由上百名专家、学者、教授夜以继日、艰苦卓绝的奋战拼出来的。"试排本"广泛吸纳从全国各地反馈回来的意见建议，能修则修，能改则改。这是《辞海》修订的一次跨越性成果，稚气已脱。7月20日，编写人员再次在上海浦江饭店集中，正值骄阳似火的初夏，老专家、老教授们被烤得不亦热乎。卸去出版局长之职，罗竹风一身轻松，以更加"专职"的精神，全身心地投入到了《辞海》（试排本）的修订中，也以万分愉悦的心情等待着收获的季节。

---

① 罗竹风著：《行云流水六十秋》，上海教育出版社1991年版，第539页。

首先是定下了《辞海》的书名题签。1963 年 8 月 13 日，辞海编委会召开第 18 次主任委员会议，讨论《辞海》书名的题写问题。盼了很久的"孩子"快要出生，为此已经忙碌了近六年的"辞海人"，希望选取最合适的"辞海"二字，把《辞海》装点得端庄、大气，人见人爱。书名题写对一本书的装帧很关键，用字好不好看，直接影响到读者的第一观感。有人提议沿用 1936 年版的"辞海"，这是当时舒新城主编从陕西汉中的摩崖石刻《石门颂》中选出来的，深沉、稳重、力透纸背，符合《辞海》的定位。也有人认为，既然是修订《辞海》，就应该连原来的书名用字也一并"修订"，使之面貌一新。罗竹风赞成后一种提法，石西民和杭苇也同意，于是他们提议由主编陈望道题写。没想到陈望道坚辞，说自己的字写的不好看，给《辞海》丢面子。在入会代表的坚持下，陈望道才答应下来，不几日他就把书名写好，带到辞海编辑所让大家提意见。陈望道的"辞海"二字，从1965 年出版的《辞海》（未定稿），一直沿用到《辞海》1979 年版和《辞海》1989 年版。

再就是《辞海》全稿定型。在中央批准以"未定稿"形式"内部发行"的指示下，罗竹风和辞海编辑所的工作重点转移到了排版、校对、印刷上面。在 1964 年 5 月 25 日召开的"全所同志投入校对工作的动员"大会上，他们提出"不错一字"的口号。根据要求，《辞海》先出试行版，内部发行九万部，1964 年国庆节之前至少出版两千套。

那时候的条件实在太差了，无论排版还是印刷，都处在一个相对落后的阶段。人急机器不急，排版要一个字一个字地拣，把一千多万个铅字排成三本大书，谈何容易？校对也是一个细致活，要保证"不错一字"，就要保证校对员的时间。罗竹风和编辑所的所有人都投身到这场时不我待、轰轰烈烈，却又急不得的工作中。但是，他们还是未能如期完成上级交给的这项光荣而艰巨的任务。1964 年国庆节前，没有印出一本《辞海》，直到翌年的 4 月份，《辞海》（未定稿）才印出来装订完毕，而且也只有一万五千部，与计划的九万部相去甚远。《辞海》（未定稿）全书共收入词语 98000 条，1160 万字，皇皇巨著，令人肃然起敬。

好在《辞海》（未定稿）送达中央各部门之后，反响极好，评价极高，个别地方稍加调整之后完全具备了正式出版公开发行的条件。

天有不测风云，政治气候的变幻，是正鼓足劲要大干一番的《辞海》编写人员根本无法预料的。其实，留给他们的时间不多了，留给罗竹风的时间更短。

1966 年 8 月，罗竹风被赶出辞海编辑所，从此离开"辞海园"，一去就是十二年，直到 1978 年 10 月得以复出……

三、苦等《辞海》十二秋

因为走得太遥远，所以不愿放弃前面的路。罗竹风对《辞海》一往情深，付出极大，以一部"未定稿"告终，让他实在无法接受。曾经与罗竹风并肩战斗在修订《辞海》一线的巢峰，在一篇《罗老与〈辞海〉》的文章中，这样回忆自己的良师益友：

罗老几乎参加了历次《辞海》修订的全过程。1957 年秋毛主席把修订《辞海》任务交给上海。1958 年中华书局辞海编辑所成立。此时罗竹风同志已任上海市出版局局长,并兼任《辞海》副主编。从那时起,一直到他逝世,前后三十八年,他始终是《辞海》的主要决策者、组织者、审定者之一。

罗老治学,一丝不苟,精益求精。修订《辞海》,他除了运筹帷幄之外,还逐条审读稿件。夏日炎炎,罗老赤膊上阵、挥汗如雨看稿的情景,老辞海的同仁,至今记忆犹新。从头到尾,通读《辞海》(未定稿)全书者,唯罗老一人。①

在不到两年的时间里,把1160万字的《辞海》(未定稿)通读一遍,那是何等的毅力。没有强大的精神支柱,没有对《辞海》深深的热爱,是绝不可能做到的。

"文革"十年,罗竹风一直处在被批判、抄家、批斗,以及劳动改造、检讨交代的"运动"中,他深爱的《辞海》也在运动中被折腾得奄奄一息。罗竹风虽身陷困境,却始终关注着《辞海》,时时挂念着曾经与自己一起为修订《辞海》而受到不公正待遇和冲击的那些老"辞海人"。1974年初夏的一个下午,罗竹风从位于上海市郊区奉贤县的出版系统"五七"劳动干校回来,然后就和夫人一起去看望《辞海》主编陈望道。罗竹风与陈望道交往的时间较早,他在北京大学读书时发表的第一篇有影响的杂文《看画》,就是以"陆旭"的笔名在陈望道主编的半月刊《太白》杂志刊出的,并得到了这位具有很高声望的社会活动家和教育家的赞许。陈望道鼓励他注意文章的广度和深度,多写一些有思想、有独立见解的文章。到上海工作之后,罗竹风多次

---

① 上海社会科学学会联合会主编:《罗竹风纪念文集》,上海辞书出版社1997年版,第204页。

看望将自己引上写作杂文道路的师长。陈望道被任命为《辞海》编辑委员会主任委员之后，两人更是成为了一条战壕里的战友。

师生相见，战友相会，陈望道喜出望外，他说的第一句话是："革命几十年，你为什么变成了牛鬼蛇神？"罗竹风听得出这是陈望道憋了很久的一句话，却又不知如何回答才能使陈老那颗激动的心得以平复。陈望道最早翻译了《共产党宣言》全本，成为了中国共产党的指路明灯。周恩来总理明确指示上海市委要保护好这位中国共产党的大功臣，所以陈望道没有因为当《辞海》主编而受到激烈冲击。他很同情罗竹风这位当年的北大才子，却又不知能做些什么。两位志同道合的老友话锋一转，开始谈论《辞海》（未定稿）。此时，《辞海》已经被定性为"大毒草"，字字乌黑，参与《辞海》编写和工作的人大多受到了冲击。陈望道说："任凭他们胡说去吧，历史将是最好的见证。"

这是罗竹风和陈望道的最后一次见面。1977 年 10 月 29 日，陈望道辞世，享年 86 岁。那年，"文革"虽已结束，罗竹风依然"靠边站"，等待着组织的最后结论。他不能参加陈望道的追悼会，只能憋在家里大哭一场。

一年之后的 1978 年 10 月，罗竹风被平反了，扣在头上十二年的两顶大帽子（"杂家"和《辞海》）全被摘了下来。罗竹风无"帽"一身轻，兴高采烈地到他当出版局长时创刊的《中华文史论丛》做一名普通编辑。

与《辞海》一起运动了整整十二秋的罗竹风，已是 68 岁。

也是这年的秋天，上海市委根据中央指示决定继续修订《辞海》，作为向中华人民共和国成立 30 周年的献礼，出版《辞海》1979 年版，并决定由复旦大学党委书记夏征农任主编。

此时此刻，人们想到了一个人，一个纯粹的"辞海人"，一个已经为《辞海》奋斗了二十多年的"老辞海"……这个人就是正在埋头编辑《中华文史论丛》的罗竹风，一个离开《辞海》十二年的罗竹风，一个苦等《辞海》十二秋的"中国《辞海》第一人"——罗竹风。

四、鏖战《辞海》二百天

夏征农希望罗竹风来做他的常务副主编。他们 1950 年前后结识于山东，当时夏征农就在山东工作，这位毕业于南京金陵大学中文系的江西丰城人，曾先后出任济南市委宣传部部长、副书记，中共山东省委常委等职。当时罗竹风也在济南，供职于山东省教育厅，常在夏征农的指导下参加省、市的一些活动。夏征农说："早在建国初期，我在山东工作时就认识罗竹风同志。1961 年，我调华东局宣传部工作，他任上海市出版局长，兼《辞海》副主编，我们虽然见过几次面，但交谈不多。直到'文革'以后，我因任《辞海》（1979 年版）主编，罗竹风同志续任副主编，从此由于工作关系彼此过从甚密。相知益深，遂成益友。他在工作中和日常生活中所体现的那种对党无限忠诚，对工作极端负责以及廉洁自守、公而忘私的崇高品德，给我留下了极其深刻的印象"。①

罗竹风对夏征农当然也是相知甚深。在上海市委决定夏征农任

---

① 夏征农著：《夏征农文集》（7），上海人民出版社 2000 年版，第 178 页。

《辞海》主编之后，上海市出版局副局长戚铭渠和辞书出版社的束纫秋便去请罗竹风出山。罗竹风提出的第一个问题是："谁当主编。"回答是："夏征农。请您管具体事务。"因为那时候罗竹风还没有彻底平反，职务的事要市委决定。罗竹风心有归属，又说："修订《辞海》，用'未定稿'的本子，我就来，不用'未定稿'我就不来。"两位均表示以"未定稿"为基础，再进行修改。罗竹风这才同意回归《辞海》。其实，不是罗竹风不愿意再去搞《辞海》，而是心有余悸。

当然，这只是罗竹风掠过心底的一丝担忧和凄凉，在他心里，完成《辞海》的修订，远比个人的兴衰荣辱重要得多。只要能够完成这一中华文化的壮举，任何个人的得失都可置于脑后。

"人员问题呢，怎么解决？"罗竹风问。束纫秋说，还是把《辞海》以前的人都请回来，由市委宣传部出面请他们，搞的办法还是集中修改。听罢此话，罗竹风欣然接受邀请，再次走进《辞海》。夏征农比罗竹风年长七岁，出任《辞海》主编的那年已是 75 岁。没过多长时间，上海市委正式任命罗竹风为《辞海》副主编，主持《辞海》修订的日常工作；重大事项由主编、副主编共同决策，编委会通过实施。

此前，上海市委已经为重新修订《辞海》做了很多准备。1978年 1 月，中华书局辞海编辑所改名为"上海辞书出版社"，原来的辞海编辑所由一个单一的《辞海》修订机构，成为我国第一家编辑出版各种词典工具书的专业出版社，束纫秋任社长兼总编辑，巢峰、赵超构等任副总编辑。上海市委成立《辞海》编辑出版领导小组，市委书记王一平为组长，同时恢复充实编辑委员会，使更多的专家、教授进入《辞海》修订的队伍中。

为什么罗竹风坚持要在 1965 年完成的《辞海》（未定稿）基础上，定稿出版《辞海》1979 年版呢？他有几个考虑。一个是他认为"未定稿"已经基本成熟，当时虽然没有公开出版，却达到了公开出版的基本标准。在这个前提下进行修改，有基础、易操作，况且大多数人参加过"未定稿"的编写，轻车熟路，他们晓得怎么改，改哪里。罗竹风在多个场合，以不同方式，多次讲过这个意思。再一个就是从感情讲，罗竹风更希望以《辞海》（未定稿）为基础进行修改，个人的付出他不会计较，但是那些一起为《辞海》奋斗多年的老战友，是无法忘记的。第一任主编舒新城，从《辞海》启动到步入正轨，起到了中流砥柱的作用，可惜，他只见到了一个《辞海》（试行本）。第二任主编陈望道，在舒新城辞世之后带领全体"辞海人"，加班加点赶时间，也只是看到了一个《辞海》（未定稿）。参加修订《辞海》的专家、学者呕心沥血，都在"文革"中备受摧残，他们的辛苦不能白费。再一个就是如巢峰所言："在修订工作之初，需要首先解决的一个根本问题，就是修订工作究竟以什么为基础。……为此，在第一次研究 1979 年版《辞海》工作的会议上，罗老就提出'未定稿'虽有一些缺点错误，但基础是好的，是一枝香花，'四人帮'强加的污蔑不实之词应该统统推倒。……因此，这次修订应以'未定稿'为基础……事实证明，正是这一英明决策，才使用九个月的时间完成编纂出版任务的计划成为现实，才使 1979 年版《辞海》在很大程度上能够避免'文革'极左路线的干扰。"[①]

更让罗竹风不能接受的是，1977 年 7 月出版（内部发行）的《辞海》修订稿（供征求意见用），对《辞海》（未定稿）进行了全面否定：

---

① 上海社会科学学会联合会主编：《罗竹风纪念文集》，上海辞书出版 1997 年版，第 205 页。

新中国成立之后，曾进行过一次改编，于 1965 年出版了《辞海》（未定稿）。因受刘少奇反革命修正主义路线的干扰破坏，书中存在严重的错误。在伟大领袖和导师毛主席亲自发动和领导的无产阶级文化大革命中，本社于 1972 年起对《辞海》（未定稿）进行修订。可是修订工作又受到王、张、江、姚反党集团的严重破坏。

党中央一举粉碎了"四人帮"篡党夺权的阴谋，举国欢腾，人心大快。《辞海》修订工作也得以在毛主席无产阶级革命路线指引下顺利进行。参加修订工作的同志，坚持以阶级斗争为纲，坚持党的基本路线，坚持无产阶级专政下的继续革命，贯彻执行"百花齐放，百家争鸣"和"古为今用，洋为中用"的方针，尽力做到革命性和科学性的统一，使修订后的《辞海》能为无产阶级政治服务，为工农兵服务，为社会主义服务。

在修订过程中，得到了许多单位党组织的大力支持，得到了广大工农兵、革命干部和革命知识分子的热情帮助。许多学科成了有领导干部、工农兵和专业工作者参加的"三结合"小组，进行改稿、写稿、审稿、定稿工作。[①]

当然，罗竹风是知道"未定稿"存在很多问题的，在当时是达到了公开出版发行的条件，但是，却带着明显的"运动"痕迹和政治色彩。进入"拨乱反正"新时期，政治生态已经发生了巨大变化。"未定稿"很多条目的释文已经不适合新形势、新要求，必须加以修改。对此，罗竹风有着极为清醒的认识和思想准备。为了能够使修订工作顺利

① 《辞海》（修订稿）"出版说明"，上海人民出版社 1977 年版。

进行，罗竹风去了一趟首都北京，挨家挨户、登门拜访了二十多位有关部门的领导和专家学者，却一无所获。在政治气候尚不十分明朗的情况下，建国后若干历史问题悬而未决，要想得到一个明确的具体意见，当然不是一件容易的事情。大家虽然都有各自的看法、观点，但听到要继续修订《辞海》并公开发行，无不拍手称快。

时不我待，参加修改"未定稿"的专家、学者都在等待着一个统一的方案，便于着手开展工作。回到上海的罗竹风立即与各位领导商量对策，上海辞书出版社副总编巢峰提出，由他起草一个文件，待主编、副主编及编委会通过以后，发给大家，作为一个纲要，指导修改"未定稿"事宜。罗竹风同意，巢峰连夜赶制，几个昼夜，几易其稿，拿出了一份《〈辞海〉处理稿件的几点具体意见》。这份 8 条 39 款的"意见"，公然否定了 1977 年 8 月刚开过的党的十一次代表大会依然肯定的"以阶级斗争为纲"、"无产阶级专政下继续革命"、"走资本主义当权派"等这样一些敏感词语。在当时的政治环境中，如此提法引起很多"老辞海人"的恐慌。他们劝巢峰和罗竹风不要好了伤疤忘了痛。好不容易有了这样一个机会能够把《辞海》出版发行，千万不要再惹是生非，延误时机了。

1979 年春节刚过，罗竹风就与巢峰一起来到夏征农的家里。听完两个人的汇报，夏征农理直气壮地说："要我们负责，我们就要敢于负责；如果要我定，我也敢定。"[1]于是，罗竹风和巢峰拿出"意见"，轮流一字一句地念给主编听。念完了，三个人又聚在一张写字台前，逐字逐句的推敲、修改，终于在午夜时分拿出了一份指导性、实用性

---

① 夏征农著：《夏征农文集》(8)，上海人民出版社 2006 年版，第 335 页。

都很强的《〈辞海〉处理稿件的几点具体意见》，这成了《辞海》1979年版定稿的指南。参加修改"未定稿"的专家、学者人手一份"意见"，工作通达，进展顺利，保证了《辞海》1979年版准时与期盼已久的广大读者见面。

这份意见的远见之处则是明确指出，新时期的主要矛盾目前还无定论，《辞海》避免涉及，但应说明：在生产资料所有制的社会主义改造基本完成之后，大规模的急风暴雨式的群众阶级斗争已经基本结束。但是阶级斗争没有完全结束，要注意正确区分和处理社会主义社会中人民内部矛盾和敌我矛盾这两类不同性质的矛盾，调动一切积极因素，为建设现代化的社会主义强大国家而奋斗。而对"无产阶级文化大革命"词条的释文，只涉及起始和结束时间，以及毛泽东发动这场运动的出发点和林彪、"四人帮"的覆灭。

现在看，1979年初春由夏征农、罗竹风、巢峰拿出的这份"意见"无异于一次思想、行动的大"闯关"。"意见"起草人巢峰说："这一文件所提问题在今天不足为奇，但在当时，如果心有余悸，患得患失，如此《意见》是绝无可能拿出来……罗老作为《辞海》的主要决策人之一，堪称置个人得失于不顾，是具有铮铮铁骨的真正共产党人。"[①]上海市出版局作为出版系统行政主管部门，在看到这份"意见"之后没有表态，既不反对也不肯定。

作为出版家的夏征农、罗竹风、巢峰的担当精神令人钦佩。

统一了"意见"，方向明确，鏖战《辞海》(1979年版) 的精兵

---

① 上海社会科学联合会主编：《罗竹风纪念文集》，上海辞书出版社1997年版，第207页。

强将拉开了阵势。罗竹风身先士卒，全力以赴，"坐镇辞海编辑部，挑灯夜战，长达九个月之久"，巢峰不无心痛地回忆。

夏征农在《深深地怀念》一文中说：

> 在十分紧张的二百多天里，罗竹风同志始终坐镇第一线，日夜奋战，做了大量的领导工作，帮助解决了许多稿件中随时发现的尖端问题。《辞海》（1979年版）的出版，固然主要是在党的十一届三中全会精神鼓舞下，在上海市委大力支持下，依靠参加此项工作的全体同志努力的结果，但是如果没有罗竹风同志这种不怕困难，亲自动手，全力以赴，狠抓工作的精神，《辞海》很难确保质量如期完成。①

巢峰说：

> 罗老在从事繁忙的全局工作的同时，仍坚持审稿，且十分认真，常常亲自动手修改稿件。新增人物条目"郭小川"，释文冗长，后经他删改定稿。他常说，辞书释文，东至墙，西至庙，南至沟，北至道，不能超过"四至"，要做到增加一字则长，减少一字太短。有时，他连助理编辑做的工作，也做得一丝不苟。这点从下面一张便条中可以看出。
>
> 5月22日下午3点，夏征农同志打电话通知我到他的办公室去，当面谈起送审的几条稿子，稍加修改，可以定下来了。

---

① 夏征农著:《夏征农文集》(7)，上海人民出版社2006年版，第179页。

改过的地方，我已用绿墨水把它过在原稿上，作为存档备查。
请即发排拼版。此致

纫秋、加复、巢峰、严霜诸同志。

罗竹风

1979 年 5 月 22 日下午 4 时 5 分[①]

我们没有亲身参与那场激动人心的《辞海》（1979 年版）修订工作，很难精确把握夏征农、罗竹风和那批殚精竭虑要把《辞海》（1979年版）按时出版的专家学者们的内心世界。任何美丽辞藻，都不足以让当时的情景重现，只有投身其中、亲历修订过程的人，才能对此进行最好的诠释。笔者试图以一个后来者的眼光和理解，去叙说这段历史，却总有力不从心之感。的确，在恢弘的《辞海》（1979 年版）面前，在文化巨匠夏征农、罗竹风等众多"辞海人"面前，自己的笔力还太软弱。

这是罗竹风自告奋勇为《辞海》（1979 年版）撰写的"前言"。

前　言

《辞海》刊行于 1936 年。是按部首编排，以字带词，而词又是以字数、笔画为序的。这种兼有字典和百科性质的综合性辞书的编写体例，具有它自己的特色。《辞海》出版后，对当时中国的文化教育界有一定影响，起过应有的作用，但是几十年过去了，中国和世界都发生了巨大变化，科学、文化也有突飞猛进的

---

① 巢峰著：《出版论稿》（增补本），上海人民出版社 2001 年版，第 543 页。

发展，旧版《辞海》早已不能适应现在读者的要求，亟须加以修订或改编。

1957年秋，毛泽东同志倡议重新修订旧版《辞海》，并把这项任务交给上海，由原主编舒新城着手筹备。1958年春，成立中华书局辞海编辑所，1959年夏成立"辞海编辑委员会"，即由舒新城担任主编，另设副主编四人，负责组织上海学术界力量，分科进行具体修订工作。1960年冬，舒新城逝世后，由陈望道继任主编，副主编增至九人。鉴于上海学术界尚有许多缺门，于是陆续扩大范围，又得到北京、华东各省以及全国各地有关单位和同志们的通力协作，在1962年出版了《辞海·试行本》十六分册；进一步修订后，于1965年4月又出版了《辞海·未定稿》。"文化大革命"开始，工作陷于停顿。

1971年，周恩来同志提出，把继续修订《辞海》的任务列入国家出版计划。1972年起，再次着手修订，并按学科分类出分册，以供急需。然后在各分册的基础上整理加工，出版合订本，公开发行。但是在修订过程中，"四人帮"横加干扰和破坏，妄图使《辞海》为他们篡党夺权的阴谋服务。

1976年10月6日，党中央粉碎"四人帮"篡党叛国的阴谋，《辞海》得到新生。过去所强加于《辞海·未定稿》的一切不实之词，统统被推倒了。1978年12月，中共上海市委决定正式恢复和充实"辞海编辑委员会"；因陈望道于1977年逝世，由夏征农继任主编，另设副主编十六人，统筹安排最后定稿工作。这样，修订工作才能以较快速度顺利地进行。编委会决定1979年10月，由上海辞书出版社出版《辞海》三卷本，在全国各地公开发行，向建国三十周年献礼。

《辞海》是一部综合性辞书，编纂和使用时间较长，内容要求稳定。因此，凡是正在发展或经常变动的词目，暂不收入；对时间性较强或未能肯定的材料，避免在释文中引用。对学术问题，有定论的，按定论介绍；尚无定论或有争议者，则作客观介绍，概括叙述，或仅介绍现有的不同看法。尽量避免给读者以片面或者错误的知识。

《辞海》全书选收单字 14872 个，选收词目 91706 条，包括成语、典故、人物、著作、历史事件、古今地名、团体组织，以及各学科的名词术语等。所收词目，以解决一般读者在学习、工作中"质疑问难"的需要为主，并兼顾各学科的固有体系。释文主要是介绍基本的知识，力求简明扼要，并注意材料和观点的统一。

这次《辞海》修订工作，只经过九个月的时间就完成了定稿、编排和校印任务，这与所有参加的单位和同志们充分发挥革命热情，埋头苦干，日夜辛劳，是分不开的。在此，我们谨向历年来参加修订《辞海》工作的同志们和支持我们工作的协作单位，以及参加这次合订本排字、校对、印刷、装订的同志们，表示诚挚的谢意。此外，在《辞海》成书过程中，曾担任主编的舒新城先生和陈望道同志以及部分编委、编写人员先后逝世，我们特致缅怀悼念之忱！

客观形势发展迅速，但《辞海》修订须有底限，不允许无限期延长。五届人大二次会议的许多重大决议公布时，《辞海》已经付型，来不及再增订了。为了弥补此类缺陷，我们决定今后每隔一定时间出版一卷"增补本"，以供读者参阅。

《辞海》涉及的学科和内容极为广泛，虽经反复修订，不足或错误之处仍属难免，热切希望读者批评指正。

这篇以"辞海编辑委员会"和"上海辞书出版社"的名义写的"前言"，其实就是一部"《辞海》编纂简史"。为了写这个前言，罗竹风数易其稿，又亲自起草了征求意见的信稿，发给大家，请求修改。经过近一个月的打磨，"前言"终成不朽之文献。

巢峰说：

像这样的琐事，一般领导不屑一顾，但罗老从不计较，同样认真对待。他是一名司令员吗？是的，但他同时也是一名普通士兵。①

二百天弹指一挥间，在经历了一个冬、春、夏之后，1979 年的秋天，千百位参与《辞海》修订的"辞海人"，迎来了一个收获的季节——《辞海》（1979 年版）终于正式出版了。

《辞海》（1979 年版）分上、中、下三本，共收入单字 14872 个，词目 91706 条，涵盖人物、历史事件、成语、典故、古今地名、著作，以及各个学科的名词解释。可以解决大部分普通读者的学习需求，解惑答疑，基本符合《辞海》修订初期制定的指导思想，达到了修订《辞海》的目的。

看到精致大气的三大本《辞海》（1979 年版），所有"辞海人"

---

① 巢峰著：《出版论稿》（增补本），上海人民出版社 2001 年版，第 543 页。

松了一口气，罗竹风一直悬着的心终于可以放下了。9 月 21 日，在离国庆 30 周年还有 9 天的时候，上海市委、市政府举行了隆重的出版发行仪式，为《辞海》（1979 年版）的出版发行作出巨大贡献的 1600 多人来到现场，一起分享成功的喜悦。很多人抚摸着崭新的《辞海》，闻着淡淡的墨香，激动的心情难以抑制，甚至流下了喜悦的泪水。上海市的领导彭冲、王一平、陈沂都来了，国家出版局代理局长陈翰伯专门从北京赶来祝贺。陈翰伯当年在看了辞海编委会送去的《〈辞海〉处理稿件的几点具体意见》后，当即给予充分肯定，认为这是全国出版系统拨乱反正、解放思想最坚决、最彻底的具体行动，在这点上，辞海编委会走在了全国出版界的前面，起到了先锋队的作用。

中共上海市委第一书记彭冲在讲话时高度评价《辞海》是新中国成立以后出版的第一部大型的综合性辞书，在一定程度上代表了我国目前的科学文化水平。它的编纂出版，是我国科学文化事业发展中的一项基本建设，在出版史上是一件大事，特别是随着全国工作重点的转移，对于我们进行新的长征，实现四个现代化，具有重要意义。

陈翰伯在代表国家出版局发言时，将《辞海》（1979 年版）的出版发行称为中国出版系统思想大解放的产物，具有划时代意义。他认为这是意识形态领域的一次重大突破，对于提高中华民族科学文化水平有重大意义，这是一个卓越的贡献，是中国出版界向新中国成立 30 周年献上的一份厚礼！

罗竹风代表辞海编委会作工作汇报。他说，《辞海》修订的 22 年，正是我们国家风云变幻的 22 年。回顾修订工作，深深地认识到什么时候思想路线端正，坚持实事求是，一切从实际出发，修订工作就大干、快上；什么时候受到极左路线、极左思潮干扰，陷入唯心主义、形而上学，修订工作就停顿，甚至倒退。《辞海》的正式出版，是参加修订工作的全体同志思想和行动统一到党的十一届三中全会精神上所取得的胜利，是解放思想、实事求是的结果。

鏖战《辞海》（1979 年版）二百余天，苦并快乐着。罗竹风曾对一位朋友说，他是在苦难中参加修订《辞海》工作的，又在心情比较舒畅时完成了这一任务。

五、《辞海》引发全民阅读潮

《辞海》（1979 年版）的出版发行不仅如陈翰伯所说，是意识形态领域的一次重大突破，也不仅如罗竹风所言，是解放思想、实事求是的结果，更重要的是，借着《辞海》（1979 年版）的东风，引领了一场前所未有的全民阅读热潮。

《辞海》（1979 年版）一时间洛阳纸贵，一套难求。1979 年 1 版 1 印瞬间告罄，接着在第二年加印，仅一年的时间，累计发行（三册本）22.2 万套，出口 8100 多套。缩印本一次印数就达到了 30 万部，出口 1 万部。按学科分类装订的 26 种分册，因可以分册购买，发行总册数也达到了 407 万册。广大读者争相购买，可谓盛况空前。

《辞海》（1979 年版）的出版发行触发了很多文化人沉寂多年的抒情神经，他们纷纷填词作赋，讴歌这个具有划时代意义的伟大创举。其中一位上海学者的《满江红》，很能代表当时学人、知识界的一番心境：

十年辛苦，磨去了多少翰墨。临江处，几番胜会，选词润色。一字推敲难入梦，全篇刻画呕心血，考古今典籍。

引名言，文章立；天下事，皆罗列；知识库，海中觅。赖中央领导，四方同力。祖国专家齐献宝，友邦名士争先阅。看洛阳纸贵，乘风行，飞南北。①

普通读者则把自己的热情表现在对一套、一册、一本《辞海》的追求上。上海市的新华书店实行凭票购买和排队登记之外，又加了一条很有喜庆色彩的特殊政策，新婚夫妇可凭一年内结婚登记证购买一套。山西的一位读者为了买一套《辞海》，花了七八天的时间，坐长途汽车把临近几个县的新华书店跑遍，仍然未能如愿，不得不给上海辞书出版社写了一封长信，表达了求书若渴的心情，希望出版社能够网开一面，在计划外卖给自己一套。1980 年 10 月 11 日，上海辞书出版社在《人民日报》刊出豆腐块大小的广告，告知全国的读者，可以从出版社直接邮购《辞海》。这则广告不仅引起一股邮购《辞海》的热潮，更重要的是，这则广告犹如开风气之先的《辞海》，同样开了广告售书之风气，这在当时也成了业界议论的热点话题。广告刊出不到一个月，近五百部《辞海》从出版社服务部寄出。一位军人收到《辞海》后，激动之情无以言表，就把自己的军功章寄给了出版社。

在《辞海》的各种版本中，最为畅销的是缩印本。1983 年举办的青岛书展、全国科技书展和沪渝书展，都反映了这一情

---

① 李春平著：《辞海纪事》，上海辞书出版社 2000 年版，第 156 页。

况。它虽然字体小，但因有着价格便宜（每部 22.20 元）、经济实用，便于查阅等优点，所以最受读者欢迎。据新华书店反映，各单位作为纪念品送给离休干部、先进工作者或外宾，文教单位作为工作用书发给本单位的工作人员，读者用书报费购买工具书，大都选中《辞海》缩印本。书店向读者提出过这样一个问题："如果你只能买一部工具书，你最希望购置的是哪一种？"答案几乎毫无例外的是《辞海》缩印本。1983 年 12 月 26 日《文汇报》刊登读者来信，呼吁多出一些缩印本供应农村。①

这样的实例还有很多，出版社、编委会的读者来信更是如雪片般飞来，赞誉之声不绝于耳。

喜悦之余，头脑最清晰的莫过于《辞海》常务副主编罗竹风。他肯定了 1979 年版《辞海》，"第一，条目增多、更新了。第二、释文更加确切稳定了。第三，整个内容充实了。第四，文风比较简洁明确了。第五，知识性得以全面贯彻了。"② 同时，罗竹风也看到了其中很多让人不满意的地方。"由于时间仓促，组织工作有缺陷，各学科修订任务基本完成之后，交叉词目没有完全处理好，通读时虽然极力弥补，仍然不能保证没有失误和差错。再是 120 多个学科，未能做到体例统一，特别是专名线相当混乱，几乎是各自为政，即使在一页上也不尽一致。《辞海》是一部书，所收条目是各学科最基本和最重要的，不能过于琐细，但各学科是在已出分册的基础上进行修订的，而各分册单独出版时需要照顾其本身固有的体系，难免有求全的考虑，这样

---

① 巢峰著：《出版论稿》（增订本），上海人民出版社 2001 年版，第 421 页。
② 罗竹风著：《行云流水六十秋》，上海教育出版社 1991 年版，第 542 页。

就发生了一个在本学科是需要收的条目，但放在全书当中，就成为不必要或者多余的了。没有从全局着眼，对各分册所收条目进行甄别挑选，这是一个相当严重的缺点。"[1]

罗竹风看得真够仔细的，提的问题也切中要害，是一位非常负责的主编人。在《辞海》（1979年版）刚刚面世不久，他就提出这个版本的时代局限是因为赶时间向国庆30周年献礼，于是才出现了这样那样的不足，应该立即着手对《辞海》（1979年版）进行校勘。罗竹风说，《辞海》这部书是万古长青的，要不断修订。辞海编委会是长生不老的，要一代代传下去。当年毛泽东在与舒新城谈及《辞海》的修订时，就曾十分风趣地说："你有儿子吗，自己干不了，儿子继续干下去。"[2] 舒新城听了毛泽东的话，想起"愚公移山"里的"子子孙孙无穷匮也"，便知道毛泽东修订《辞海》的决心是多么坚定了。二十多年过去，罗竹风没有忘记舒新城、陈望道等老一代"辞海人"为修订《辞海》竭尽全力却抱憾而去，也没有忘记毛泽东对舒新城为代表的"辞海人"的嘱托与希望。

在一阵轰轰烈烈的抢购、争看《辞海》（1979年版）热潮过去之后，来自社会各界的"冷思考"、"冷观察"也开始出现了。其中有不少是针对在使用过程中发现的释文问题，有的认为不准确，有的认为释文已经过时，有的则是干脆全盘否定。

罗竹风始终不回避《辞海》（1979年版）存在的问题，而且他认为很多问题随着时间还会越加明显。罗竹风说："《辞海》使用时间较长，从编写到出版也需要相当长的时间。因此，必须明确规定一个截

---

[1]　罗竹风著：《行云流水六十秋》，上海教育出版社1991年版，第542页。
[2]　《毛泽东与舒新城编〈辞海〉》，载《人民日报·海外版》2003年12月23日，第7版。

止的时限。今年（1979 年）五届人大二次会议的重大决议和人大常委会颁布的七个法律，都已来不及收入。有些名称，如'革命委员会'已经改为'人民政府'，而我们来不及一一改正，这不能不说是一个缺陷。我们决定在重新修订《辞海》之前，每年出版一册'增订本'。增补一些新条目，新内容，供读者参考使用。"①

为此，上海辞书出版社总编室设专人处理读者来稿来信，并搜集全国各报刊的评介文章，隔一段时间就列一个目录，送给《辞海》主编、常务副主编、编委会成员及各学科分册主编和编写人员。

辞海编委会在《辞海》（1979 年版）出版不久便在罗竹风的主持下召开了主编扩大会议，请一部分在上海的专家、学者商议如何听取读者意见建议的问题。历史地理学家、复旦大学教授谭其骧提出了如同《不列颠百科全书》一样花钱买建议、找差错的想法。这个办法在当时没有实现，但辞海编委会的内刊《辞海通讯》还是为此专门刊登了一条"广泛征求意见"的编者按，欢迎大家多提宝贵意见。

在这个基础上，1982 年 12 月《辞海·词语增补本》和《辞海·百科增补本》先后出版，与《辞海》词语分册和百科分册相配套，很大程度上弥补了《辞海》（1979 年版）因时间仓促而留下的一些明显不足。翌年，词语增补本和百科增补本合为《辞海·增补本》，配之以"三卷本"和"缩印本"交叉使用，使《辞海》（1979 年版）更加完善。

《辞海》（1979 年版）的出版发行，犹如一股清新的风，推动了相关文化研究的渐次铺开，辞书编纂出版向规模化发展。更重要的

---

① 罗竹风著：《行云流水六十秋》，上海教育出版社 1991 年版，第 542 页。

是，它引领了一种积极向上、朝气蓬勃、团结进取、一心一意干事业的社会新气象、正能量。先后参加修订编纂《辞海》的人员超过五千位，这些人中既有舒新城、陈望道、夏征农这样德高望重的掌门人，也有费孝通、周谷城、钱伟长、苏步青这些挂衔全国人大常委会副委员长、全国政协副主席的学者型官员，还有李国豪、翁史烈、贺绿汀、刘佛年、谈家桢、谢希德、杨家福、陈建功、李亚农这样著名大学的校长、研究所的所长，而更多的是名震一方的专家、学者和科技工作者、社会科学工作者。他们不讲官衔、职位，只看需要，谁能胜任什么就让他干什么。周谷城也就是个《辞海》副主编，费孝通是《辞海》社会学科分册主编，解放军军事科学院的几任院长都曾先后担任军事学科的主编。

这些主编没有一个是挂空名的，都是亲力亲为的实干家，都是怀着一颗报国之心的知识分子。他们有一个共同的目标，那就是把《辞海》修订得更好、更满意。

罗竹风满怀感激之情地说："1979 年版《辞海》（合订本）在短短 9 个月里能够出版，固然由于过去已经奠定了一个相当坚实的基础。但这样一个艰巨的任务之所以如期完成，知识分子的积极性最大限度地调动起来，不辞辛苦，全力以赴，也是其中主要的因素之一。"①

"辞海人"是那个时代造就的一个特别能战斗的集体，《辞海》（1979 年版）引来的全民阅读潮的背后是一个民族自信心的提振，凝聚力的提升，战斗力的提高，是一种不可忽视甚至影响至今的强大的精神力量。

---

① 罗竹风著：《行云流水六十秋》，上海教育出版社 1991 年版，第 539 页。

六、病榻上与《辞海》深情告别

2000 年，在北京出版的《中流》杂志第二期，刊登了一篇署名高为学的批评《辞海》（1989 年版）的文章。此时，《辞海》常务副主编罗竹风已经去世三年多了。主编夏征农看了高文之后，不顾 96 岁高龄，亲自给《中流》杂志编辑部写了一封长信，逐条予以解释澄清。2008 年 10 月 4 日，105 岁的夏征农在上海辞世。为了纪念两位逝去的为《辞海》作出巨大贡献的出版家、辞书编纂家，特将夏征农写给《中流》的信抄录在此。同时也使众多的喜爱《辞海》的读者，从中了解"辞海人"是如何对待《辞海》的。

《中流》杂志编辑部：

看了贵刊今年第二期上署名高为学的批评《辞海》的文章。作为《辞海》主编，我不能不说几句，表明我的态度。我欢迎读者对《辞海》提出批评，凡是可以接受的意见，都将予以采纳。但是，我希望批评能采取实事求是的态度，说话要有根据，以利于解决问题。《辞海》[毛泽东]条的概括语中从 1989 年版起删去"伟大的"，并非如高为学的文章所说，是"贬低毛泽东"，而是贯彻邓小平同志和中央政治局常委的有关精神。中共中央文献研究室主办的《文献和研究》1987 年第 2 期刊载《胡乔木关于辞书重要人物条目不用颂扬性评价语问题给中央政治局常委的信（1986 年 10 月 18 日）》，并在编者按中指出：对这封信"邓小平同志批示'我赞成'，其他常委都圈阅同意。"此后《中国大百科全书》和《辞海》等辞书均按此意见办理。至于新版《辞海》将［毛泽东］条概括语中的"马克思列宁主义者"改为"毛泽东思想的主要创立者"，则是为了表明毛泽东是具有独创性和突出贡献的马克思列宁主义者。［毛泽东］条的末尾注明"参见［毛泽东思想］"（这样就把两个条目紧密联系起来），而［毛泽东思想］条中说得很清楚：毛泽东思想"是马克思列宁主义在中国的运用和发展"，"以独创性的理论丰富和发展了马克思列宁主义"。同时，在［毛泽东］条的行文中，也有他早期就"接受并传播马克思列宁主义"、《实践论》和《矛盾论》"丰富和发展了马克思列宁主义的认识论和辩证法"等内容。但是，高为学的文章，无视"毛泽东思想的主要创立者"的含义，无视［毛泽东］条注明的"参见［毛泽东思想］"，无视［毛泽东思想］条对毛泽东思想和马克思列宁主义的关系的明确表述，也无视［毛泽东］条表明毛泽东是马克思列宁主义者的其他内容，硬说《辞海》否定毛泽东是马克思列宁主义者，甚至说《辞海》"迎合那种否定马列主义、毛泽东思想的错误思潮"，还把《辞海》和完全不相干的所谓"毛泽东思想主要来源于中国传统文化"的观点拉在一起批判，这种扣帽子、打棍子的态度，不是实事求是的态度，令人十分遗憾。我忝为贵刊顾问，提出以上意见，仅供你们在今后的编辑工作中参考。请将此文在贵刊发表。

2000 年 2 月 22 日[①]

夏征农的这封信后来在 2000 年第 6 期的《百年潮》杂志刊出了。

---

① 　夏征农著：《夏征农文集》（1），上海人民出版社 2006 年版，第 461 页。

其实，一部严肃的、科学的辞书，从来都是在与时俱进中不断修订、完善的。诚如有专家所言，一部好的辞书，与读者见面之日就是它的修订之时，很多辞书也是在读者和专家的不断挑错过程中再完善的。著名的《不列颠百科全书》修订到第 14 版的时候，达到前所未有的高度，编辑部甚至打出了读者每发现一处错误，奖励一美元的广告，由此引发了一个为《不列颠百科全书》挑错、找不足的小高潮。1964 年，一个叫哈维·艾因宾德的英国读者，经过近一年的研究考证，在第 14 版的《不列颠百科全书》中找出数十个错误和释文不当之处，由此推动了第 15 版《不列颠百科全书》的出版。但是，这些挑出来的错误和不当之处，都是在最新的版次中存在的，而不能在已有新版辞书的情况下再去挑旧版辞书的错误，因为很多旧版辞书中的错误已经在新的版本中纠正了。上述批评文章发表的时候，不仅《辞海》（1989 年版）已经出版十几年了，而且 1999 年版《辞海》也早与读者见面了。正如夏征农主编信中指出的那样，《辞海》（1989 年版）的所有释文都是依据充分，绝非编纂者"信手拈来"，所谓"迎合那种否定马列主义、毛泽东思想的错误思潮"更是无稽之谈。

1989 年版《辞海》的编纂工作就是从 1979 年版《辞海》出版之日起开始的。

1984 年元旦，夏征农和罗竹风一起主持起草了一份文件，正式向上海市委和中宣部提出修订 1979 年版《辞海》、出版 1989 年版《辞海》的报告，很快得到批准。为了加快《辞海》（1989 年版）的修订工作，罗竹风在 1985 年 2 月 12 日召开的主编扩大会议上，以牛年为由，提出："修订任务十分艰巨，今年是牛年，我们要气壮如牛，力大如牛，用牛耕田的精神完成这一任务。以 1989 年版《辞海》向共和国 40 周年献礼。"

与此同时，一些积压多年的老问题，也得以陆续解决。1987 年 1 月 10 日，上海市委批示将辞海编委会定为正局级，从 1958 年辞海编委会成立距此时已经过去了三十年。三十年来，编委会主任从舒新城、陈望道到夏征农，没有一个人计较自己的级别和待遇。编委会副主任更是换了一茬又一茬，工作人员走马灯似的你来我往，可是他们在级别待遇上一直没有个明确的说法。兼职者还好些，专职的工作人员颇多后顾之忧，一旦出现调动或退休，会出现相应职级无法对接的问题。夏征农和罗竹风多次提到这个问题，也多次向上级主管部门反映，终得解决。辞海编委会和《辞海》修订工作更加顺畅了。

在随后召开的辞海编委会关于《辞海》（1989 年版）编纂工作汇报会上，时任上海市委书记芮杏文、上海市市长江泽民都对编委会的工作提出了自己的看法。编委会还根据国际上大型辞书每隔十年修订一次的惯例，明确了对《辞海》修订编纂的时间节点——1979 年版、1989 年版、1999 年版……依此类推。

至此，《辞海》（1989 年版）的轮廓清晰地展现在"辞海人"的眼前，修订《辞海》（1979 年版）的思路、做法，甚至连时间表和工作进度都列了出来。

此时，罗竹风的头衔在《辞海》"副主编"的前面又加了两个字"常务"，也就是说，从 1958 年开始的《辞海》副主编已经"升格"成了《辞海》常务副主编，《辞海》的日常事务将由他全权负责。辞海编委会也进行了一次充实，副主编由原来的 16 位增加到 19 位。罗竹风"改任常务副主编之后，更是全力以赴领导修订编纂工作，并对 1989 年版《辞海》的修订提出三项意见：一是继续清除'左'的流毒和影响。因为 1979 年版《辞海》定稿时，虽然党的十一届三中全会已经召开，以经济建设为中心和对内改革、对外开放的总方针已经明确，但是许多具体政策并未落实，因此书中仍有不少'左'的痕迹，并且随着时间的推移日益明显，所以必须及时纠正，恢复科学性。二是力求反映最新的科学文化技术成果。因为进入八十年代后，国际、国内的政治形势和经济形势都发生了翻天覆地的变化，新学科不断诞生，新名词不断产生，新成果不断涌现，而 1979 年版《辞海》所依据的资料基本上是六十年代的，所以差距不小，必须迎头赶上。三是补缺纠错删滥。所谓补缺，就是按学科体系大量补充新内容，消灭缺漏，以不断完善，并增收 1979 年版《辞海》未收的已经去世的重要人物；所谓纠错，就是按政治性、科学性、知识性的要求，推敲观点，检查文字，核对资料，以订正错误，力求准确；所谓删滥，就是删除过专过细过于陈旧或查考价值不大的词目，对文字进行删繁就简，挤除水分，以力求克服过滥过繁。"①

罗竹风的这些意见经过编委会研究并通过之后，成为了指导 1989 年版《辞海》编纂工作的总要求，工作有的放矢了。先按学科对已经出版的 26 个分册进行修订，尽量拓开学科空间，然后交叉平衡，汇编成合订本。由于这次的修订编纂工作起步早、政策好，一切进展顺利。五年之后，1989 年版《辞海》作为一份文化厚礼献给了国庆 40 周年。

罗竹风总结 1989 年版《辞海》与 1979 年版《辞海》的不同，主要体现在出版质量的政治性、科学性、知识性、稳定性，简明性方

---

① 上海社会科学学会联合会主编:《罗竹风纪念文集》，上海辞书出版社 1997 年版，第 200 页。

面，有了明显提高。在规模和容量方面，有了明显拓展。全书的观点更加正确，内容更加丰富，资料更加翔实，文字更加简练，收词大量增加，多达 12 万条，近 1600 万字。

罗竹风以自己的体会为 1989 年版写下了："去冗补缺，精益求精，质量为重，面貌更新。"作为《辞海》新版留念。

1989 年版《辞海》出版后，学界、读者的反响丝毫不亚于十年前的 1979 年版，再次掀起了一个阅读和学习高潮。辞海编委会、上海辞书出版社与中华书局香港有限公司合作，在香港出版发行《辞海》（1989 年香港版）；与台湾东华书局合作出版《辞海》（1989 年繁体版）。截止到 1997 年 6 月底，《辞海》三卷本、缩印本累计发行五百万部，二十六分册累计发行一千多万册，成为中国发行量最大的大型辞书。

这年罗竹风 78 岁。

1989 年 1 月 14 日，他在写给多年同事、老友，也是《辞海》副主编的巢峰的信中说："今年七十八岁了，无能为矣，但又不得不'为'者，非心甘情愿，而迫于客观形势，还不能摆脱一切，只当'寓公'耳！"①

此信虽寥寥数语，却让人产生些许伤感。一个 78 岁的老人，每天还要工作十小时以上。他自己也说，年逾古稀，难胜繁剧，连续看稿，头即发昏，每日工作下来，便疲劳异常，但由于《辞海》修订任务异常繁重，时间紧迫，只好如此。

1993 年初，罗竹风感到腰部不适，医生误诊为扭伤，进行了推

---

① 巢峰著：《出版论稿》（增订版），上海人民出版社 2001 年版，第 545 页。

拿治疗。疼痛依旧，秋天再查，确诊为前列腺癌转移，腰已经骨折，不得不住进上海华东医院。从此，病房成了他的家，病床成了他的办公桌。

病榻上的罗竹风始终没有放下《辞海》的工作，他知道自己与《辞海》在一起的时间一天天减少，每一次与《辞海》的见面，都是在与《辞海》说再见。深爱罗老的"辞海人"也知道，这是他在与《辞海》深情道别……

巢峰说，罗老住院三年多，我几乎每一两个星期就去探望一次，或请示工作，或探问病情。罗老是彻底的唯物主义者，对于生老病死的自然规律，极为豁达。他的病情很重，但每次谈话却从未流露出一丝伤感。他一如既往，满心想的就是《辞海》和辞书事业。

1993 年底，辞海编辑部酝酿修订 1989 年版《辞海》，出版新世纪版（后来改为 1999 年版）《辞海》。1994 年 3 月，巢峰把《辞海》新世纪版的编纂方案送到医院病房，请罗竹风审定。他看得极为认真，字斟句酌，连一个标点符号都不放过，对方案修改订正的地方达四十九处。而将新世纪版《辞海》改为《辞海》（1999 年版）的最初动议，也是罗竹风在这次审定编纂方案时，最早提出来的。在文件的最后，照以往的惯例，罗竹风批上"请打印上报，罗竹风 1994 年 3 月 31 日"。谁也不记得罗竹风这样的批示有多少次了，如在往常，巢峰也不会多么在意，带回去"打印上报"即可。但是，这一次也不知道为什么，当巢峰从罗竹风手里接过文件时，泪水夺眶而出。巢峰后来说："这是罗老最后一次为《辞海》修订签发的文件，也是他留给我们永远值得纪念的墨宝。"

1995 年 1 月 18 日，沪上《辞海》"四老"夏征农、罗竹风、苏步青、周谷城，就《辞海》（1999 年版）编纂过程中遇到的资金困难等问题，联名致信时任上海市委书记黄菊。仅过了两天，黄菊就有了批示"应予支持"。当年夏征农 91 岁、苏步青 93 岁、周谷城 97 岁，最年轻的罗竹风也 84 岁了。

第二年的 4 月 6 日，《辞海》各分科主编会议在上海市政协礼堂举行。罗竹风在病床上写了一份发言稿，请人带了过来，发给大家。这也是罗竹风与所有"辞海人"的最后一次"见面"……

有人说，《辞海》历经风雨而文脉不断，是中国文化史上的一个奇迹。那是因为有一群深爱《辞海》的人，克服种种意想不到的困难，不断求索、奋进的结果。而这一群人中，有一条从未断过的线把大家连在一起。只要这条线在，这个特别能战斗的集体，就会招之即来，来之能战。这条线就是从 1957 年就结缘《辞海》，与《辞海》一道起起伏伏 39 年之久的出版家、辞书编纂家罗竹风。

1996 年是《辞海》（1936 年版）出版发行 60 周年，罗竹风不顾家人和朋友的劝阻，拖着沉重的病体写下了《〈辞海〉六十年》一文。是啊，这篇文章只有罗竹风能写，还有谁比罗竹风更了解《辞海》呢？这篇文章综述了《辞海》编纂 60 年来的坎坷之路，再现了一代代"辞海人"为之奋斗不息的艰难历程，最终成就了《辞海》的辉煌伟业。文章的最后两段是罗竹风对正在编纂的《辞海》（1999 年版）的要求、展望和期盼，当然还有这位"老辞海人"的深情与不舍：

已经启动的修订工作（1999 年《辞海》）所贯彻的指导思想

和编纂方针是：一要坚持以马列主义、毛泽东思想和邓小平建设有中国特色社会主义理论为指导，着重反映有中国特色的社会主义理论和实践。坚持实事求是的思想路线，坚持政治性、科学性、知识性、稳定性的统一，严格遵循辞书编纂的规律性；二要全面反映国际、国内形势发生的深刻变化和科学技术日新月异的发展成果，社会主义市场经济体制和高新技术的条目要大量增加；三要继续完善学科体系，不断增强学术性；四要出版4种印刷版本和光盘版。

可以相信，1999 年版《辞海》必将在我国辞书史上树立起新的里程碑，并以建国 50 周年纪念的标志性文化精品形象进入21 世纪。①

这篇文章发表在《辞书研究》1996 年第五期的"纪念《辞海》出版六十年"专辑的头题，出版日期是当年 9 月。不知道罗竹风有没有看见这篇文章的发表。10 月 6 日，他突然中风，半身偏瘫，陷入昏迷，再也没有清醒过来。

罗竹风的《辞海》人生定格在 1996 年 11 月 4 日上午 11 时……

---

① 罗竹风：《〈辞海〉六十年》，《辞书研究》1996 年第 5 期，第 49 页。

第三章

而今而后东山再起　筑就词语长城

——罗竹风功成《汉语大词典》

罗竹风认为，辞书和其他工具书的出版工作，是一个国家科学文化水平的标志之一。欧美各国和日本在这方面显然是领先的。中国地大、物博、人多、文化悠久，但辞书的编纂出版工作却相对落后，与国家地位和人民需要，极不相称。

中国的辞书编纂史可以追溯到春秋战国时期，但形成公认的辞书应该是汉代许慎的《说文解字》。许慎和他的《说文解字》之所以具有划时代意义，原因就是《说文解字》以辞书的形式结束了当时汉字使用混乱的现象，以"六书"原则解说文字，以辞书的权威性、知识性、科学性、统一性，使古老的汉字"理群类，解谬误，晓学者，达神恉"。此后近两千年，《说文解字》一典独大，这种局面一直持续到公元1716年《康熙字典》的出现。中间虽有《太平御览》、《佩文韵府》诸书问世，但直到《康熙字典》的付梓，才再次筑起一座辞书高峰。《康熙字典》收字47035个，不仅是中国的第一部官修辞书，还首次以"典"规范汉字词语，其典范意义影响深远，从此，中国的辞书编纂出版形成气候，各类辞书层出不穷。如《辞海》（1936年版）、《辞源》、《中华大字典》、《辞通》，但是，与欧美以及日本的辞书编纂出版事业相比，中国的辞书出版无论是数量、规模、学科，以及质量，都处在比较落后的阶段。

1957年，毛泽东提出在《辞海》（1936年版）的基础上加以修订，出版新《辞海》。其实，修订《辞海》只是一个开始，以此为起点，中国辞书编纂出版事业步入了新的历史时期和繁荣期。1959年9月，中央批准中宣部《关于修订〈辞海〉、〈辞源〉问题的请示报告》，由一部《辞海》的修订编纂加上《辞源》，"海"、"源"同修，"源"、"海"并进，将中国辞书编纂推向了一个新的高潮。《辞海》（未定稿）出版发行之后，虽是"供内部使用"，依然得到相关人士的充分肯定，同时也推动了辞书编纂工作的发展。1965年12月9日，中央宣传部召开会议，邀请专家、学者专门研究利用修订《辞海》的经验，推而广之，立项编纂出版文、史、哲、经、医五部大词典的问题。会议决定，由上海市卫生局副局长杜大公负责《医学大辞典》的编写组织工作，其他四部由时任国家科委副主任于光远负责编写组织工作。

但是，时过半年，"文化大革命"开始，关于编纂词典的一切计划停止，直到1975年邓小平主持中央日常工作，这项搁置了十年的计划才再次启动。1975 年夏，国家出版局和部分省市出版单位在广州制定了 1975 年到 1985 年编写 160 种中外语文词典的规划。其中规模最大、工作量最大、编纂人员最多的项目是《汉语大词典》，确定以华东地区高等院校和出版、科研机构为主组建编写班子。经过病重住院的周恩来总理批示同意，国务院以［1975］137 号文件下达执行。这一年的秋天，国家出版局在上海召开山东、江苏、安徽、浙江、福建、上海有关负责人会议，商定根据周总理和国务院文件指示精神，《汉语大词典》由参会的华东五省一市组织编写，上海市负责出版，国家出版局代局长陈翰伯任领导小组组长。

《汉语大词典》编纂工作正式启动。

一、《汉语大词典》"东山再起"

如《辞海》的编纂工作一样，《汉语大词典》一上马，首先遇到的问题就是工农兵学商齐上阵的"人海战术"。但是，两年过去，《汉语大词典》还是原地踏步，连一条像样的词目也没拿出来。"文化大革命"结束，为了尽快使《汉语大词典》的组织编写工作步入正轨，1977 年 9 月和 1978 年 9 月先后在山东省的青岛和安徽省的黄山召开编写工作会议，形成了稳定队伍、稳住人心、立即工作的共识。但是，当时的《汉语大词典》处在一个"群龙无首"的状态，真正开展工作并不容易。这个时候，国家出版局代局长陈翰伯想到了一个"特别能战斗的人"，他就是刚刚恢复工作不久的《辞海》副主编罗竹风。于是，《汉语大词典》编委会正式成立，国家出版局和教育部联合发文，任命罗竹风为《汉语大词典》编委会主任。为了加强对《汉语大词典》编写工作的业务联系和指导，适应《汉语大词典》释文编写阶段工作的需要，经中宣部和上海市委同意，在上海成立《汉语大词典》编纂处。编纂处是编写领导小组和编委会决议的执行机构，承担业务指导、编辑和部分释文编写任务，作为出版社同级单位，由上海市出版局领导。

为什么选择罗竹风兼任《汉语大词典》主编，陈翰伯给出了三个很有说服力的理由：一是北京大学中文系毕业的罗竹风曾在教学科研一线从事具体工作，经验丰富，知识面广，知晓具体的工作路数，可使编纂工作有的放矢。而且研究成果丰硕，已经成为著名语言学家，享有很高的学术地位。二是曾任山东大学教务长、上海市宗教事务处处长、上海市出版局代局长，有很强的组织协调和领导能力。三是长期任《辞海》副主编、编委会副主任、专职副主任等职，主持《辞海》修订编纂工作，积累了大量辞书编纂工作经验，对于《汉语大词典》的编纂有指导和借鉴意义。

这是一个突如其来的任命，当时身为上海市哲学社会科学学会联合会常务副主席兼秘书长、上海市语文学会领导的罗竹风，重中之重的工作是加班加点保证《辞海》（1979 年版）按时保质保量完成任务，向国庆 30 周年献礼。在与陈翰伯的谈话中，罗竹风面露难色。陈翰伯说自己是奉胡耀邦"请努力进行"之指示来上海请他出山的，罗竹风只好答应出任《汉语大词典》主编了。

选择罗竹风这么个"大忙人"主持《汉语大词典》，使他忙上加忙，这位年逾古稀的老人能承受得了吗？接下来近十五年《汉语大词典》编纂工作实践证明，中央的决定是正确的，罗竹风的工作可以用出色甚至完美来形容。

1979 年初秋，也就是《辞海》（1979 年版）刚刚出版并在上海举行《辞海》出版汇报大会之后的第二天，罗竹风出任主编的第一次《汉语大词典》编委会在苏州的东山举行。这是一个封闭多年又重新开放的年代，人们的思想和精神状态焕然一新。与会者对《汉语大词典》的性质、任务、功能、读者群体等进行讨论，建议建言大胆开放。针对当时出版能力较弱，品种单一，数量较少，人们求知若渴却无书可读的情况，有人建议把《汉语大词典》的编纂外延尽量打开，编一本像国际流行的大百科全书那样的词典，包罗万象，一书在手，无所不能，同时还能填补我国百科全书的空白。

罗竹风不同意以这样的方式编纂《汉语大词典》。他把辞书分为两类：一类是综合性的，另一类是专业性的。为了满足不同读者对象查考的需要，综合性的也好，专业性的也好，又可以有大型、中型、小型三种。综合性的辞书给予读者一般知识，面广而不深，专业性辞书给予读者某一学科的专门知识，要求详尽而有深度。对大家的建议意见，罗竹风说："《汉语大词典》是一部提高性质的大型语文词典，不是综合性词典。"他说："《汉语大词典》就像是古往今来汉语词汇的一座档案库，库内的每个词都要交代，它是什么时候产生的，原来是什么意思，后来意思有什么变化。为什么不出现了，不用了，或者只用这个意思，不用那个意思了。每个词都像是一个档案袋，汇集起来，就是一部《汉语大词典》。"对上述解释，罗竹风是有研究的："中国文字就其应用频率来说，大体可分为三类：一是常用字；二是冷僻字；三是死字。常用字所带的词语多，义项也多；冷僻字的词语较少，义项也相应减少。至于死字，或形存义亡，或只有字形而音义都无从探索，根本无语词附着。《汉语大词典》既以收词为主，过于冷僻或者已经死去的字，就没有必要去收了。"①

在罗竹风主持下，苏州会议明确了《汉语大词典》的编写方针是"古今兼收，源流并重"。尽可能收录古今汉语著作中的普通语词，吸收语言文字的研究成果，准确地解释词义，恰当地引用书证，力求反映汉语词汇的发展演变。所谓"古今兼收"，就是要突破时代的界限，对古今汉语词汇兼收并蓄，尽量做到完备。中国有几千年的历史，古比今长，而今又是从古演变过来的。语言文字的继承关系非常明显，它没有什么阶级性，而是由人们作为交流手段流传下来的。随着时间的推移，日积月累，新旧交迭，必然越来越丰富，越来越繁多。但源远流长，以今视古，也往往产生扑朔迷离、难以理解的困难。因此，从历史上加以探索，正本清源，就可以更准确、更全面地理解一个词汇的含义。这不一定是大多数人的要求，但是对于专门研究文、史、哲的人，却不能不说是非常必要的。《汉语大词典》正是为这些人服务的，这是由它的提高性质所决定，区别于一般中型和小型语文词典所应承担的任务。

罗竹风不愧是位卓有成就的语言文字学家，翻看他的一些旧文，从 1943 年为纪念一二·九运动写的《猛烈开展新文字运动》，到 1984 年发表的《我为什么赞成文字改革》，时间相隔近四十年，其理念、思想一以贯之。罗竹风在抗战时期的胶东革命根据地推行新文字，为农民群众学习文化、掌握知识，提供了简便易记、易懂的方

---

① 罗竹风著：《行云流水六十秋》，上海教育出版社 1991 年版，第 547 页。

法。在长期担任上海市语言文字工作机构和语文学会、语言文字工作者协会的领导职务期间，他致力于文字改革、简化字、汉语拼音、普通话的立法、宣传、推广、应用，加强了全社会的用语规范，推动了社会的文明进步。

因而，罗竹风对于推动《汉语大词典》的编纂工作，不仅有十分明确的编写方针、进度流程，还有超乎寻常的语言文字专业素养，以及高瞻远瞩的韬略。在苏州会议上，他对《汉语大词典》的地位、水平、质量提出的要求不仅具体而且实用："《汉语大词典》就质量而言，在中国历史上应当是空前的，而且还必须超过日本人编写的《大汉和辞典》和台湾出版的《中文大辞典》，具体来说应当有六个方面的标志，即收词谨严；纠正《大汉和辞典》和《中文大辞典》的错误；综合新的成果，增补新的内容，具有新的见解；释文简明确切；体例整齐完备；装帧设计和插图具有中国风格。"①

苏州东山又称东洞庭山，简称东山，因此，这次《汉语大词典》编委会又被叫作"东山会议"。依"东山"而"再起"，因此，"东山会议"被各界寄予厚望。或许这只是一种巧合，巧合中却暗含着大家的期许，希望《汉语大词典》从此步入正轨，早日与读者见面。

罗竹风很有信心，散会的时候，他与代表们握别，鼓励大家说，《汉语大词典》将在实践中成长，在实践中提高，请各位拭目以待。

---

① 上海社会科学学会联合会主编：《罗竹风纪念文集》，上海辞书出版社 1997 年版，第 217 页。

二、古今兼收而源流并重

汉语言文化科学严谨，意深耐读，一般读者掌握起来并不容易，语文词典的作用尤为明显。但是，《汉语大词典》出版以前，我们在这方面恰恰又做得不好，语文词典的出版数量少，难以满足不同层次读者的需求。从 1949 年到 1979 年间，能够数得着的语文词典无非是这样几部：《新华字典》，1957 年编纂完成，收录单字 8500 左右；《现代汉语词典》，1965 年出版试用本，1978 年正式出版发行，共收字、词、词组、成语、熟语等 56000 条；《汉语成语词典》，1978 年出版，收词 5500 多条；《古代汉语常用字字典》，1979 年出版，收词 3700 多条；《辞海·词语分册》，1977 年出版，收字词 3 万多条；《辞源》共四个分册，分四年时间陆续出版。

这就是截止到《汉语大词典》编纂开始时，整个中国语文辞书的家底，与五千年灿烂的汉字文化、悠长的汉字历史、丰韵的汉字故事，以及在世界语言文字中的地位无法吻合。日本在 1955 年至 1960 年出版了《大汉和辞典》，收录词目 55 万条；台湾地区于 1973 年出版了《中文大辞典》，收词 40 多万条，其后出版的《成语典》收词也有 12000 条。这三部汉语辞典，虽然存在一些不足之处，仅就其数量而言可谓洋洋大观，让我们有些"不好意思"。罗竹风分析，形成这种相对滞后局面的原因，在当时情况下主要集中在领导不够重视，缺乏计划性，对语言文字研究不够重视，闭关自守，以及没有系统地搜集和整理资料、没有编纂语文词典的专业队伍。他认为，在这种情况下，弄清楚《汉语大词典》的性质和任务，是决定其成败的关键因素。

为此，罗竹风在 1980 年 10 月撰写了长篇论文《试论语文词典编纂工作》，文章"回顾过去走过的道路"，分析出现"一典难求"的原因，在中国辞书的传统中，寻找《汉语大词典》的性质和任务，最后提出对"今后工作的几点意见"。

仔细阅读这篇论文，不仅使人对语文词典编纂从盲目到豁然开朗，也对罗竹风的敬业精神、工作态度肃然起敬，一代学人之风采跃然纸上，映入眼帘，禁不住感佩之至。

《汉语大词典》的编纂方针在东山会议上已经明确，"古今兼收，源流并重"，既然如此，它的收词范围必然更加广泛。罗竹风着重考虑了三个因素，即：汉语词汇的共时性与历时性，稳定词与变异词，以及它的实用价值。实用价值和稳定词与变异词，理解起来并不难，难的是共时性与历时性。所谓共时性，是指在同一时代平面上，探索、了解和研究词汇的存在与使用状况，以及在不同地区所使用的各种方言词汇差异状况。所谓历时性，是从语言发展史的角度，反映语言词汇的演变过程。历时性是由共时性所包含的各时代层次构成的。可以说，共时性是历时性的基础，历时性是共时性的总和。两者相交叉，语言就在一定的空间与时间中运动。

现在读起来依然有些生涩、绕口的所谓共时性、历时性，在罗竹风的笔下却是那么顺畅、自然，一气呵成，可见这是罗竹风信手拈来的"自家货"。他最让人叹服之处，就是无论干什么从不生搬硬套，而是创造性地开展工作，不求尽善尽美，但愿问心无愧。

苏州东山会议之后，罗竹风提出了为《汉语大词典》保驾护航的"三驾马车"设想。一是组建由华东五省一市山东、江苏、浙江、福建、安徽、上海的宣传、出版、教育部门负责人组成的工作委员会，为编纂工作提供人力、物力保障。兵马未动，粮草先行，而今兵马已经出发了，没有足够的粮草作保证，怎能来之能战，战之能胜呢？罗竹风把工作委员会放在第一位是很有远见的。二是组建以语言学家吕叔湘为首席顾问，王力、叶圣陶、陈原、周有光、朱德熙、张世禄、张政烺、陆宗达、周祖谟、俞敏、姜亮夫、倪海曙、徐震谔担任顾问的学术顾问委员会，为保障编纂质量提供强大的学术支持。这 14 位学术顾问委员会委员，都是大师级人物，在语言文字研究方面著述甚丰。其三是由 72 位专家、学者组成编委会，他们既是某个领域的学术带头人、召集者，也是具体工作的实施者，负责某些释文的撰写和修改。

为了使"三驾马车"的设想顺利实施，罗竹风亲赴各地，一一拜访，诚邀加盟，担任《汉语大词典》编纂要职。罗竹风诚恳相邀，热忱以待，所访 14 位顾问和 8 位副主编欣然接受，表示愿与大家一起把《汉语大词典》的编纂工作做好。"三驾马车"是一个创造性、实用性都很强的构想，不仅为顺利编纂《汉语大词典》打下坚实的基础，同时也为之后的大型辞书编纂工作开辟了一条有效的道路，形成了一套组织架构的新模式。有了这"三驾马车"，《汉语大词典》的编纂工作顺利展开，几十个编写组，几百名专家、学者，齐心协力，为《汉语大词典》早日付梓，日夜奋战。

接下来几年的《汉语大词典》编纂工作证明，罗竹风这种将天下英才汇集一堂、共谋大业的做法，极富远见。从 1986 年首卷《汉语大词典》出版，到 1994 年 4 月十三卷本《汉语大词典》全部出齐，历时八年，期间虽有些小风小浪，没有影响《汉语大词典》正确的前进方向。"三驾马车"功不可没。

三、从青黄不接到万年长青

罗竹风有着乐观的心态和强健的体魄，否则，身兼两套大型辞书编纂工作主要领导职务的"古稀之人"，是难以胜任的。罗竹风一手推着《辞海》，一手推着《汉语大词典》，齐头并进，其辛苦程度实非常人可以想象。

1980 年是罗竹风一个难得的休整期。《辞海》（1979 年版）出版发行掀起的阅读高潮还在持续，罗竹风又被任命为《辞海》常务副主编，并适时提出了《辞海》的下一个十年编纂修订计划，正处在准备期的《辞海》各项工作有序推进。这使他可以暂时把《辞海》放下，为《汉语大词典》的编纂加把火。是年 11 月，第二次《汉语大词典》编委会全体会议在杭州举行，罗竹风把吕叔湘、陈原、倪海曙都请到了杭州。那年杭州的冬天来得特别早，刚进入初冬就已是寒风袭人。宾馆的条件很差，没有任何取暖设备，把与会人员冻得不轻。但是，正如罗竹风所说，大家都是为《汉语大词典》来的，又不是来旅游，天冷点有什么怕的。

其实，在"三驾马车"的构想实施之后，罗竹风最着急的还是辞书编纂人才的缺乏。在杭州的时候，他曾经与《汉语大词典》副主编于冠西谈过这个问题。罗竹风说，要完成这样一部古今兼收、源流并重的巨型汉语语文词典，谈何容易？兵马未动，粮草先行，粮草固然要紧，兵马呢，将校呢？十年浩劫，经济已经濒临崩溃，对人才的摧残则更甚。到现在为止，有的人还没有平反昭雪，有的人仍背着沉重的政治包袱，有的人已贫病交加，有的人则心灰意冷，有的人正渐入老境。我们靠谁来一个字一个字、一个词一个词地编写这部大书呢？讲到这里，罗竹风深情地对于冠西说，我既已接受中央重托，自当拼尽余生之力，但是，这不是一两个人能完成的任务。我之所以有信心，就是因为有华东五省一市作后盾，这要靠你们大家了。

对于编纂人才的培养和队伍建设，罗竹风曾经不止一次地提出看法，而且多有专论。在《试论语文词典编纂工作》中，罗竹风提出"设置专门机构，建设专业队伍"。文章说："中国还没有形成一支编纂语文词典的队伍，现在从事这项工作的人员处于七零八落的分散状态，不可能集中使用，而且也不被重视。综合大学或师范院校，都没有设置这方面的专业，国家也没有进行规划和管理的专设机构。尽管中央也有文件强调编纂辞书的重要性，但仍然不为各有关部门所重视。""现在辞典数量少，质量差，正是这种情况的具体反映。""我们认为当务之急，是国家应当成立专门机构，同意筹划和管理这项工作。如果一时还难以办到，目前不妨以北京的中国社会科学院语言研究所和商务印书馆为基地，南边以《汉语大词典》编纂处和上海辞书出版社为中心，逐步建立起来。或者在国务院领导下，先成立一个编纂辞书的委员会，从实际出发，制定统一的规划。它们应当是学术研究、编纂、出版三结合的机构，有其特定的职称学衔和奖励办法，不同于一般出版单位。"①

罗竹风就是这样一个有想法，也有办法去解决问题的领导者。他不仅提出建立专设机构，建设编纂队伍，连这些人的职称、奖励都想到了。"单就《汉语大词典》编纂处的设想而言，要出书、出资料、

---

① 罗竹风著：《行云流水六十秋》，上海教育出版社 1991 年版，第 555 页。

出人，三者并举，而且要把它变成常设机构，既是学术研究单位，又是语文词典和工具书的编纂出版部门。""要有一支专业队伍，这是从长期着眼所必需的。对老一辈的专家学者，要充分调动他们的积极性，作为种子，以便传、帮、带；对于中青年，要大力培养，在工作实践中不断提高工作能力，并尽可能予以学习进修的机会。同时提倡在综合大学或师范院校有重点地设置专业，陆续不断地培养语文词典编纂人才，作为后备军补充到有关编纂单位里。这种专业，也可以采取合同制，由使用单位与教育单位双方协商并制订计划，对口培养，学以致用。"①

在这里罗竹风不但为《汉语大词典》编纂人才想得周到，还提出了两个相关的前沿问题。首先是提议在综合性大学或师范院校设置辞书编纂专业，培养顶尖的专业人才；再一个是采取合同制，由用人单位和教育机构按需培养，防止一拥而上导致的人才浪费，毕竟辞书编纂不是大生产行业。这与之后罗竹风不断呼吁建立编辑学、出版学前呼后应，具有超前的学科意识和专业推动作用。

在杭州会议期间，罗竹风与参会的陈翰伯、吕叔湘商定，联名给中央书记处写一个报告，把《汉语大词典》的进展情况，下一步的工作，以及在编纂过程中遇到了哪些问题，向中央作个汇报。这份《关于加强〈汉语大词典〉工作的报告》于1981年9月送达中央书记处，中央有关领导很快予以批复，中央办公厅以［1981］43号文件的形式转发给有关单位。中央领导的批复和中办文件转发《关于加强〈汉语大词典〉工作的报告》，对参与编纂的所有工作人员都是一个很大

---

① 罗竹风著：《行云流水六十秋》，上海教育出版社1991年版，第556页。

的鼓励。为了落实中央领导的批复和中办文件，罗竹风以主编的身份邀请京内外部分学术顾问、编委会成员、工作委员会组成人员，于当年 12 月在北京万年青宾馆召开了《汉语大词典》工作会议。罗竹风讲了自己的六点建议，充分调动编写人员的积极性，下大气力抓好释文质量，促进编纂处的建设，加快编写进度，力争保质按时完成中央交给的任务。给大家留下深刻印象的是罗竹风对《汉语大词典》编纂六年来 24 个字的总结，形象生动、朗朗上口：

青黄不接，东山再起，苏杭奋战，而今而后，松柏挺拔，万年长青。

事过多年，当时参加会议的人说起这 24 个字，依然记忆深刻，称赞罗竹风的实干家作风，诗人的情怀。这之后，罗竹风和陈翰伯、吕叔湘又两次给中央书记处写了《关于〈汉语大词典〉定稿出版工作的请示报告》和《关于加强〈汉语大词典〉定稿工作请示》。如前次一样，中央办公厅分别以中办 [1984] 2 号文件、中办 [1985] 313 号文件予以转发。党中央以"中办"名义连续为《汉语大词典》转发批示文件，在辞书编纂史上从未有过，反映出党中央对《汉语大词典》编纂工作的重视。"中办"文件既肯定成绩，也指出问题；重要的是指明了工作方向，同时要求相关各省市支持《汉语大词典》的编纂工作，确保按计划、高质量完成出版发行任务。

1983 年 9 月，第三次《汉语大词典》编委会扩大会议在厦门鼓浪屿举行，这次被罗竹风称为"同舟共济，鼓浪前进"的会议，在他的坚持推动下，明确 1986 年出版《汉语大词典》第一卷。当时，与会人中有几位反对者，认为不应操之过急，要在稳妥中继续提高质量，做到出版便是精品。罗竹风讲了自己的理由："第一卷早些出版有很大好处，这是一个信息，说明《汉语大词典》是个活胎，不是死胎。接着二、三卷跟上来，肯定会快一些。"实践证明了罗竹风的观点是正确的。他不是急于求成，也不是好大喜功，而是要用看得见、摸得着的实物激励自己。因为，当时无论学术顾问还是编委会委员，以及众多参加编写的学者、专家，大多已是白发苍苍。他们热情饱满，干劲十足，但毕竟年纪在那里摆着，年龄不饶人。他们最大的希望，就是在有生之年，能够看到自己的工作成果问世。是年，吕叔湘 79 周岁，王力 83 周岁，叶圣陶 89 周岁，姜亮夫 81 周岁，不一而足。在这支工作起来朝气蓬勃的队伍中，多数人已是"夕阳红"了。干起活来，60 岁是小青年，70 岁刚进中年，80 岁以上才能享受老人的待遇。和这些可敬可爱的人在一起创业，罗竹风最大的心愿就是给他们争取最好的工作环境，最大限度地满足他们的心愿。他说，中国的知识分子有很优秀的品质，只要坚决贯彻执行党的有关政策，尽可能为他们创造一些工作条件，他们就一定会以饱满的热情完成自己的任务。

踏着"鼓浪"的步点，又经过了"太湖春晓"的无锡《汉语大词典》工作会议之后，整个编纂工作进入了正常程序。

四、《辞书研究》引领"辞书学"

1979 年 4 月，《辞书研究》在上海创刊。这是第一本也是迄今唯一一本辞书编纂研究的学术性刊物。

为什么要创办这样一个刊物呢?《辞书研究》的发刊词认为这是"客观需要"。

其一,形势的需要。中国正处在一个伟大的历史转折关头。党的十一届三中全会决定,从 1979 年起把全党全国工作的重点转移到社会主义现代化建设上来。四个现代化,是一场根本改变我国落后面貌的伟大革命,是一个崭新的课题,需要重新学习、重新创造。在这个重新学习,重新创造的运动中,各行各业,男女老少,都向辞书编纂出版工作者提出了迫切的要求,要辞书,要工具书。

其二,任务的需要。为了适应新形势和广大读者的要求,当时全国各种类型的辞书(语文的,百科的,专科的,大型、中型和小型的)正在分头加紧编纂。因此,广大的辞书编纂工作者,迫切要求有这样一个学术刊物,对辞书编纂工作的理论与实践,进行科学研究,包括问题讨论、经验交流、资料介绍、动态报道等等。

其三,辞书学的研究需要。辞书学作为一门科学,在中国还处在孕育之中,编辑出版《辞书研究》这样的刊物,并无经验。但是,一个刊物既然办起来,就一定要把它办好。办好这个刊物,光靠编辑部很少几个人的力量是不行的,必须依靠集体的经验、集体的智慧和集体的力量,依靠全国辞书编纂工作者的共同努力,依靠广大的作者和读者的热情支持。

那时候,罗竹风已经完全"解放",出任《辞海》副主编以及上海社联的领导职务。创办《辞书研究》是陈翰伯提出来的,在实施过程中,还是由罗竹风牵头具体负责。罗竹风第一个站出来响应《辞书研究》丛刊的召唤,创刊号的头条就是他写于 1979 年 3 月的一篇长文。

文章的题目是《实践是检验辞书编纂工作的唯一标准——〈辞海〉修订工作二十年》。罗竹风对"辞书是什么书"的思考，应当是中国辞书学的发轫之说：一，辞书就是辞书，不同于一般书籍和论文。辞书不是一家之言，不是一般的评论性文章，更应当多想想，前后左右都想到，万不可草率从事。二，辞书不是从头到尾都要读的，而是备查备用，该用的时候才想起来用。三，辞书的内容要简明扼要，不能拖泥带水，把主要脉络交代清楚，不夸大、不缩水。《辞海》体例规定，大条目不过四五百字，中条目三百字左右，小条目只有一二百字，言简意赅。

在 1996 年纪念《辞书研究》出版 100 期的《百期献辞》中，有这样一段话："本刊自创办以来，一直重视辞书学理论建设，对辞书的本质属性、辞书编纂规律、辞书编纂中参考借鉴与抄袭剽窃的区别等均发表过不少学术论文；本刊还就辞书学中一系列重大问题，如词典的阶级性、辞书编纂的中国化与现代化、辞书学的独立性、辞书编纂出版与社会需求等开展过认真的讨论，促进形成了一些共识。同时，在开展辞书评论方面，刊发了一批褒优批劣之作，对端正辞书编纂方向起了一定的作用。本刊一直重视并支持辞书界的学术研讨活动，1988 年倡议在上海召开首届辞书学研讨会，为促进中国辞书学研究队伍的形成作出了一定的贡献。"[1]

从 1979 年创刊号上的文章到 1996 年第 5 期最后一篇文章《〈辞海〉六十年》，罗竹风一共在《辞书研究》发表关于辞书编纂、研究方面的文章至少 20 篇。在 1979 年第二辑，他发表的文章是《〈辞海〉是

---

[1] 《辞书研究》1996 年第 6 期，第 1 页。

怎样修订的？——漫谈〈辞海〉的性质和历程》。在这篇长文中，罗竹风充分肯定了知识分子在辞书编纂工作中的重要作用，他以《辞海》（1979 年版）的如期出版为例，证明知识分子是可以依靠的力量，必须一心一意地依靠他们。其后，罗竹风又有《〈汉语大词典〉在实践中》(1981 年第 1 期)、《试论语文词典编纂工作》(1981 年第 2 期)、《迫切需要一支辞书编纂队伍》（1982 年第 5 期）、《修订〈辞海〉的前前后后》(1983 年第 5 期)、《同舟共济　鼓浪前进》(1984 年第 1 期)、《回顾与展望——记〈汉语大词典〉首卷出版》(1986 年第 6 期)、《〈辞海〉1989 年版的编纂方针和出版意义》（1989 年第 5 期）等文章。

如果把罗竹风的这些文章通读下来，并加以分析研究，那么一个关于"辞书学"的框架就十分清晰地展现出来了。同样是在纪念《辞书研究》出版 100 期的专辑中，署名黄建华的一篇《视野广阔　贡献突出——〈辞书研究〉与辞书学理论建设》，从几个方面总结了《辞书研究》对中国"辞书学"研究的贡献。文章写道："作为辞书学的专门刊物，《辞书研究》可以说是领风气之先的，放在世界范围来比较，它也毫不落后。第一个是重视基本理论的探讨，二是介绍国外辞书理论，三是开辟了专题研究专栏，四是对重大问题进行充分讨论，再一个就是重视资料的积累和基础建设。以上几个方面，罗竹风在《辞书研究》发表的文章几乎都有涉猎，只是有的深，有的浅，有的长，有的短，有的缓，有的急，因文章的重点论述不同而有所差异。"

1981 年上海市辞书学会筹备创建，在这期间，罗竹风始终给予大力支持。当他看到有关辞书学会的文件时，立即对学会章程、会员登记、理事人选、办公地址、兼管干部等作了指示。他提出上海市辞书学会成立后，可作为上海社联的团体会员，权利义务与其他学会等同。正是在罗竹风的直接推动下，中国的第一个辞书研究学会——上海市辞书学会于 1982 年 7 月 15 日成立，可谓领中国辞书学研究风气之先。1993 年 10 月中国辞书学会在北京成立，罗竹风作为学会顾问致辞。他在讲话中提出的"学会的生命在于活动"，一时成为全国各类学会的至理名言，流传至今。

罗竹风倡导"学会的生命在于活动"，再次说明罗竹风的实干家本色。他的理论、学问、见识，无不来自于实践，毕竟罗竹风不是专业从事辞书学理论研究的人。他的理论中最多、最现实、最精彩的部分都体现在他的工作实绩中。罗竹风很好地诠释了"实践出真知"这句箴言。

1986 年 11 月 25 日，这天正好是罗竹风 75 周岁生日。一直忙于工作的罗竹风多少年来都没有给自己过生日的习惯，最多是孩子们回家一起吃顿简餐。然而，今年他却在生日这天收到了一份大礼，那就是《汉语大词典》第一卷终于面世了。当天，上海市委、市政府举行《汉语大词典》首卷出版发行新闻发布会和首发仪式。时任上海市委书记芮杏文、市长江泽民，国家出版局局长边春光出席活动。芮杏文、江泽民、边春光、罗竹风都作了发言，对《汉语大词典》首卷出版发行表示祝贺。

这一天的上海《文汇报》将《汉语大词典》首卷出版发行的消息在头版刊出：

　　《汉语大词典》是由著名学者罗竹风同志主编，语言学家吕叔湘教授担任首席学术顾问，各位副主编都是语言学界或辞书学界的知名学者，此外还荟萃具有较高汉语素养的编纂人员四百余人。为编辑这部词典，先后动用一千多人广泛搜集古今汉语资料，耗时五年，集中了七百万张资料卡片。资料之丰富，大大超过现有的各类语文工具书所使用的资料。

这部词典共十二卷，另有附录索引一卷。全书收录词目约37万条，合计五千多万字。编辑出版这种规模巨大的语文词典，在我国的辞书编纂史和出版史上还是第一次。

这是一部具有学术和实用价值、大型综合的历史性语文词典。按照"古今兼收，源流并重"的原则编纂，从共时性与历时性两方面概括地总体性地记述汉语的历史发展，反映汉语在长期演变过程中的总面貌，反映其历史状况与现实状况。①

为纪念《汉语大词典》第一卷的出版发行，罗竹风欣然写下了"汉语大词典第一卷出版纪念"的大字，并赶写了《回顾与展望——记〈汉语大词典〉首卷出版》的文章，感慨与兴奋之情溢于言表。

建国以来，还是在以前出过的老辞书身上打主意，《辞海》、《辞源》都曾先后修订过，有的面目全非，等于重编，只不过还是原来的框架而已。《辞源》、《辞通》是以汉语字、词为主的，而《辞海》百科词目所占比重大，并各成体系，可以按学科分类出单行本。

《汉语大词典》是一部另起炉灶的大型词典。在编写过程中，我们遇到一些难以克服的困难，都及时得到帮助解决。中央曾先

---

① 《文汇报》1986 年 11 月 25 日，第 1 版。

后为《汉语大词典》发过三次指示，对于一部词典来说，这也可能是空前的。五省一市领导大力关注，予以必要的精神鼓励和物质支援。工作委员会、顾问委员会在行政和学术两方面为我们创造条件，协调关系，解决疑难，也尽了最大努力，这充分说明社会主义制度的优越性。

在整个编写过程中，我们所念念不忘的是质量第一，尽可能做到正确、简要、明白，避免异说纷陈或模棱两可。

十年编写，促进了有关单位汉语研究的进展，培养出一大批编纂汉语词书的专门人才，并积累了大量资料，为今后编纂各种类型的汉语词典开辟道路，基本上做到了出书、出人、出经验的要求。从这一角度加以衡量，其重大意义当不限于一部大词典本身的收获。

构成一个国家文化水平的因素很多，而语文词典质量高低也是其中的组成部分。它提供人们学习、工作、研究各方面所需要的素材，当然不是指一门学科的系统知识而言，不过是提供一种建筑材料而已。作为一门学科系统知识的工具书，应属于大百科全书和专门著作的职责范围，不是语文词典本身的任务。但提出以语文为轴心观察和判断一个国家全方位、多层次的文化素质，对语文词典来说，恐怕也并不是过分的要求。

《汉语大词典》是国家的重点科研项目，应当具有一定权威性，并代表中国已有的语言科学研究水平以及社会横向联系多方面的成果。

科学技术的更新过去二三十年才能完成，现在只要三五年就行，如电子计算机的发展即是一例。如果谁想充当"绝后"的英雄好汉，那不过等于痴人说梦，真的"绝后"了，人类社会就陷入停滞状态。后来居上，后人比前人更有才干，这样才能不断"空前"发展，一浪高过一浪，一直向人类最美好的共产主义社会前进。

《汉语大词典》是中国汉语词典的里程碑，它只能记录过去的成就……①

这不是文章的全部，只是我们选取的个别章节，由此传递给读者的信息量却非常之大。它告诉我们《汉语大词典》不炒前人的冷饭，追求的是质量第一，是所有参与者团结协作的结果，是具有权威性的国家重点工程。不得不佩服的是罗竹风并非一味"寻古"，对现代科学技术的发展也是了如指掌，在计算机还不普及的时候，已经知晓最多是"各领风骚三五年"了。

或许，这就是罗竹风提出《汉语大词典》的编辑方针是"古今兼收，源流并重"的思想基础和知识积累。

五、功成名就人已老

《汉语大词典》第一卷出版发行，只能是初战告捷，万里长征刚刚走完第一步，只是罗竹风带着庞大的语文词典编纂团队"小试牛刀"而已。罗竹风以时不我待的紧迫感，催促着自己往前赶。他认为，半

---

① 罗竹风著：《行云流水六十秋》，上海教育出版社 1991 年版，第 590 页。

个多世纪以来的梦想不能留到下个世纪去实现。中央为《汉语大词典》编纂工作下达了三次文件，其殷切期望不言而喻。不少被十年浩劫耽误的专家学者年事渐高，急切盼望将自己的知识经验通过编纂实践传授给年轻一代，而刚从"另册"解放出来的知识分子迸发出的工作热情、奉献精神是加快编纂的根本保证。

因而，罗竹风建议在保证和提高《汉语大词典》质量的前提下加快编纂速度，按照"相对集中，适当分散"的原则，从第三卷起采取"分卷主编负责制"的新办法。可能人们还记得，在《辞海》编纂的关键时刻，也是罗竹风提出了分册主编负责制，把责任分解，推动了《辞海》编纂的工作进程。汉语大词典出版社在一篇《英明千古存》的纪念文章中，记录了罗竹风的这一段工作行程：

实行"分卷主编负责制"是提高全书质量，加强责任，加快出书的有效做法，也是罗老借鉴其他辞书编纂工作成功经验的创举，因此在 1987 年 4 月北京召开的《汉语大词典》工作会议上，决定改变过去那种完全集中到上海定稿的办法，商议从第三卷开始，由华东五省一市分别承担以后各卷的定稿任务。新闻出版署与国家教委联合批转了这次工作会议纪要，要求"在保证质量的基础上加快进度，以优异成绩完成全书的出版任务"。同年 6 月在上海举行了《汉语大词典》定稿工作会议，确定了分卷主编、副主编负责制办法，制定了实行定稿与编辑工作责任制办法，拟定了质量检查的措施等。8 月在千岛湖召开了《汉语大词典》分卷主编会议。在这两次会上，主编罗老宣布了分卷主编与副主编名单，讲了关于实行定稿与编辑工作责任制和质量等问题，并向分卷主编颁发了聘任证书。通过这三次会议,《汉语大词典》完成了"分卷主编负责制"这一转变。由此《汉语大词典》的出书速度,由第一、第二卷的两年出一卷加快到第三至第十二卷的一年出两卷。①

在如此高效的工作节奏之下,罗竹风领导的《汉语大词典》的编纂工作,不仅组织得游刃有余,而且对词条、词语、词目的把握恰到好处,几无纰漏。前有所述,罗竹风是语言文字改革的积极推动者,他的很多关于语言文字的论述在当时颇具影响。他曾经对同事说过:"我参加文字改革工作有半个多世纪了。早在青年时期,我就在北京大学的民众夜校试教过新文字,效果很好。抗战时期,我又在山东胶东地区二十二个县推行过新文字。新文字的普遍推行,成为广大群众学习文化的有力武器。我至今还热心于文字改革工作,任何干扰都不能动摇我的坚强信念,这大约也是由来已久了的。"②

1958 年,上海市成立了文字改革协会筹备委员会,罗竹风任副主任,此后,他一直兼任着上海市语言文字工作机构的领导职务。1987 年,上海市人民政府任命罗竹风为上海市语言文字工作委员会主任,直到他 1996 年辞世。同时,罗竹风还一直是上海市语文学会的兼任领导。1956 年上海市语文学会成立时,陈望道任会长,罗竹风为副会长,1982 年罗竹风又任会长到 1992 年卸任。罗竹风在其位

---

① 上海社会科学学会联合会主编:《罗竹风纪念文集》,上海辞书出版社 1997 年版,第 220 页。

② 上海社会科学学会联合会主编:《罗竹风纪念文集》,上海辞书出版社 1997 年版,第 67 页。

谋其政，对学会组织的每一次学术讨论都积极支持，认真听取大家的发言，并将有益的意见运用到实际工作中。有一次讨论文法和语法学科定名问题，争论非常激烈，最后涉及到是否应将文法和语法这两个术语作为同义词写入《辞海》或者《汉语大词典》的问题。作为两大辞书的常务副主编和主编，他没有人云亦云，偏听偏信，而是在听取了大家的发言后，才谈了自己的理解和看法，很有说服力地解决了这个争议很大、很久的棘手问题。

罗竹风对于文字改革和语文学会的贡献还有一件值得书写的事，就是他对《汉语拼音小报》的关心、爱护。他为《汉语拼音小报》出版 300 期写了篇纪念文章，详细地谈了自己对"汉语拼音"和"汉字"的观点。他提出，文字改革要防止急躁情绪、虚无主义，那种对汉字深恶痛绝，企图很快以拼音文字取代汉字的看法是错误的。应当承认汉字长期以来形成的地位和主导作用。几千年来，正是由于汉字承担着最主要的社会交际工具的作用，"书同文"对维系汉民族的统一起着显著的作用。这是历史传统形成的，绝不会轻易改变。但是，也应该给汉语拼音一个地位，使汉字和汉语拼音"双轨制"长期存在下去。在推广普通话的过程中，汉语拼音的作用就十分明显了。

罗竹风学以致用，把自己平时的思考和学习成果，与实践相结合，他的文章没有空泛而论，他的工作从来都是有根有据，有的放矢的。

1994 年 4 月，《汉语大词典》13 卷本全部出齐。这部皇皇大典从 1975 年国务院立项，历时 18 年，共收词 37.5 万条，约 5000 万字，终告成功，单从速度讲就已经是一项世界纪录了。

5 月 10 日，国家新闻出版署和上海市在北京举行《汉语大词典》

庆功会。已经住院一年多的罗竹风不顾医生和家人的劝阻，坐着轮椅来到了人民大会堂。这时候，他的病情已经开始恶化，这个从未向困难屈服过的硬汉子，常被病情折磨得陷入昏迷。去北京之前，他致信《汉语大词典》工作委员会副主任于冠西："在北京召开的《汉语大词典》庆功活动，本来不想参加了。因不愿徒然为同志们增加不必要的麻烦！后来因对活动的安排越来越隆重，身为工作人员，不参加似乎于理、于礼有亏，因而决定 5 月 9 日上午由女儿黛娃陪同进京，届时与顾委、工委、编委及华东五省一市编写同志会晤，亲聆教益，也是一次难得的机会。初步打算，12 日返程。此行虽为时短暂，但想到能与诸公最后相聚，当喜不自胜！同时也想到了那些曾为《汉语大词典》作出了贡献，却未能分享到全书出版胜利完成喜悦的已经谢世的同志们，心情不免十分沉重……"①

罗竹风是一位工作起来轰轰烈烈，对同事尤其是一起创业的患难之交，感情特别深厚细腻的人。1977 年 10 月陈望道去世，因为当时罗竹风还没有"解放"，不便参加告别活动。为此，他几次流泪，感觉对不起曾经一起为编纂《辞海》奋斗的陈望道主编，之后凡有与陈望道相关的活动，罗竹风一定参加。如《陈望道文集》，是他策划推动的；矗立在复旦大学的陈望道铜像，是他和苏步青、张承宗一起揭幕的；为纪念陈望道，他还亲笔写下了《悲愤与怀念》、《高屋建瓴，势如破竹》，以及《传之长远的〈陈望道传〉》等文章。为纪念陈望道，他做了很多事。在继承和发扬老一代学人和革命家的学术思想、道德精神方面，罗竹风为后人树立了榜样。

---

① 上海社会科学学会联合会主编：《罗竹风纪念文集》，上海辞书出版社 1997 年版，第 228 页。

罗竹风主编《汉语大词典》，以"三驾马车"的形式组建三个委员会，他能一呼而得百应，不是因为位高权重，也谈不上多少经济效益，是因为《汉语大词典》这个世纪工程，更是因为由罗竹风出任主编。很多人都还记得，1978 年罗竹风刚被"解放"，就急着去看望自 20 世纪 50 年代末就在一起为《辞海》打拼的一大批老专家。这些人在为《辞海》工作的同时，又受聘成为《汉语大词典》的"三委"人员，一肩双挑。

如今大功告成，他们中的很多人却已作古。王力，1986 年去世；叶圣陶，1988 年去世；张世禄、吴文祺，1991 年辞世；徐震谔，1986 年逝世……"三驾马车"中的"工作委员会"第一任主任陈翰伯、第二任主任边春光先后去世，"顾问委员会"的 14 位顾问和 8 位副主编各有一半去世。打开还散着墨香的《汉语大词典》，看到"三委"名单上出现的那么多黑框，不能不使人"泪沾襟"。

当罗竹风坐在轮椅上与出席《汉语大词典》庆功会的党和国家领导人一起进入活动现场的时候，很多与罗竹风一起奋斗了数年的"汉语大词典人"，禁不住泪流满面。人们依稀记得，当年罗竹风接手《汉语大词典》主编时，虽然已是 68 岁，但身体硬朗，声音洪亮，健步如飞，每天工作十几个小时，却从未听他喊累。十几年过去，罗竹风不得不坐着轮椅来参加《汉语大词典》庆功会了。

罗竹风代表《汉语大词典》顾问委员会、工作委员会、编辑委员会作总结发言，这是罗竹风为这项在中国文化史上有着重大意义的艰巨工程画上的圆满句号。当他忍着病痛，以顽强的毅力作完总结发言时，现场掌声雷动。会议结束时，罗竹风努力地从轮椅上下来，拄着手杖，站在人民大会堂的台阶上，与每一位参会人员握手告别，神情严肃、庄重，这是他与风雨同舟十几年的战友、同人的最后一次相聚。

第二天，《人民日报》在头版刊发了《汉语大词典》大功告成的消息，盛赞这是中华民族五千年文化的结晶，中国辞书出版史上的壮举。

这样隆重的庆功场面和高规格是罗竹风没有想到的，活动结束后，他对前去看望的老战友于冠西说："太破费了。花这么多钱！"于冠西感叹，这就是一位老共产党员的境界！谦恭而低调的罗竹风更是很少在公开场合提及这次活动，他曾经不无伤感地说："《汉语大词典》的编纂成功，是靠了多少人的努力啊，可惜有好些无名英雄没能去参加庆功会，还有不少同志没有看到书的出版就去世了，我心里很难过。"①

《汉语大词典》出版之后在港台地区引起很大震动，商务印书馆（香港）有限公司很快与上海辞书出版社联合推出《汉语大词典》光盘1.0版；台湾东华书局出版《汉语大词典》12卷本。

---

① 应国靖：《说不尽的罗老》，载《罗竹风纪念文集》，上海辞书出版社1997年版，第332页。

第四章

涓涓细流入东海　我将馨香以祷

——罗竹风的宗教"卷本"

　　丁光训说，罗竹风在政府宗教工作干部中一个少见的特点，就是他十分重视神学。有人粗枝大叶，以为一切宗教都是反动的，都是鸦片，神学则更为反动，是更激烈的鸦片，所以可以做的不过是尽量让它自生自灭，不值得重视，也不值得研究。罗竹风却绝不以"反动"、"鸦片"概括一切宗教和一切神学，而是以实事求是的态度对待神学，因为他看到了诸如吴耀宗先生、王培永牧师等人以神学帮助信徒脱开来自信仰的障碍，使他们走上了爱国主义和社会主义道路的事实。这与一些人以神学指使信徒同共产党和新中国闹对立，是截然不同的。丁光训就是在罗竹风鼓励下开始研究我国基督教基要派神学的，并继续注意国际基督教神学的动态。①

丁光训曾任全国政协副主席、中国基督教三自爱国运动委员会名誉主席、中国基督教协会名誉会长，他对罗竹风评价可谓甚高。自1952年2月出任华东军政委员会文教委员会宗教事务处处长起，到1956年8月止，罗竹风从事宗教事务工作共有五年半的时间。期间，他所任职的单位名称改了几次，但他的职责却始终没有改变。罗竹风领导了天主教界的反帝爱国斗争，推进了基督教走三自爱国运动的道路，建立了爱国宗教组织，修整了杭州灵隐寺和上海玉佛寺等宗教活动场所，出版了《圣经》等专业书籍。

《天风》杂志创办于1945年，原为基督教内刊。1950年中国基督教发起三自爱国运动，割断了基督教与境外反华势力的联系，基督教人士的思想认识有所提高。由于中国基督教三自爱国运动筹备委员会（即全国三自：自养、自传、自治）设在上海，为了进一步巩固三自爱国运动所取得的成果，扩大团结，宣传党和政府的宗教信仰自由政策，罗竹风将《天风》发展成为中国基督教三自爱国运动委员会和中国基督教协会主办的正式出版物。《天风》宣传党和政府的宗教政策及法律法规，阐述基督教教义，引导信徒爱国爱教，荣神益人。罗竹风也自始至终善于利用《天风》宣传三自爱国运动中作出突出贡献的人物。1994年4月，他在医院抱病写了《坚持走三自爱国的康庄大道——纪念吴耀宗诞辰一百周年》一文。吴耀宗是罗竹风主持华东和上海市宗教事务处工作时，当选的中国三自爱国运动委员会主席，两人在宗教工作中友情深厚、合作默契。罗竹风看完《吴耀宗生平与

---

① 丁光训：《怀念罗竹风同志》，载《罗竹风纪念文集》，上海辞书出版社1997年版，第20页。

思想》一书后，又写信给时任中国三自爱国运动委员会主席罗冠宗，建议组织文章在《天风》杂志上介绍。他说，三自爱国运动是基督教的一件大事，过去我们研究得很不够，最好能给补上这一课，应该多写点带有理论色彩的研究性文章，以扩大影响。

中国基督教三自爱国运动的最大成果之一，就是结束了宗派林立、相互对峙的混乱局面，罗竹风功不可没。《天风》杂志 1953 年第 48 期报道罗竹风在上海三自学习班结业典礼的讲话情景时，这样描述："当这位和蔼可亲，曾在学习班中多次亲切地讲话，极其关怀我们的首长登台时，会场响起了最热烈的掌声。他的讲话虽然简短，但却给了我们极大的鼓舞和启发。"

当然，作为一份宗教组织的刊物，它的存在势必与当时的政治环境和宗教政策密切相关。1980 年秋，在罗竹风的助推下，《天风》杂志复刊，简短的《复刊词》将这份杂志的历程描述得十分到位：

《天风》复刊了，我们不禁思绪万千。

在《天风》三十五年的短短的历史中，曾经经历过两次停刊。两次虽然都是停刊，情况却迥然有异。

第一次是主动停刊。那时是在日本帝国主义投降后不久，由吴耀宗先生创办并主编，当时在四川成都出版的《天风周刊》，为了复员迁沪，于 1946 年三月宣布停刊，不久后即于同年八月以新的姿态在上海复刊。

第二次则完全不同。"文化大革命"一开始，在"横扫一切牛鬼蛇神"声中，《天风》也作为"牛鬼蛇神"而被扫进了"历史的垃圾堆"，不得不停刊了。这次一停就是十四年，在《天风》

三十五年的历史中，这一段竟占了三分之一的时间。

感谢主的恩典，也感谢共产党重新贯彻被林彪、"四人帮"破坏了的宗教信仰自由政策，《天风》终于又复刊了。这实实在在是我们被迫停刊时完全没有想到的。料想国内外关心《天风》的读者们，一定也会为此同我们一样地欢喜快乐……今后的《天风》仍将是一个爱国爱教的基督教刊物。[①]

《天风》杂志也成为一直延续至今的唯一一份基督教刊物。

1979年2月，全国首次宗教教学研究规划会在昆明举行，已经离开宗教工作岗位二十多年的罗竹风受邀参加。这是首次全国性的规划会，对中国宗教学发展起到了巨大的作用，初步形成了一支由学术界、宗教工作者和宗教界学者三方面力量组成的宗教研究队伍。罗竹风所作的《关于宗教研究的若干问题》的学术报告，提出了有针对性的三个方面的问题。第一是关于宗教信仰和宗教感情问题；第二是贯彻宗教信仰自由政策问题；第三是关于宗教学的研究问题。他的演讲思想非常解放，畅所欲言，直截了当，在当时反响非常大。他提出的问题有针对性、有研究价值、有现实与未来的意义。

罗竹风先后担任中国宗教协会副会长、顾问，上海市宗教学会会长，上海社会科学院宗教研究所名誉所长，《辞海》宗教分册主编，《中国大百科全书》宗教卷主编，还主编了《中国社会主义时期的宗教问题》、《人·社会·宗教》、《上海宗教史》、《宗教通史简编》、《宗教学概论》、《宗教经籍选编》等宗教方面的文献资料和著作。

---

① 《天风》复刊词，1980年第1期。

他发表的关于宗教方面的演讲和论文，开拓了中国社会主义时期宗教研究的新领域。毫无疑问，罗竹风是新时期中国宗教研究的拓荒者之一，是宗教学研究的重要奠基者。如果说，罗竹风出任华东和上海市宗教事务处处长，是在工作中积累了实际的经验，为其宗教理论形成打下良好基础的话，那他尔后主编、发表的大量宗教文论和辞书，则是他宗教思想日臻成熟的标志。正如他在《文明建设》杂志发表的一篇文章的结束语所言：凡是提倡行善做好事的一切道德规范，涓涓细流东流入海，都对国家民族有利。但愿祖国这浩渺海洋，以博大深沉的胸怀，接纳一切细流吧，对此，我将馨香以祷！

一、主编《中国大百科全书》宗教卷

与《辞海》、《汉语大词典》同步编纂的还有《中国大百科全书》。罗竹风是《中国大百科全书》总编辑委员会委员兼《宗教卷》编辑委员会主任，其实就是该卷的主编。

就像主编《辞海》宗教分册一样，他明确提出，编写《中国大百科全书·宗教卷》的工作必须以实事求是为原则，以宣传党的宗教信仰自由政策为核心，坚持内容的客观表述，努力把握好既反"左"又反右这个度。他注意落实从组织编写队伍、拟订所收条目、分学科编写样稿、组织样稿讨论，到全面铺开编写等各个环节的工作，为全书的编纂奠定了扎实的基础。罗竹风的一个工作特点是敢想敢做，在主编《中国大百科全书·宗教卷》时，很多重点条目、敏感条目的研究和审稿，他都亲自参加，并时常提出关键性意见，拿出决定性措施。

　　《中国大百科全书》的编纂是受《不列颠百科全书》和《苏联大百科全书》的启发。1975 年，曾任中央编译局副局长的姜椿芳和另一位副局长张仲实第一次谈及编纂《中国大百科全书》的设想。1978 年，正当《辞海》和《汉语大词典》步入正常编纂轨道时，姜椿芳根据自己多年的研究心得和当时的政治环境，写成了《关于出版大百科全书的建议》，并附上《不列颠百科全书》、《苏联大百科全书》的介绍资料，送到时任中国社会科学院副院长于光远那里。于光远推荐给社科院内部刊物《情况和建议》发表，国家出版局的内部刊物《出版工作》也转载了姜椿芳的建议和两个附件。不久，国家出版局、中国科学院、中国社会科学院联名递交中央宣传部并转中共中央《关于编辑出版〈中国大百科全书〉的请示报告》。三个单位磋商确定总编辑委员会由胡乔木任主任，周培源、严济慈、陈翰笙、于光远、周扬为副主任，中央批准之后，编委会决定姜椿芳任中国大百科全书出版社总编辑，主持《中国大百科全书》编辑工作并任主编。

　　那么罗竹风是如何与《中国大百科全书》结缘的呢？在《怀念"老大哥"姜椿芳同志》中，罗竹风讲述了其中的由来：

　　　　我认识姜椿芳同志是在 1979 年春天，记得在衡山饭店参加开会的有阎明复、陈虞孙、汤季宏、倪海曙、盛草婴等，商谈的主要问题是尽快把大百科出版社的架子搭起来，总社在北京，上海设分社，分头包干各编写若干卷，合计约 70 卷。大家劝我入"伙"，但竟辜负了椿芳同志的好意，婉言谢绝了。原因很简单，我当时的工作还未最后定下来，有点心猿意马。

1980年初春，昆明繁花似锦，春意盎然，中国社会科学院世界宗教研究所和文学研究所同时在那里召开"规划工作会议"，我是应邀参加宗教工作规划会议的。在安排会议议程时，就有椿芳同志介绍《中国大百科全书》编纂意向和设想一项，大体上已经有了个"框架"。他几乎是以"传教士"的精神宣讲的，并迫切希望这次会上就组织《宗教卷》的编委会，不知怎么一来，这担子竟然落在我的肩头了。大约是5月间在北京，接着又在宜兴召开过两次会议。从此以后，我和椿芳同志经常有来往，对于他的为人也有了较深的了解，雍容大度，温文尔雅，具有学者风度，而且待人热情、诚恳；这又往往是发自内心深处的，蕴积含蓄，不露声色，只使人感到一股暖流发自对方肺腑。我是喜欢称他"老大哥"的，但他却比我年轻一岁。有时他开玩笑说，这可不是闹着玩的，该怎样就怎样，实际上你才是老大哥呢。

《宗教卷》难度较大，他和虞孙同志特别关心，出力也最多。当《宗教卷》1988年初正式出版时，椿芳同志已经变成"古人"了，他来不及看到自己用心血灌溉的这部书问世，实在令人惶惶不安！记得他曾说过，《宗教卷》与其他卷不同，出版后可能引起国内外更多的关注，因此，在不违反现行宗教政策的前提下，应当特别小心谨慎，避免发生政治性错误，多做客观介绍，突出知识性和稳定性。《宗教卷》的编写、出版都与椿芳同志的教导有关。理所当然的，作为大百科全书出版社的总编辑，他也应当是《宗教卷》的总编。①

---

① 罗竹风著：《行云流水六十秋》，上海教育出版社1991年版，第1155页。

姜椿芳上任之初，借鉴《辞海》和《汉语大词典》的两种编辑方法，一是按学科大类分卷陆续出版，如《汉语大词典》；再一个是全书全部科目词条编辑完成后，统一编排印刷出版。姜椿芳在征求了罗竹风的意见后，采取了《汉语大词典》的分头分卷编纂、陆续出版的思路。罗竹风之所以接受《中国大百科全书·宗教卷》的主编任务，是因为从 1957 年决定修订《辞海》起，他就一直负责"宗教"科目的工作，后来改称"分册"，罗竹风又任"宗教分册"主编。还有一个原因，就是如他自己所说，姜椿芳这个"老大哥"的宽厚和学者风度，这是他们那一代知识分子共有的时代印记。

《中国大百科全书》启动时，《辞海》已经出版了诸如"试行本"、"未定稿"等，基本成型。如果在这个基础上做一些修改，也能满足当时条件下《中国大百科全书》的要求。但是，罗竹风没有选择这条捷径，而是在《辞海·宗教分册》的基础上再探索、再思考，更进一步。1988 年 1 月《中国大百科全书·宗教卷》出版，全卷条目 1231 条，条目字数达到了 134.3 万，规模也是相当可观。内容涉及宗教学、佛教、基督教、伊斯兰教、道教、中国少数民族宗教、中国民间宗教、其他宗教，插图 425 幅。

大百科全书编纂专家黄鸿森指出，宗教这一知识领域在我国无论是政治上还是意识形态上都是比较敏感的，编写《大百科全书·宗教卷》难度不小。《宗教卷》虽是《中国大百科全书》中的一卷，就其体系井然、内容完备而言，也是一部专业的百科全书。黄鸿森总结主要有三个特点，首先有中国特色，这在条目分配上可以看出来，分支条目佛教占 39.5%，基督教为 19.2%，具有明显的本土特色。其次就是《宗教卷》重视百科全书系统阐述的特点，其中的"佛教"词条的释文由赵朴初撰写，字数达到了一万多，对佛教作了全面阐述，基本可以满足一些非专业人员的知识需求。第三是有理论深度，条目释文能够完整地阐述一种宗教、一个教义、一部经典、一种学说、一个流派。

《中国大百科全书》的编辑过程同样充满了艰辛与曲折，从 1978 年开始筹划上马到 1993 年全部完成，历时 15 年。全国有两万多名专家学者参与其中，在当时的"三大辞书"《辞海》、《汉语大词典》、《中国大百科全书》中属于高、大、全的代表。一是名副其实的"大"，共 74 卷，1.3 亿字，厚度近 4 米，在全世界出版的百科全书中仅次于西班牙的《插图欧美大百科全书》；二是包罗万象的"全"，囊括了哲学、社会科学、人文科学、文学艺术、文化教育、自然科学、工程技术方面的 66 个学科；三是释文撰写水平高，当时中国科学院有 400 位院士，近 84％ 的院士参加了编写工作。除了前面提到的"佛教"条目的释文是由赵朴初撰写，苏步青撰写了《几何》，钱伟长写了《力学》，钱学森撰写了《导弹》，吕叔湘则撰写了《语言和语言研究》。

作为《宗教卷》主编，罗竹风不仅直接参与到撰写释文的队伍中，而且对整个《宗教卷》的政策把握、写作要求，还提出了自己的很多独立见解。特别是，他善于运用新时期中国宗教文化的特点，将其自然地融入《宗教卷》的字里行间，表现出很高的理论水准和思想境界。在与副主编黄心川联手为《中国大百科全书·宗教卷》撰写的"宗教"专文中，他们很透彻地阐释了什么是"宗教"，并指出："在人类的文化知识活动领域中，宗教一直是重要的组成部分。它和科学及其意识形态如哲学、文学、艺术、道德等有着密切的关系。"这对全面提高《中国大百科全书·宗教卷》的编写质量，起了重要的定盘星作用。

这也是《中国大百科全书·宗教卷》与《辞海》宗教分册的不同之处。罗竹风作为主编，相关编辑方法和手段、分类的指导思想，使之更具"大百科全书"的特征。无可争议，《中国大百科全书·宗教卷》是一部填补中国百科全书领域宗教门类空白的力作。

《宗教卷》的领头条目"宗教"分为"宗教的起源和发展"、"宗教的性质和作用"、"中国宗教的特点"、"中国社会主义时期的宗教"、"宗教研究及其发展趋势"等五个主要部分。"宗教的起源和发展"这部分，细致地分析了原始宗教、古代宗教、世界宗教、近现代宗教及其特点，并将宗教的来龙去脉、发展路径交代得一清二楚，既符合大百科全书的知识性、全面性、专业性的特点，又似一部宗教发展简史，具有很强的可读性。第二部分"宗教的性质和作用"综合各派，用历史唯物主义观点，对宗教的社会历史作用、宗教与科学文化，以及宗教文化给予了客观公正的评价。如"基督教传入中国后，曾有过被殖民主义者利用作为侵略工具的历史，但它对传播西方科学文化如建立医院，开设学校，提倡男女平等，出版报刊图书，等等，在客观上都起到了一定作用"。关于"中国宗教的特点"，文章更是精辟地论述："由于宗法社会制度和儒家重视道德伦理的思想同崇拜超人力量的宗教观念存在一定程度的对立，因此正统的儒家文化必然对于宗教的社会作用起抑制作用。由历史形成的汉民族宗教的这些特点一直延续到当代，并且至今仍影响着汉族群众的信仰习惯。""中国社会主义时期的宗教"是罗竹风一直关注和研究的课题，被宗教界尊称为"奠基者和开拓者"。因而《宗教》一文对此问题的探讨相当深入，首先断定"在相当长的社会主义时期里，仍然存在着产生宗教的条件"；其次是"与宗教有关的有积极意义的传统道德和文化，也都应当尊重、保护和发扬。宗教的对外往来，增进了中国人民和世界各国人民的了解和友谊，在维护世界和平中发挥着特殊的作用"。至于"宗教研究及其发展趋势"，他们认为"中国的宗教学正在建设中，基础学科和应用学科齐头并进，近年来有很快的发展。全国已经形成一支宗教研究队伍，学术思想相当活跃。撰述了有关中国佛教、道教、基督教、伊斯兰教历史的著作，不少论著已陆续问世。各个宗教学科的研究水平都在不断提高"[①]。

而这段时间也正是罗竹风作为《辞海》常务副主编最忙的时候。为修订出版《辞海》1989年版，他在不分昼夜地忙碌着。同时，他还要顾着《中国大百科全书·宗教卷》的工作。罗竹风在写给朋友的一封信中说："这些日子忙于大百科全书《宗教卷》基督教分支定稿工作，我是头头（也许是自封的），到了关键时刻，只好抽出更多时间审稿。几十万字集中突击，不仅要逐句逐字看，而且还要提出意见来，突击了几天，脑袋都胀大了。好在是'有期徒刑'，日内即可告一段落。"[②]

1988年1月，历经八年编纂，呕心沥血成就的《中国大百科全书·宗教卷》正式出版发行，罗竹风"有期徒刑"期满。

从某种意义上说，《中国大百科全书·宗教卷》不仅是一本"大百科全书"，而且是罗竹风宗教学术思想的结晶，体现了他作为一名辞书编纂家解放思想、勇于探索宗教图书编辑出版的开拓精神。在研读和使用《中国大百科全书·宗教卷》时，人们自始至终感受到罗竹

---

①　罗竹风主编：《中国大百科全书·宗教卷》，中国大百科全书出版社1988年版，第1—9页。

②　张忠强著：《罗竹风传略》，东方出版中心2016年版，第209页。

风宗教思想的火花在闪耀。

二、兼任《辞海》宗教分册主编

如果把《中国大百科全书·宗教卷》视为相对完善、完整的话，那么，自《辞海》开始编纂就设置的"宗教分册"则是承担了探索、争鸣、否定之否定、解放思想的劈山开路功能。1958 年起，罗竹风兼任宗教学科主编。在领导整个学科的修订编纂过程中，注意排除"左"的干扰，确定以现行的宗教政策为指导，用客观的态度介绍必要的知识。罗竹风写过一篇《周总理与宗教工作》的文章，谈及他个人几次亲耳聆听共和国总理论宗教的经历，对他的影响是深远的。周恩来说："干宗教这一行，容易引起思想波动，是不是？有人把革命工作分成若干等级，党的工作第一，政府工作第二，群众工作就是老三了。至于宗教工作可能还排不上队呢。这不对头嘛，完全不对头嘛。如果你们能够把宗教徒发动起来，引导到爱国主义轨道上来，再干其他工作就容易多了。不要看不起这项工作，它对国内外的影响都很深远，应当立足中国，放眼世界，长期打算，耐心工作。"[①] 有人问周总理，要熟悉业务，究竟从何着手呢？他说，看《圣经》嘛，看《古兰经》嘛，看点佛经嘛。

罗竹风说，听了周总理的这次谈话，深受启发，一是开始读一些相关的宗教书籍，如周总理点到的《圣经》、《古兰经》和一些佛教经

---

① 罗竹风著：《行云流水六十秋》，上海教育出版社 1991 年版，第 430 页。

典；二是对自己的工作"不再不好意思了"。罗竹风回忆道，当有位将军问起他的工作岗位时，他很坦率地说是做宗教工作的。这位将军好似没听明白，睁大了眼睛又问了一遍，"什么，干宗教工作的？"罗竹风直截了当地告诉将军，就是与牧师、神父、和尚、道士打交道的那种工作，是周总理让我干的，而且已经下定决心要长期干下去。

　　1949 年 10 月之后的中国宗教情况是复杂的，要在这个领域有所作为，既要有扎扎实实的具体工作，还要有相当的理论基础作指导。罗竹风离开宗教事务处处长的职位不久，就以《辞海》宗教科目的召集人，后改为"宗教分册"主编的身份，再次与宗教牵手。不过这次，不再是具体的宗教事务和纷繁的工作，而是以副主编兼主编的身份编纂一本共和国史上的开篇之作《辞海》宗教分册。在当时的政治形势和环境之下，宗教分册是最难把握的一个部分。怎么认识宗教，怎么写宗教，谁来写宗教，都是大家经常争得面红耳赤的问题。罗竹风曾经把自己亲耳聆听的周恩来谈宗教的话，讲给各位编纂人员听，还以辞海编委会的名义给周恩来打报告，请示"宗教分册"的工作。周恩来的回复是："宗教是个敏感的话题。怎么写？我看要这样：不要写得让信教的人反感，也不能写得让不信教的人去信教。"[1] 周总理的指示，集党和国家的宗教政策、实施方法、写作技巧于一身，既有原则又有可操作性，这给罗竹风主编宗教分册指明了方向。

　　罗竹风对他所兼任的宗教学科主编的工作极端负责，在领导整个学科的修订过程中，最为突出的贡献，就是能够排除"左"

---

　　① 　李春平著：《辞海纪事》，上海辞书出版社 2000 年版，第 96 页。

的干扰，实事求是地提出修订工作的指导思想，即以现行的宗教政策为指导，用客观的态度介绍必要的知识，既不能使宗教信仰者产生错觉，以为有反宗教的倾向，又不能使非宗教信仰者增加对宗教的向心力，从根本上解决了这一敏感学科的修订方向，为顺利开展工作奠定了坚实的基础。事实证明按照这样的指导思想修订的宗教条目，社会效果是好的。[①]

"宗教分册"的难点在于对宗教的认识和宗教政策的把握。对于宗教问题，社会上很多人都不大理解，而一些研究宗教问题的人，总是喜欢谈宗教的发生、发展和消亡的过程。罗竹风认为，更重要的是宗教怎样能够与社会主义社会相协调，而起到应有的作用。从党和国家来说，对宗教信仰者的要求就是爱国守法，爱国主义就是宗教工作的精髓。事实证明，当我们认真贯彻宗教信仰自由政策的时候，宗教信仰者的心情就比较舒畅，更加靠拢党和政府。宗教研究工作者，一开头如果就以"宗教是鸦片"为指导思想，工作就难以开展了。应当根据中国宗教的特点，作为研究的出发点，建立自己的宗教学新体系。而社会主义时期的宗教问题，更是一个崭新的课题。宗教工作者不可能从已有的经典著作中找到现成的答案，而只能从调查入手，从头开始，研究新情况，解决新问题。目的是为了使宗教同社会主义社会相协调，使它变成纯粹的意识形态问题，人民内部问题。

1961年9月，中华书局辞海编辑所出版了《辞海》（试行本），共计16分册，民族和宗教、华侨问题放在一起，作为第6分册单独

---

① 上海社会科学联合会主编：《罗竹风纪念文集》，上海辞书出版社1997年版，第199页。

出版。宗教分为宗教一般、道教、佛教、基督教（天主教、东正教、新教）、伊斯兰教以及迷信六类。夹在本册的第 97 页至 140 页中间，所选词目很难形成规模，尤其是关于“宗教”的释文，非常简单，与《辞海》所应承担的“学习社会科学、自然科学和文化知识的综合性的工具书”这一定位不相匹配。

当然，这可能与这个版本此次修订“主要是选词和释义两项”的指导思想和修订主线有关系。《辞海》（试行本）对此的解释是：

在选词方面，我们以旧《辞海》为基础，作必要的增删。《辞海》作为一部综合性辞典，百科部分除每一学科中的基本名词术语外，只能选收一些比较习见常用的或同当前政治文化生活和工农业生产有密切关系而比较稳定的新词，见词明义、过于专门的、类似章节标题的，以及不适宜于构成词目的，一般不收。当代在世人物，一律不收作专条。词语部分，淘汰了一些旧《辞海》中过分偏僻的单字和冷僻陈腐的词语，增加了一些现代汉语中一般读者不易确切理解的新词。据此原则，《辞海》（试行本）共收词目九万多条（比旧《辞海》多一万多条），其中百科性词目六万多条，单字和词语词目共三万多条。

在释义方面，释文以科学性和知识性作为质量标准，力求做到材料与观点的统一，内容主要应从正面介绍基本的、主要的知识，不作抽象的议论和枝蔓的阐述；文字尽量简明扼要，通俗易懂。此外，对于学术界正在争论的问题，根据党的百花齐放、百家争鸣方针的精神，对尚无定论而倾向于某种意见的，释文除介绍这种意见的主要观点外，附带说明不同见解；几种说法旗鼓相当的，同时介绍。

1936 年出版的《辞海》，有关宗教方面的内容非常少，罗竹风主张以原词目为基础，适当扩大词目群。修订的时间紧迫，又有些词目释文拿不准，故此，《辞海》（试行本）将原来设想的"宗教分册"与"民族分册"合二为一。1965 年《辞海》出版时原计划单出分册，因为被要求以"未定稿"的形式在内部出版发行，继续向广大读者征求意见，只有 15000 套《辞海》（未定稿）上、下两册艰难面世。到了 1977 年，以上海人民出版社的名义出版的"供征求意见用"的《辞海》（修订稿）20 分册，宗教和民族两个学科分开，各自成册。"凡例"介绍，宗教分册包括宗教一般、道教、佛教、基督教（包括天主教、正教、新教等）、伊斯兰教、其他宗教迷信六类，共收词目 1162 条。主要是宗教方面比较常见的名词术语、人物和著作，只有 118 个页码。但是，这个"修订稿"编纂时，罗竹风等一大批"老辞海人"正被批判、下放，并没有参与其中。

《辞海》1979 年版三卷本改由上海辞书出版社出版发行，翌年便按学科分类出版了 20 分册。罗竹风再次披挂上阵，出任"宗教"学科分册主编，页码从"修订稿"的 118 个扩展到了 158 个，由"修订稿"的六大类发展到七大类，共收词条 1591 条，增加了 429 个。至此，一本比较完整的《辞海》宗教分册才算初具规模，为以后的修订修改打下了坚实的基础。在 1989 年版《辞海》推出之前，"宗教分册"先于 1988 年出版了第二版的精装本。在总的编纂思路没有太大改变的前提下，收录词目扩大到 1741 条。根据"出版说明"，就分册而言，1979 年前后出版的为新一版，现在重新修订出版的为新二版，这也是《辞海》宗教分册第二版精装本的来历。与新一版相比，新二版在增收词目、订正错误、补充缺漏、更新内容、精练文字、充实基本知识等方面做了努力。为使《辞海》进一步发挥多功能的作用，"宗教分册"的独立性方面有所增强，在某种程度上担负起一本宗教专业小百科词典的作用。

与《中国大百科全书·宗教卷》相对平坦的编纂之路不同，《辞海》宗教分册从一开始就比较艰辛、曲折，给罗竹风带来的是说不尽的苦涩与无奈。无论是主编《辞海》宗教分册，还是编纂《中国大百科全书·宗教卷》，罗竹风始终关注对宗教理论的研究。尤其是对党和国家宗教政策、方针的学习和领会，使他能够在复杂的政治环境之中，把握"宗教工作"的方向。罗竹风常常挂在嘴边的是周恩来对宗教工作的指示。在一次讲话中，罗竹风提道："周总理在五十年代就提出宗教的'五性'问题（指群众性、长期性、复杂性、民族性、国际性）。如果对'五性'体会得深刻一些，就会知道宗教的寿命是很长的，作为意识形态的宗教，只要还有所'反映'（即使是虚幻的、倒置的），它就不会消亡。生老病死仍然存在，就是宗教最后的一块'封地'，也是它赖以延续的肥沃土壤。"[①]

修订《辞海》宗教分册之初，因为对一些宗教方面的政策没有把握，罗竹风便以辞海编委会的名义给周总理写信请示。在得到明确回复之后，他就按周总理的指示毫不含糊地贯彻执行，堪称宗教工作者知行合一的典范。

《辞海》宗教分册前后共有五个不同版本公开出版或以"试行本"、"未定稿"、供征求意见用的"修订稿"的形式，在不同的读者范围发行。除了"文革版"罗竹风没有参与编纂修订，其他各个版本他均以主编的身份参与其中。而每个版本都有相当程度的改变，无论是词目

---

① 罗竹风著：《行云流水六十秋》，上海教育出版社 1991 年版，第 427 页。

的增加、释文的变化，都给读者带来耳目一新的感觉。与时代共进步、与社会变化共进步、与读者的阅读需求共进步，一直是罗竹风的出版理念。这点，在《辞海》宗教分册的编纂修订过程中，体现得尤为显著。他把解放思想、实事求是放在《辞海》宗教分册编纂工作的首位，彰显罗竹风的远见卓识。

三、当代宗教学研究"范本"

罗竹风的宗教工作实践可以分为三个组成部分，一个是他任华东区和上海市宗教事务处处长的五年时间，以与基层宗教人士打交道为主，可以称之为"党的宗教干部"。另一个是任两本宗教词典的主编，主要与宗教研究工作者打交道，可以称之为"宗教辞书编纂者"。第三个是领导组建宗教研究机构，推动新时期宗理理论的研究活动，可以称之为"宗教学研究专家"。之所以叫作"组成部分"，是因为罗竹风从没有把自己的工作割裂开来，而是互为交叉、复合、共用。在宗教工作的实践中，以宗教理论为指导思想；在宗教辞书的编纂过程中，以宗教理论为基础，由此而形成一个坚固的三角形支架：理论引领实践，实践丰富理论，理论与实践相结合。

所以，罗竹风既是一位宗教工作者、党的宗教干部，又是一位宗教辞书编纂家，还是一位优秀的宗教研究组织者和当代中国宗教学研究的奠基者、开拓者。1980 年初，罗竹风力主创建了上海社科院宗教研究所和上海宗教学会，担任荣誉所长和学会会长，创造了三支队伍（宗教研究者、宗教工作者、宗教界学者）合作研究的成功范例。

他对宗教研究所和宗教学会开展工作的指导思想是明确而独到的。对研究所，罗竹风提出三点：一，办研究所从机构到人员都必须精干。研究所的主体是科研人员，因此科研人员必须配齐，而行政干部、党的工作的干部不要单打一、要同业务工作相结合，提倡一专多能，一个人能做几个人的事。二，从与宗教有关的边缘学科中去物色愿意从事宗教研究的人才，想办法使他们进入科研机构，从事专业研究。三，从事宗教研究必须反对教条主义、本本主义和长官意志，社会主义时期的宗教问题是一个全新的课题，没有现成的答案。只有解放思想，崇尚实践，才能有所突破，取得成效。他提出脚踏实地、实事求是、不务虚名、埋头苦干的工作精神，以及注重调查研究、要有理论勇气的指导思想，使上海的宗教研究和调查活动有声有色。他在调查研究的基础上总结出"宗教在社会主义条件下长期存在并能与之相协调"的理论观点，逐步为领导部门所接受和采纳；他还组织撰写了大量开拓性专著，在海内外宗教界影响广泛。

《中国社会主义时期的宗教问题》是罗竹风领衔主导，以新时期中国宗教问题为研究对象的理论著作。是他担任全国宗教学科规划领导小组副组长的时候，给上海宗教研究所的同事们出的一个大题目，属于国家社会科学"六五"规划的一个重点项目。为了使这项工作能够顺利按时完成，罗竹风亲自担任主编，规划本书的写作方案，拟定全书架构，安排出版事宜。社会主义时期的宗教能否与社会主义社会相协调，广大宗教徒能否在爱国爱教的前提下发挥积极作用，是一个亟须研究、拿出对策的重大课题。为了从理论上作出具有说服力的回答，针对《中国社会主义时期的宗教问题》一书，罗竹风提出了研究和撰写工作必须以马克思主义为指导，必须解放思想，实事求是，敢于突破禁区，不受任何条条框框的限制和束缚。罗竹风要求全书的结论必须以调查研究为基础，研究人员要分期分批到全国各地进行实地调查，掌握第一手材料，通过对五百个实例的比较、分析和研究，作出系统的总结和科学的阐述，为制定党的宗教政策提供理论依据。

1987年，《中国社会主义时期的宗教问题》一书由上海社会科学院出版社出版，罗竹风为该书撰写了前言"这本书的由来"。这本书根据党的十一届三中全会的思想路线，力求以马克思主义的立场、观点、方法作指导，密切结合中国宗教的现实，通过实地调查掌握大量活资料，然后归纳分析，几易其稿，才得以付梓。《中国社会主义时期的宗教问题》一书，试图在下面几个问题上有所突破：一，宗教与中国文化的关系。二，新中国成立以来各宗教的现状。三，宗教这种社会历史现象并不伴随阶级根源的消失而立即消亡，它有本身内在的独特规律在起作用。四，宗教是客观存在。五，协调是双方的。罗竹风认为这是一个良好的开端，中国社会主义时期的宗教问题，是一个重大的课题，国内还没人对此进行比较系统的研讨，现在出版的这本专著仅仅是一个探索性的研究成果。他希望研究宗教的专家们能在此基础上继续前进，通力合作，不断拿出无愧于我们这个时代的新成果。评论界将《中国社会主义时期的宗教问题》一书的出版称为"可喜的探索"。特别值得一提的是，本书的附录刊登了九篇反映不同地区、不同民族和不同宗教状况的调查报告，内容丰富，文字活泼，令读者兴趣盎然。这些调查报告，说明《中国社会主义时期的宗教问题》的论述是以事实为依据，而不是空洞的推理。

《中国社会主义时期的宗教问题》在宗教理论界和研究机构的先导作用有目共睹，之前几乎为空白的社会主义时期宗教学研究开始崭露头角，陆续出现高质量的研究成果。作为附录，该书将部分作者的调查报告一并刊出，有《邳县去来——1983 年 6 月苏北农村社会调查札记简析社会主义时期宗教现象的社会根源》、《关于福建省佛教寺庙开展生产劳动情况的调查》、《部分佛教青年的信教原因初析》、《四川青城山道教现状》、《上海某街道退休职工信仰基督教情况的调查》、《长白山下的教会——东北朝鲜族基督教现状调查》、《青浦县渔民教徒宗教信仰状况初探——兼论贯彻宗教政策对团结信徒群众的重要性》、《新疆伊斯兰教与我国社会主义实践相适应的问题》、《从某地基督教的发展看宗教生长的土壤》。除了两篇是转载作品之外，其余都是出自上海宗教研究所的研究人员之手。这些当时来自基层民众的调查报告，是具有相当参考价值的第一手材料，对于全面了解基层信教状况作用重大。这样的写作方式，也是现今宗教工作者和研究者的榜样，颇具说服力，是罗竹风宗教实践和宗教学理论的精华所在。

罗竹风又与宗教理论研究工作者合作，推出了《宗教通史简编》、《宗教学概论》、《宗教经籍选编》。他任主编，并与副主编陈泽民共同撰写了三本书共用的"总序"。

"总序"阐述了宗教学形成的历史过程，明确了以宗教为研究对象的宗教学现在已是公认的人文学科之一，这是"宗教学"的概念首次在中国的教科书中被提及，指出了宗教学的根本目的不在于证明宗教信仰命题的真伪，而在于通过对宗教现象的探索、研究去认识人和人的社会。为了达到这个目的，它必须把宗教与社会其他精神的和物质的生活过程联系起来加以考察，从而科学地说明宗教在社会生活中的地位和作用。宗教学需要的是一种科学的、客观的研究态度，个人的信仰不应当成为评判的规范。

　　"总序"把宗教学在百余年历史中的发展过程予以梳理。在宗教学的萌芽阶段里，学者们大多热衷于发现所谓宗教的普遍本质。随着时间的推移，人们越来越认识到宗教现象是个多方面、多层次的动态系统，那种试图用一个简单界说或判断句来概括宗教本质的想法已经比较陈旧了。

　　新中国的宗教学起步较晚，很长一段时间，宗教一直被看成是落后的，甚至是反动的象征，宗教学研究也因此成为理论禁区。学校教科书涉及宗教问题时只限于复述革命导师的一些观点，用意识形态批判取代学术研究。这种割断历史、无视现实的做法导致了一系列的恶果。很多人由于无知对宗教怀有偏见，以至于出现粗暴践踏党的宗教政策、制造民族矛盾的恶性事件，也有很多人竟不知宗教学为何物。在狭隘、错误的观点支配下，宗教学怎么能得到正常发展呢？

　　宗教远不止于提供了一种对超自然对象的崇拜制度，它在长期的历史过程中融合在人们的世界观、历史观、人生观和价值观之中，形成各民族特有的传统文化心理。宗教来自人对自身存在根本状况的反思，它运用形象思维创造了一个超验的存在领域，借以反映人的现实生活。

　　因此，宗教学的意义绝不在于用科学思想审判宗教观念，如果那样的话，它的全部内容就可以为一句响亮的无神论口号所取代。问题的关键在于真正理解宗教是如何在人的现实需要基础上形成和发展的，并以何种方式对社会历史发挥着影响。应当承认，宗教不仅对其信仰者有着全面的影响，而且对不信宗教的人也有着深刻的影响。"总序"对此的结论是，研究宗教既是认识人类的过去所必需，也是了解人类的现在和将来不可缺少的。

于是，《宗教学概论》、《宗教通史简编》、《宗教经籍选编》三本介绍宗教知识和宗教学研究基本方法的书，应时而生，因需而生。

宗教史无疑应当反映宗教现象的历史演变过程，但是，作为社会精神生活过程之一，宗教的产生和发展根本上取决于社会的物质生活过程。同时，宗教又与其他社会精神生活过程，如政治、道德、文学艺术、哲学等密切联系并相互作用。《宗教通史简编》有48万字之多，全书共分"史前宗教与古代宗教"、"佛教"、"道教"、"犹太教"、"基督教"、"伊斯兰教"和"其他宗教"七编，条理性强，叙述简要。科学的客观性是本书最主要的编写原则。作者无意在有神论立场上进行说教，也不主张把本书变成无神论对宗教的"揭露"和"批判"。历史就是历史，从历史唯物主义的观点来看，宗教现象在人类社会中的长期存在有其合理的必然性。本书的宗旨就是运用客观介绍的办法，力求准确地反映宗教史的真实面目。

作为主编，罗竹风和副主编陈泽民为《宗教通史简编》作了最后审定。该书出版之后不到半年的时间，就两次加印，亦有相当的市场影响。

《宗教经籍选编》于1992年6月出版，正如该书"前言"所述，这里所谓的"经籍"是个比较宽泛的概念，它既包括那些为各宗教奉为经典的著作，也包括旨在对传统宗教信念加以阐释的历史文献。经与籍的这种区别在多数宗教传统中是比较明显的，而在有些宗教传统那里则比较模糊。

一般说来，读者对宗教经籍的了解十分有限，因为宗教经籍本身是个独特的象征体系，它以书画文字为载体，是古代人们在特定的历史条件下形成的宗教观念跨越时间和空间的传播，也是古人留给后人的一份不可多得的文化遗产。许多宗教著述对于人类语言、文学以至思想的发展起了积极的促进作用,其本身也成为不朽的传世佳作。在人类自身不断走向成熟的过程中,它们往往充当了重要的里程碑作用。经籍学属于一种基础工程,该书的第一编为"古代印度宗教经籍选",共收入 2 篇;第二编为"佛教经籍选",共选收了 45 篇,是最多的部分;第三编为"道教经籍选",有 14 篇;第四编为"基督教经籍选",既有 16 篇《圣经》经籍,还附有"使徒信经"、"尼西亚信经"、"尼西亚教规",又有《基督教历史文献选》,内容相对丰富;第五编是"伊斯兰经籍选",包括古兰经、圣训经文选、中国伊斯兰教古籍选编三个部分。这些内容基本能够满足非专业人士的需求,为读者打开一扇了解宗教经籍的大门。

《宗教学概论》一书,讲宗教学是一门十分年轻的学科,它既不同于以神灵的存在为前提的神学,亦有别于论证不存在神灵的无神论学说。是以宗教一般为研究对象,以存在于社会、历史之中的宗教现象为客体,考察其观念、行动、组织的形式和内容,研究其根源与演变的过程及产生与存在的基础,并探索其性质、规律和社会作用的一门社会科学。在为高等院校有关专业和文科宗教学选修课编写的三本系列教材中,《宗教学概论》处于核心地位。在基本理论的观点和方法上统领其他两部著作——《宗教通史简编》和《宗教经籍选编》。

《宗教学概论》分了五编,各编自成一体,从不同层面论述了宗教现象,并在介绍国内外研究成果的基础上引导读者对宗教问题作进一步的探讨。第一编论述、介绍了宗教学的学科性质、宗教的起源和构成要素。第二编论述了宗教意识,指出宗教信仰的特点是客观物质世界在人们思想和情感的反映,是人对人生终极和彼岸的寻求。第三编论述宗教与社会生活的关系，指出宗教社团组织发展的作用和意义，论述了宗教中的伦理观点。第四编说明了宗教与历史文化的关系，阐述宗教作为跨学科领域的意义，以及与神话、艺术、语言、科学之间的相互关系和区别。第五编论述的是中国社会主义时期的宗教概况，是对一个全新课题的思考与研究。

《上海宗教史》是中国第一部地方性的宗教史，是一部具有开拓意义的地域性宗教史籍。罗竹风为这本书写了题为"是为序——说说上海宗教史"的序文：

> 由于过去还没有人写过一部完整的、综合性的宗教史，无可借鉴，只好新起炉灶，从搜集资料，拟定章节……不断探索前进。经过将近三年时间，竟然要把成果送到读者面前，供大家阅读和审查了。我以为这就是成功，值得欣慰。①

《上海宗教史》内容广泛，涉及各个教派、教种的历史沿革、名胜古迹、教义教规、教堂寺观、著名人物、宗教团体、慈善事业等。罗竹风说，编写《上海宗教史》是一件"前人种树、后人乘凉"的积善积德之事。前人若不种树，人世间势必会变成沙漠，天热时后人无处乘凉，岂不晒得发昏。《上海宗教史》在一片荒芜中踩出了一条路，即使高低不平，畸轻畸重，但毕竟填补了一个空白，可以鼓励后来者不断探索。

罗竹风有关宗教学的最后一部著作是《人·社会·宗教》，是国

---

① 阮仁泽、高振农主编：《上海宗教史》，上海人民出版社 1992 年版，第 1 页。

家社会科学"七五"规划重点项目，可称《中国社会主义时期的宗教问题》的姊妹篇。罗竹风作为主编在其撰写的"序言"中认为："人·社会·宗教"仅就命题而言，即可显示它是"切入"内层探索宗教本身规律的，试图摆脱沿袭哲学史或思想史的老路和羁绊。而另辟蹊径是需要披荆斩棘，不断摸索前进的。本书分两编，第一编是切入宗教内层，探讨其本身的诸多属性和侧面，包括宗教发生、发展，各学派对重大问题研究成果和影响，兼顾古今中外，论及教派时也突破了西方以基督教为中心的传统观念。特别是宗教的多功能，本书从社会生产力水平、人类社会关系以及文化发展进程和精神需要的"广角镜"着眼，对其进行科学分析和阐释，而并非"定于一尊"，这样可以避免片面性。

第二编是历史地阐述宗教研究各分支学科，包括宗教人类学、宗教社会学、宗教心理学、宗教伦理学、宗教现象学、宗教地理学、宗教史学、比较宗教学，以及宗教研究的科学哲学方法论等研究成果，介绍著名学科创始人和带头人及各种学派有关著作，可供中国宗教学参考、吸取的有益成分。第一、第二两编相互对照，可以更加全面地了解宗教学研究的全貌。

这篇序言完成于 1994 年 6 月 1 日，当时罗竹风已是重病在身了。是罗竹风对宗教问题和宗教学的最后一次深度思考。这篇序文的最后两个自然段是这样说的：

> ……首先需要调查研究，广泛搜集资料，确定框架，讨论观点，然后由专人分章写作，最后通读定稿。对于科研重点项目，集中优势攻坚，这样可以取长补短，充分发挥集体智慧，多年来

的经验证明，这是行之有效的好办法。

　　不言而喻，这种重点科研项目不会过多，各人仍可就自己专业所长进行专题研究，而这也是不能偏废的。我认为今后仍然需要两条腿走路，不断发扬光大，这对宗教研究工作来说，它将是唯一正确的道路。①

四、罗竹风的宗教朋友圈

　　1949 年之前，基督教会和信徒用的《圣经》，都是由英美等国家的传教机构圣经会印刷出版的。中华人民共和国成立之后的头几年，《圣经》的出版印刷工作暂时停了下来。社会上谣言四起，说共产党不准出版《圣经》，甚至造谣说共产党要修改《圣经》，把马列主义加进去。在这种情况下，在党的领导下重新改组成立的中华圣经会，决定恢复出版《圣经》。时任上海市宗教事务处处长的罗竹风依据党和国家的宗教政策给予支持，决定在 1955 年国庆节之前出版第一批。纸张不够，罗竹风协调解决。为了赶时间，罗竹风亲自到印刷厂蹲点，加班加点印刷装订。1955 年 9 月 28 日，被称为具有划时代意义的第一批《圣经》赶印完成，引起宗教界的极大关注。

　　因为工作关系，罗竹风在中国宗教界有一个朋友圈，丁光训、赵朴初、吴耀宗，以及任继愈、赵复三等，都是圈内老友。罗竹风去世后，赵朴初题写的《罗竹风先生纪念辞》，是一个宗教人士对罗竹风

---

　　① 罗竹风主编：《人·社会·宗教》，上海社会科学院出版社 1995 年版，第 1 页。

作为宗教工作者最好的评价：

> 吾爱竹风翁，多闻而直谅，观其论宗教，不谀亦不谤。岂如
> 庸懦夫，随风而逐浪？马氏鸦片喻，其锋实指上。深情哀下民，
> 谓是无声抗。毛公云文化，钱子言同样，信口斥迷信，适足形其
> 妄，卓卓罗竹风，长顾罕能尚。①

赵朴初曾任全国政协副主席、中国佛教协会会长，如此之高的评
价，唯对罗竹风一人。

罗竹风因乐于助人而深得同道之信任。1981 年，由任继愈主编
的《宗教词典》出版，罗竹风以极大的热情给予关注和推介，很快就
在 1982 年《辞书书讯》第二期发表了《填补中国宗教学科的"空白"——
向读者推荐〈宗教词典〉》：

> 我以极大的喜悦看到《宗教词典》的正式出版。这是中国开
> 天辟地以来第一部相当完备的综合性《宗教词典》，它引起国内
> 外学术界和读者的注意，乃是理所当然的。

罗竹风为什么如此看好《宗教词典》，一是这本词典"开天辟地"
的意义，再一个就是罗竹风曾经于 1979 年参加过本书讨论会，在这
个会上，罗竹风坚决主张将"无神论"的词条从《宗教词典》中删除。
他认为"无神论"不属于宗教学范畴，是与宗教不相协调的非宗教概

---

① 赵朴初：《罗竹风先生纪念辞》，载《罗竹风纪念文集》，上海辞书出版社 1997 年版。

念。与会者经过讨论，最后一致通过了罗竹风的建议，不将"无神论"列入《宗教词典》的词目。罗竹风对此记忆深刻，他说："记得 1979 年 6 月间，在江苏宜兴召开的一次编写会议上，与会者就《宗教词典》的方针政策、收词原则、编写体例等进行讨论时，一致确定了以周恩来同志当年对《辞海》宗教词条编写的原则作指导：应当特别强调知识性，寓观点于资料之中，多作客观叙述，使信仰宗教的人不认为它是反宗教的；同样，使不信仰宗教的人也不至产生'向心力'。《宗教词典》是贯彻了周总理指示精神的。大前提是正确了，在编写过程中，选择什么，避开什么，怎样才算恰当，自然就心中有数，有所遵循，不至在原则问题上发生偏差。"①

《宗教词典》是一部中型的专业辞典，从 1978 年着手筹备，到 1981 年定稿出版，前后近四年，由中国社会科学院宗教研究所组织编纂而成。共分 10 类，即宗教一般、史前、原始宗教、古代宗教，以及佛教、基督教、伊斯兰教、道教、中国少数民族宗教、杂教等，按汉字笔画编排，收词目 6719 条，堪称宗教"小百科"。

罗竹风的书评写得好，好就好在点评精到，言之有物，言由心发。

罗竹风还为《中国天主教的过去和现在》撰写了"是非善恶从头说"的序言。他认为，中国是个多民族的国家，也是一个多宗教的国家，从原始的萨满教到世界三大宗教，几乎什么都有。汉民族人数最多，而信仰宗教的人却最少，在五十多个少数民族中信仰宗教的占多数，有的宗教甚至同民族密切糅合，渗入社会生活、风俗习惯等各个方面，成为民族凝聚、联系的纽带。罗竹风以朴素的语言、讲故事的

---

① 罗竹风著：《行云流水六十秋》，上海教育出版社 1991 年版，第 790 页。

语气告诉读者，中国的天主教是由意大利传教士利玛窦在明朝万历年间传入的。利玛窦的成功之处就在"入国问俗，入乡问禁"，他从当时大明帝国的实际出发，做好了三条：一，尊重中国固有的礼教，准许教徒祭祖拜孔；二，结交上层儒士、官员，由上而下，争取打开局面；三，以当时西方国家的先进科学成果为皇室服务，如地图、历法等。后来这三条被叫作"利玛窦规矩"。这样做果然效果显著，使得天主教在中国站稳了脚跟，并逐渐传播开来。《中国天主教的过去和现在》虽然是一本通俗读物，却有着相当丰富的历史知识和比较准确的科学依据，它从实际出发，全面而又客观地叙述了历史的演变，具有很强的知识性和可读性。

罗竹风的序写得好，好就好在引导性强。他对一本书的内容解析既鞭辟入里，又深入浅出，还有那朴实无华、风趣活泼的语言，能够让人不知不觉地随着序言的引导将整部著作一口气读完。罗竹风在《中国天主教的过去和现在》序言的结尾处说："明末爱国科学家、最早的天主教知识分子徐光启有言：'一物不知，儒者之耻'。不管对于天主教徒也好，宗教研究工作者也好，推而广之以至研究哲学、历史学的人们也好，如果能够读一读这本书。可以保证一定是'开卷有益'的。"[1]

罗竹风的序还充满了对同事、朋友的深情厚谊，以及对故人的怀念。他为萧志恬《当代中国宗教问题的思考》一书作的序，不仅是对作者研究成果的肯定和赞扬，字里行间还渗透着对作者不幸辞世的惋惜。

　　1952 年"老三反"期间，我由华东抗美援朝总分会调华东

----

① 罗竹风著：《行云流水六十秋》，上海教育出版社 1991 年版，第 721 页。

及上海宗教事务处工作，当时萧志恬同志已在，记得他是从华东团校来的。从此开始，连续干宗教工作达45年之久。不幸于1993年11月初去北京参加中国社会科学院世界宗教研究所当代宗教研究现状研讨会时，因心脏病发作，抢救无效而逝世！惊悉之下，简直不能相信这噩耗是真实的；然而他正是这样急促地离开人世，也不妨说是"以身殉职"吧。

1993年9月，我因病住华东医院，曾约定9日去南京开会，车票已经由他订好，不料因病未能成行。当他来探望我时，我当面告知他去不成了，只好退票。他不禁感叹：总是这样不顺当，……显得有些沮丧，不知他在想什么！也许是什么不祥之兆吧，万万没有料到，从此竟成永别了。

萧志恬一生坎坷，但他含辛茹苦，埋头苦干，从不诉说个人的忧患。他兢兢业业，努力勤奋，一直在宗教工作的惊涛骇浪中战斗着；"左"的浪潮不断从四面八方席卷而来，但他始终全面而又正确地贯彻党的宗教信仰自由政策，而且富有理论勇气，敢于同一切违反政策的错误做法进行斗争，45年来贯彻始终，这的确是难能可贵的！在那些以"左"为荣，宁"左"勿右的年代，宗教工作恐怕比其他战线还要"左"三分，而且似乎被认为是理所当然的。过犹不及，无论是"左"还是右，都是错误的，只有实事求是，认真贯彻执行党的方针政策才是唯一正确的。政策是我党的生命线，这也是衡量我们工作成绩的客观标志。我认为这一方面，萧志恬是当之无愧的。①

---

① 萧志恬著：《当代中国宗教问题的思考》，上海市新闻出版局内部资料准印1994年版，第1页。

或许，这正是罗竹风作为一个当代出版家和宗教学家的独到之处，他与宗教界人士亦友亦师，互助互动，共同撑起宗教和宗教学研究的一片蓝天。

丁光训说，罗竹风"自己虽在患难中，为了坚持党的宗教信仰自由政策，为了保护党的一位朋友，却不顾安危，挺身而出，这同有的人为了保护自己，或为了博得好感以求升迁，不惜对他人落井下石相比，一个多么伟大，一个多么渺小"①。

---

① 上海哲学社会科学学会联合会主编：《罗竹风纪念文集》，上海辞书出版社 1997 年版，第 20 页。

罗竹风（1911—1996）

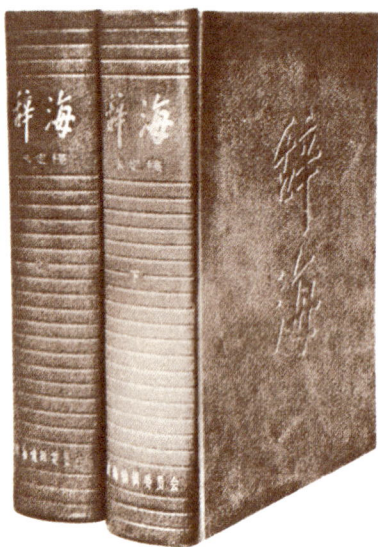

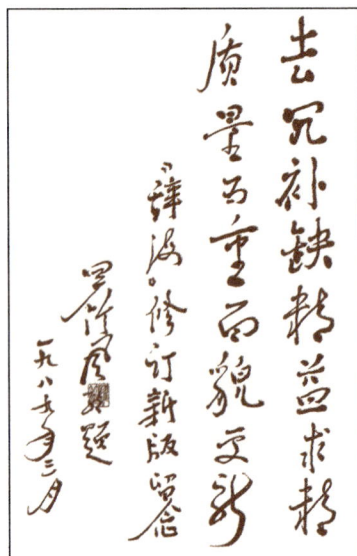

去冗补缺精益求精
质量五重而貌更新
辞海·修订新版留念
罗竹风题
九八七年三月

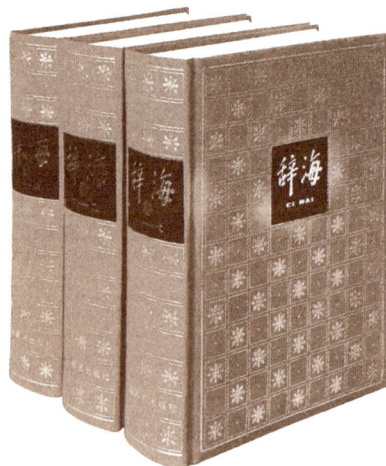

上左图:《辞海》未定稿　　上右图:罗竹风题词

下左图:《辞海》1936 年版　　下右图:《辞海》(三卷本)1989 年版

罗竹风与历史学家周谷城（左）在一起（1989 年于上海）

罗竹风与《辞海》主编夏征农（左）在一起（1981 年于上海）

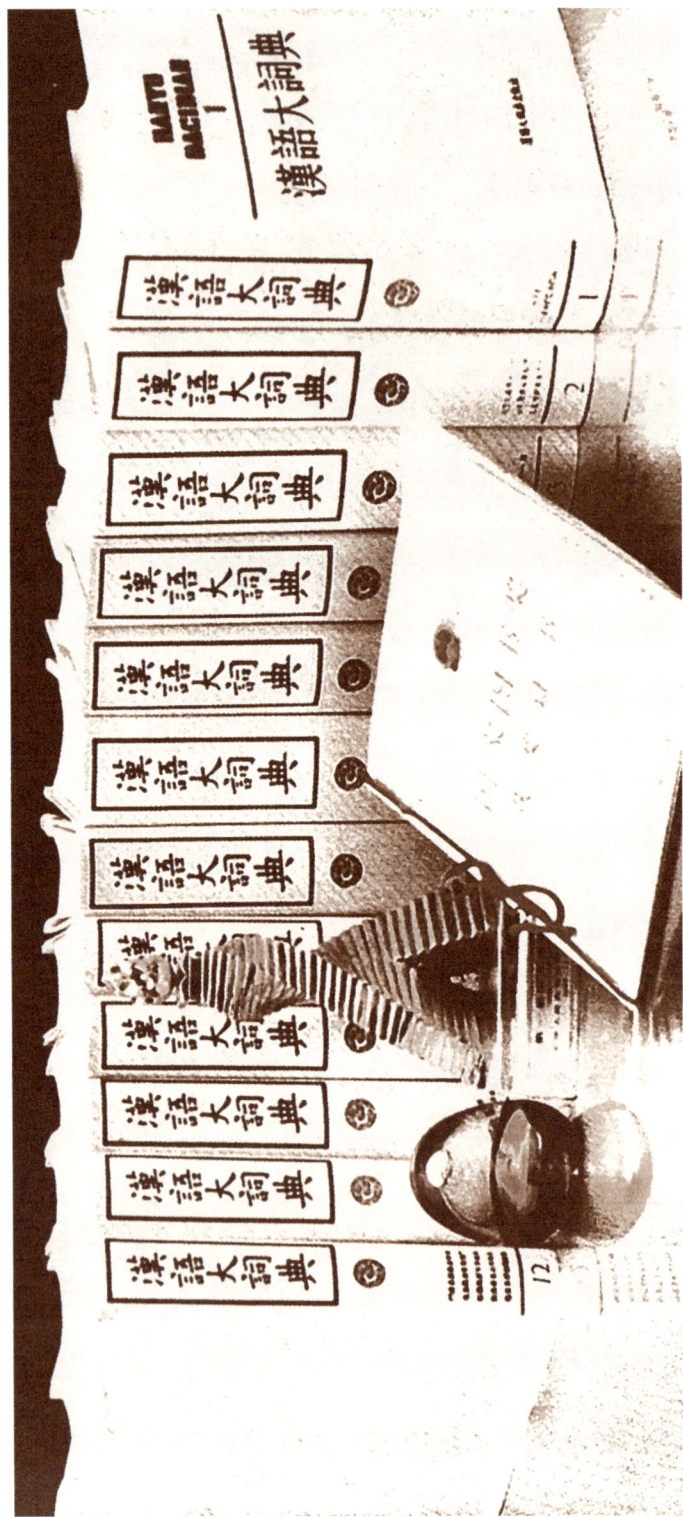

《汉语大词典》荣获第一届"国家图书奖"

罗竹风在《汉语大词典》出版庆功大会上讲话（1994年5月10日于北京）

罗竹风与时任国家出版署副署长刘杲（右）在一起（1994年5月10日于北京）

罗竹风先生纪念辞

吾爱竹风，乡闻而真谅，观其论宗教不谈
正宗，谠论直如庸儒夫随风而逆派，马氏福片
喻其锋实，指示深情哀下民，谓是岂辟抗。
毛曰云文化毛泽东，钱子言同样，据口听连信，
适是形其壹卓。罗竹风，长顾军能尚。

一九九七年九月

赵朴初

赵朴初为罗竹风题写纪念辞

罗竹风与赵朴初（左）在一起（1985
年于北京）

罗竹风与丁光训（左）在
一起（1979 年于昆明）

《天风》复刊号

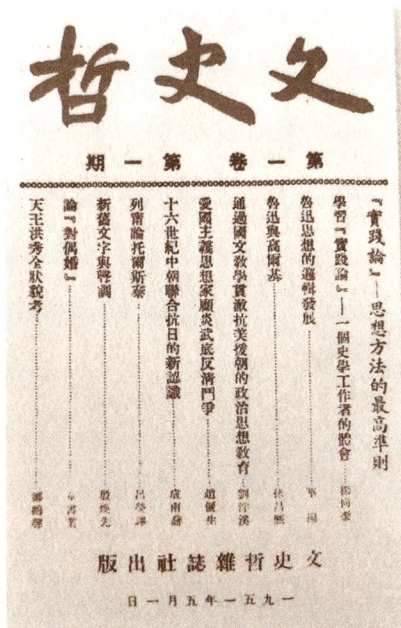

《文史哲》创刊号

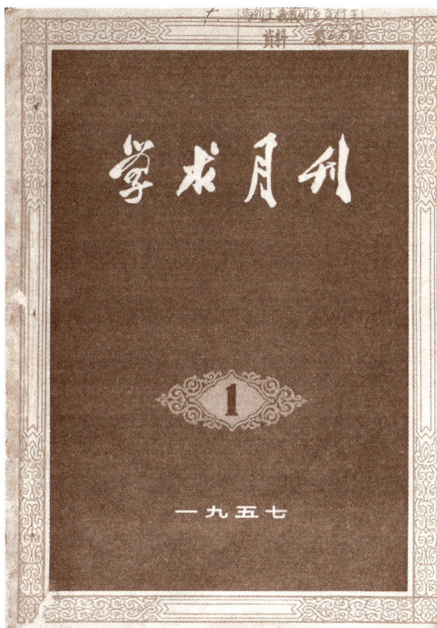

《学术月刊》创刊号

罗竹风与杨向奎（右）在一起
（1981 年于济南）

《民主与法制》创刊号

罗竹风在工作中（1994年于上海）

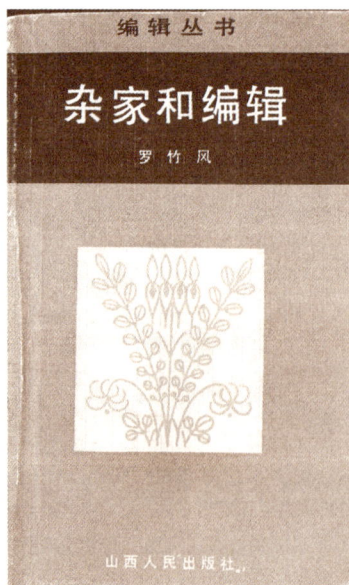

罗竹风著《杂家和编辑》

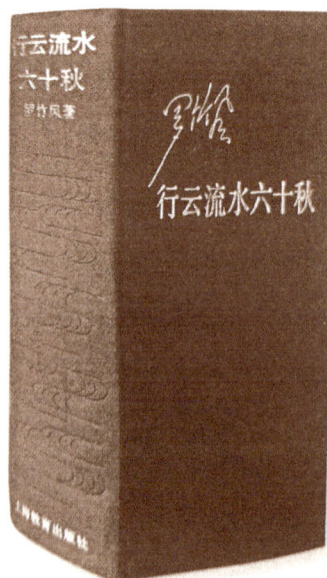

《行云流水六十秋》

第五章

书以载道　生产有营养的精神食粮
——罗竹风"局长"时代培育的传世好书

需要说明一下，1957 年 11 月罗竹风被任命为上海市出版局代局长，直到 1964 年新任局长到任，他一直是以"代局长"的名义，主持上海市出版局的工作。即便是在罗竹风被贬去辞海编委会任"专职副主编"的时间里，他"代局长"的官帽也没摘下。就是说，罗竹风的代局长一"代"就是长达七年的时间。

但是，这丝毫没有影响罗竹风的工作热情，他一如既往，从不懈怠。

再者，虽然罗竹风当了那么长时间的"代局长"，在上海的出版人说到罗竹风，包括大量的纪念文章中，却很少出现过"代"字，只在正式的官方行文中才能看到"代局长"

字样。也许，在他们眼里，罗竹风就是一位合格的上海市出版局局长。

罗竹风出任上海市出版局代局长的当口，正是政治风云变化无常的时期，反右运动已经深入到知识分子较为集中的出版界。截至1957年9月，中央一级的出版社，被确定为"右派分子"的比例已经占到总人数的6.23%，担负领导职务的就有30多人，如人民出版社的曾彦修、通俗读物出版社的蓝钰。上海作为中国出版事业发展的重镇，大批出版界精英级人物云集，他们很多都是从民国时期的出版机构转制而来的。从反右运动开始到罗竹风进入出版局当代局长，已经有156人被打成右派，占本系统的十分之一，著名人物有原《文汇报》总主笔徐铸成、原北新书局经理李小峰等。徐铸成成了上海市出版局审读处审读员，就在罗竹风的直接领导下工作。

对于徐铸成和李小峰，罗竹风再熟悉不过了，甚至是带着几分崇敬和感激的。徐铸成先后在上海创办了《大公报》和《文汇报》，坚持宣传抗战，连续报道中国共产党领导的抗日武装力量英勇对日作战的事迹。他还长期致力于新闻出版教育事业，传授新闻工作经验，培养了大量新闻人才。在领导胶东地区武装抗击日军占领的战斗中，徐铸成的很多抗战文章给了罗竹风以坚强的精神力量。后来《大公报》、《文汇报》先后被强行关闭，不知就里的罗竹风还托人到省城购买。罗竹风到上海工作之后，专门去拜访徐铸成，听了好几次徐铸成的新闻讲座。李小峰更是罗竹风所敬佩的出版家，青年时期罗竹风看到的很多鲁迅、郁达夫、柔石等先生的著作，都是由李小峰主持的北新书局出版的。1955年，李小峰任公私合营的上海文化出版社副总编辑。

反右运动是罗竹风到出版局遇到的首要问题。作为代局长，他首先要深刻理解党和政府的路线、方针、政策，与党中央保持高度一致。在这一点上，罗竹风从未动摇过、含糊过。他相信毛泽东和党中央对整个形势的判断是正确，是富有远见和战略意义的。罗竹风还以自己的理解，在时过一年之后，对1957年6月22日《人民日报》社论《不平凡的春天》进行了解读：

> 一年以来，经过反右斗争和整风运动，广泛而又深入地展开了政治战线上和思想战线上两条道路的斗争，人们的政治觉悟大大提高了，思想面貌也正在不断地改变当中，在这个基础上，开始了1958年另外一个不平凡的春天。工农业生产的大跃进，带动了祖国社会主义建设事业全面的大跃进。真是"曾几何时，而江山不可复识矣"！
>
> 温故知新，我们回过头去再看一看走过的路，就更能领会党中央和毛主席对形势估计的正确性，特别是毛主席关于两类矛盾的理论，对指导中国当前革命实践具有多么重大的意义。事物正是按照辩证法的规律发展的。
>
> 从这个角度我们再去读去年6月22日《人民日报》的社论——"不平凡的春天"，就会感到特别亲切了。[①]

这篇体会颇深的解读文章，写于1958年5月8日，以《"不平凡的春天"之所以不平凡》为题，发表在1958年第6期的《语文教学》杂志。一年之后罗竹风又写这样一篇文章，用意何在，不可揣摩。但是，这时的罗竹风已经开始对反右运动的扩大化有所认识了，甚至产

---

① 罗竹风:《"不平凡的春天"之所以不平凡》，载《语文教学》1958年第6期。

生了些许的不解。很多自己熟悉的著名人物如徐铸成等都被打成"右派",从《文汇报》的总主笔被安排到出版局与大家挤在一起搞审读,实在是大材小用。罗竹风只要走过徐铸成的办公室就进去打个招呼,问有什么困难需要帮忙解决。在那个特殊的政治年代,他也只能做到这样了。很多被打成"右派"的人找到罗竹风诉说自己的冤屈,希望能给个机会重新工作,早日摘去"右派"帽子。罗竹风对他们耐心讲解党和政府的有关政策,同时表示理解他们的心情,勉励他们相信党和组织。

1959 年伊始,中国政治形势有所转变,出现了给"改恶从善"的"右派分子"摘帽的新迹象。罗竹风抓住这个机会,首先提出让徐铸成回归原岗位。很快,市委同意了罗竹风的意见,在出版系统第一个给徐铸成摘了帽。接着,罗竹风又请示给李小峰摘帽。虽然,摘帽政策开始落实了,但仍然是小步慢走,只是部分"右派分子"被摘了帽子。给"右派分子"摘帽不是罗竹风一个出版局长能够说了算的,出版局只能向市委提出人选,由市里的有关部门审查决定。第一次只有徐铸成和李小峰,第二年也只有六个人幸运地摘了帽。1961 年到 1962 年形势更加宽松,这两年摘帽的"右派"达到了二十多个。但仍与出版系统庞大的三百人的"右派"规模相比差得太大。按照这个比例摘下去,得要十几年方可完成。但是,这已使人感到一丝春意了。摘帽的人心情舒畅了很多,没有摘帽的人也看到了希望,有了盼头,上海出版系统迎来了知识分子盼望已久的春天。

虽然说上海出版系统迎来了知识分子短暂的春天,是党中央的英明决策以及当时国内外复杂多变的形势综合而成的。但是,上海出版系统的很多人却始终念念不忘老局长罗竹风。

著名学者钱伯城回忆罗竹风时说，1957年上海出版系统的反右运动临近尾声之时，罗竹风"调任上海市出版局局长。我们这些出版社编辑都很欢迎他来做局长，原因很简单，与他这位局长虽然隔了好几层领导关系，但常听他作报告。他作报告，直截了当，很爽快，时有警句，最重要的是不带什么训斥口吻。不像有些领导那样长篇大论，不是拖泥带水，催人入睡，就是语含胁迫，令听者担惊受怕。因此他作报告，大家爱听，觉得这位局长不错。他还常邀请俞铭璜和上海宣传部副部长陈其五来作报告，他们都是会讲话的人，本人又是知识分子，懂知识分子心理，因此常能讲一些知识分子爱听的话。或凭他们的地位，讲一些一般知识分子平时积于心却不敢说出口的话。对一些已摘帽和未摘帽的'右派分子'，罗竹风也常讲些安慰勉励的话。1959年他在送一批出版社工作人员（其中包括'右派分子'）下乡劳动的大会上，特别提到'右派'的改造问题，鼓励说：'别怕跌跤，应该在跌跤的地方爬起来，争取早日回到人民的队伍！'这些话说的很真诚，能打动人"①。

著名学者胡道静说："罗公任上海市出版局局长时，我于1958年调至局属中华书局上海编辑所任编辑。罗公经常到所属单位寻访，开座谈会，听取群众意见。一次来到我所，召集基层编辑座谈。我有感于当时对待祖国传统的优秀文化遗产尚有不够重视的情况，斗胆讲了一些自己的看法，曾引起罗公的注意，在会议结束时，他发表讲话，也提及了我，使我感到心头温暖。"②

---

① 钱伯城著：《问思集》，上海古籍出版社2001年版，第126页。
② 上海社会科学学会联合会主编：《罗竹风纪念文集》，上海辞书出版社1997年版，第172页。

在那样严峻、动荡的政治形势下，人心惶惶，罗竹风将心比心，设身处地为出版职工着想，实属难得。作为出版局代局长，他理所当然的工作重点还是在出版方面。罗竹风有着很强的角色意识，曾任上海辞书出版社编审的曹予庭，对此深有体会。他写了一篇《缅怀出版家罗竹风同志》的文章，全面概述了罗竹风做出版局代局长时领导上海出版事业蓬勃发展的情况，归纳起来有以下几个特点：

其一，罗竹风同志对抓出书工作是全力以赴的。他强调，做好出版工作必须坚持社会主义方向，必须按照多出书、出好书、形成规模，形成优势的方针开展工作，必须坚持质量第一。质量是图书的生命，应当通过抓选题计划，出书计划，图书审查和图书评论等工作，加强对图书出版工作的管理。

其二，选题是出版社工作的基础，选题情况的好坏，关系着出版物的品质和质量，是出版社工作思路、编辑思想优劣的体现，是出版社定位情况、学术水准的标志。出书工作是完成选题内容的实践过程，是出版社全部工作的最终体现。所以对这两项工作，除出版社必须高度重视外，出版局也应积极介入，参与工作。罗竹风总是每隔一两个月，就召开一次各出版社社长、总编和出版局有关处室负责人参加的选题计划、出版计划工作会议，讨论、研究、检查各社的年度工作和长远工作。这样的会，有时在局机关，有时在出版社。罗竹风要求不断做好对各个出版社的情况汇总分析，像选题结构，图书特点，专业优势、重点书系列书的比重，以及图书品种、印数，读者需求、反映等。据此提出意见建议，为出版局的宏观决策提供依据。

其三，创立一种好的工作作风，不能高高在上，成天泡在机关里，要多往下沉。对出版局的工作人员而言，出版社就是基层单位，到基层去就是到出版社去，了解情况，掌握信息，把握动态，在实践中加强对出书工作的管理，做好服务。罗竹风说到出版社不能只接触社长、总编辑，还要与图书编辑交朋友，有助于了解编辑的思想状况和工作甘苦，使我们与编辑的思想贴得更近，开展工作更有针对性。还要到书店、印刷厂，甚至包括图书馆、学校、企事业单位，全面了解图书的印刷、发行情况和读者对图书的反映，全方位总结经验，完善出版工作。

其四，罗竹风领导制定上海市出版系统的"出版八条"，加强对图书出版的管理和正确引导，对贯彻执行情况实行严格检查。凡有好书出版，就表扬鼓励，凡有内容错误或编校差错的图书，就对出版社的领导，包括编辑进行严厉批评。罗竹风还非常注重对已出版发行图书的总体评估，不能撒出去不管了。该禁止发行一定禁止发行，该召回的必须召回，不能让有问题的图书流散到社会上，造成不良的社会影响。罗竹风要求一定把内刊《上海出版工作》办好，使它成为本系统传达方针政策，加强内部自律，促进交流，良性互动的平台。

除上述四点之外，罗竹风格外强调图书的后续评论，在这方面他有丰富想象力和实践精神。出版局与《文汇报》合办了《图书评论》专刊，开一代书评之风气，带动了上海乃至全国的图书评论迅速发展起来。罗竹风认为图书评论不仅是对某一本书的介绍、评价，还是一种推广。报纸覆盖面广，影响力大，权威性强，容易得到读者的关注和认可。如此超前的图书推广意识，与罗竹风对图书和出版社的属性认知，有很大的关系。罗竹风没有提出图书是商品这一命题，而是坚持强调出版图书一定要体现思想性、知识性、科学性、稳定性。但是，罗竹风已经意识到了图书的特殊性，它既有不可放弃的社会效益，同时具有一般商品的基本特征。如，图书是物质产品，图书是劳动产品，重要的是通过新华书店出售给读者。从这方面理解，罗竹风再三强调图书评论、介绍、推广的重要性，其实就是为图书宣传做广告。

曹予庭说，在罗竹风的领导下，上海这个老出版基地，呈现出一派生机，出版了一大批在全国有影响的高质量、高品位的优秀图书。上海人民出版社的哲学、经济、党建、中国断代史、少数民族史和其他社会科学中级读物，在全国一直处于领先地位；上海人民美术出版社出版的连环画，出版量占全国总量的三分之一；上海科技出版社出版的一批学术专著，在科技界、高等院校、科研院所和读者中引起很大反响；少年儿童出版社推出的《十万个为什么》系列丛书，更是成为书中翘楚，不要说自己拥有一套，就是能够借到一册，一定是夜以继日把它读完，还要把一些实用性很强的段落摘抄下来，照着去做。①

一、一亿册《十万个为什么》

《十万个为什么》被定为中国青少年科普丛书，最早版本是1961

---

① 参见曹予庭：《缅怀出版家罗竹风同志》，载《罗竹风纪念文集》，上海辞书出版社1997年版，第165页。

年由少年儿童出版社出版的。

说到《十万个为什么》就不能不追本溯源。《十万个为什么》是苏联著名科普作家米·伊林于1929年出版的一本科普小册子，第一版只有简短的5万字。米·伊林的《十万个为什么》并非真的有十万个为什么这样的问题。在俄语中，"十万"是一个形容词，形容数量之多。这个有些夸张的书名其实更早的时候是出现在一首诗中："五千个在哪里，七千个怎么办，十万个为什么。"写这首诗的人叫约瑟夫·鲁德亚德·吉卜林，是一个我们不熟悉的一个苏联诗人。米·伊林读了这首诗之后，感觉"十万个为什么"很有诱惑力，于是就勾起了他用"十万个为什么"作书名写一本科普读物的欲望，本意是让读者顺着"十万个为什么"去寻找"七千个怎么办"，进而发现"五千个在哪里"。

米·伊林的《十万个为什么》在苏联出版后，立即引起阅读高潮，印数一再增加，很快出现了英译本、法译本、德译本。1934年，中国出版了三个不同书名的中译本，一本叫作《问题十万》，一本是《室内旅行记》，另一本的书名就叫《十万个为什么》，译者王纯才是中国第一代从事科普读物创作的作家中"最杰出的一位"。他的翻译达到了信、达、雅的高度，而且更加注重中国化。也就是这本与原书名一致的《十万个为什么》，瞬间成为中国读者最喜欢的翻译科普读物，1949年开明书店已经印到第10版，到1980年，中国青年出版社更是创纪录地第29次印刷。

这是苏本《十万个为什么》的前前后后。那么，《十万个为什么》为什么又有了少年儿童出版社的版本呢？在这个问题上没有人作过权威解释，但是肯定离不开当时的政治环境、社会需要、读者需求。政治环境是 1956 年中共中央发出"向科学进军"的号令，科技界欢欣鼓舞，高等院校、科研院所摩拳擦掌，作为生产精神食粮的出版界同样受到鼓舞。少年儿童出版社的编辑们，产生了出版一套适合少年儿童阅读的科技普及读物的想法，当时就有人提到了苏本的《十万个为什么》，何不仿照出版中国自己的《十万个为什么》。遗憾的是，这么一个好的建议，却被接二连三的政治运动"运动"黄了。1959 年，"大跃进"的乐章再次奏响，在"鼓足干劲，力争上游，多快好省地建设社会主义"总路线的指引下，少年儿童出版社的编辑们再次吹响集结号，提出多快好省地出版一套少年科普读物，中国版的《十万个为什么》再次被提上编辑日程。

恰巧这个时候，罗竹风开始了对过去两年上海出版系统工作的反思，其中就有对已经出版的图书质量和数量的检查。1958 年上海总共出书 8600 多种，多数是配合宣传总路线、"大跃进"、人民公社、三面红旗而速成的应景之作，是靠"剪刀加糨糊"汇编而成的。既没有坚持图书出版的"质量第一"、"质量是图书的生命"，更没有做到加强审读，对整体图书情况进行质量评估，违背了图书必须把社会效益放在首位的出版宗旨，造成大量的人力、物力浪费，纸张、印刷、发行成本陡增，图书积压严重。

罗竹风专门召开各出版社社长、总编辑会议，提出"出版工作是党的思想阵地，各种读物都应该强调质量。不能千方百计地提高书籍质量，不把质量放在第一位，就是没有完成党所交给我们的任务"。现在存在的问题是片面理解党的方针政策，对"百花齐放、百家争鸣"存在畏难情绪，不善于两条腿走路，一味地追求"快"，忽略了"好"。正是罗竹风的这个"好"字，打开了少年儿童出版社编辑们的思路。

根据罗竹风的要求安排，经过一段时间的走访、调查、研讨，编辑们逐渐确立了突破教科书和课堂教学框框的编辑思路，为《十万个为什么》定下基调。

少年儿童出版社原是团中央直属出版机构，根据中央统一部署，1958 年 7 月，少年儿童出版社移交给上海市出版局领导，这也给《十万个为什么》编辑出版工作带来体制上的利好。当时围绕书名是有很大争议的，毕竟王纯才翻译的苏本《十万个为什么》在先。后来在一个比较折中的解释之下，问题迎刃而解。那就是苏本的"十万"是虚指，只是用来形容"很多"，而我们即将编辑出版的《十万个为什么》，要力争用若干年的时间，真的做到"十万个"为什么。而且每个问题都以"为什么"开头，然后作出解答。

书名统一了，接下来就是规划选题，遴选作者，出版定位。罗竹风修订《辞海》的思路给《十万个为什么》提供了很好的借鉴。首先是不要出版单行本，要成套，像《辞海》的分册，只有成套了才能形成系列，而后陆续补充出版。再一个，虽然《十万个为什么》要脱开教科书和课堂教学的模式，但还不能完全隔断两者的关联，完全分散学生的阅读精力，应该做到若即若离、藕断丝连，起到互相启发、举一反三、触类旁通的效果，由一个"为什么"想到更多的"为什么"。1961 年《十万个为什么》初版就分了物理、化学、农业、生理卫生、天文气象五个分册，接着又增加了动物、数学、地质地理三个分册。到 1962 年底八册全部出齐，整套书共收了 1484 个"为什么"，105 万字，一版一印 530 多万册。如此庞大的少儿科普读物，在中国出版史上属于"前无古人"。

打开《十万个为什么》，首先映入眼帘的是"编者的话"，写得非常精彩，文思喷涌、妙笔生花，读来令人产生无限遐想。大概，这也是《十万个为什么》能够那么引人入胜的一个重要原因。

　　当你还没有打开这本书的时候，在你脑海里恐怕早已有了很多的为什么：为什么宇宙飞船能飞回地球？天空为什么是蓝色的？海水为什么也是蓝色的？为什么水不燃烧呢？煤燃烧后，到哪儿去啦？为什么馒头里有一个个小洞洞？向日葵为什么会跟着太阳转？果树为什么有大年和小年之分？……这些经常碰到的问题，看着很简单，可是要我们很清楚地回答出它们的道理，却又不是那么简单容易了。

　　这些为什么，有的是物理问题，有的是化学问题，有的是天文气象问题，有的是生物生理问题，……看起来都是日常生活、学习和劳动中常见的现象，但是它们却包含着物理、化学、天文、农业等各方面的基础知识和一些基本原理。我们不能小看这些为什么，应该多思考这些为什么的科学道理。在我国技术革新和技术革命运动中，不少工人叔叔往往正是从一些生活中常见的为什么，得到启发，而创造出奇迹。

　　为什么的问题很多很多，各门各类，五光十色。我们把它归纳为五类，因此这套书也就分五册出版：1.物理部分；2.化学部分；3.天文气象部分；4.农业部分；5.生理卫生部分。书中的每个题目，力求用通俗易懂的文字，把这些为什么的物理变化、化学变化和各门有关科学知识的基本定律和原理，作生动形象的说明。这里有引人入胜的故事，有趣的试验和一些耐人思考的难题。这些题目，不仅启发我们积极思考，大胆想象，更能巩固少年们在课堂上学得的知识，帮助少年朋友了解这些知识与我们的生产和生活有什么关系，又应该如何掌握这些知识，去探索大自然的奥妙，改造大自然，为我们的社会主义和共产主义服务。

我们请求这本书的读者：请把读了这本书的意见告诉我们，并把新的问题寄到我们编辑部来，让我们作进一步的补充修改，以便更好地满足大家的需要。①

1962 年 8 月，《十万个为什么》第 6 册地质矿物部分、第 7 册动物部分、第 8 册数学部分，开始出版发行，两个月之内连续三次加印，印数达到 17 万册。"增编说明"：《十万个为什么》在 1961 年已陆续出版了五个分册，这五个分册出版以后，受到广大读者的欢迎，编辑部收到大量来自全国各地的读者来信，要求继续编辑出版这五个分册所未能包括进去的科学问题。编辑部接受了读者热情的要求，决定在 1962 年继续编辑三个分册。

1962 年 3 月 21 日，《解放日报》发表社论，赞扬《十万个为什么》为丰富孩子们的课外知识作出了贡献。

第一版《十万个为什么》一经面世，需求量剧增，同时也出现了一些因为出版时间局促造成的不足、差错。根据罗竹风提出的"知错纠错"而制定的上海市出版系统"出版八条"规定，出版社开始对出现的问题一一纠正，剔除一些初版反映不好的"为什么"，充实内容，细化分册，提高质量。按学科门类出版数学一册，天文一册，气象一册，自然地理一册，物理两册，动物两册，植物两册，生理卫生两

---

① 《十万个为什么》"编者的话"，少年儿童出版社 1962 年版。

册。每册有 150 个到 200 个不等的"为什么"，全部 14 册共计 2003 个"为什么"。

第二版《十万个为什么》于 1964 年正式发行。这个新的版本内容充实丰富了不少，学科分类更为系统明晰。为此，1964 年 11 月 1 日，《人民日报》发表《充分发挥主动精神，坚决执行群众路线——〈十万个为什么〉是编辑工作革命化的成果》的长篇文章，把《十万个为什么》的出版意义，提升为"主动精神"和"群众路线"的高度。同年 12 月 22 日，时任团中央第一书记的胡耀邦在共青团各省市书记会议上，号召团干部阅读《十万个为什么》，并由团中央赠送与会者人手一套。

《人民日报》的这篇文章，不仅是对《十万个为什么》的表扬，其实更是对当时整个出版工作的分析和肯定。"几年来，上海少年儿童出版社的编辑人员跨出办公室，大搞调查研究，从群众中搜集选题，又到群众中去广泛征求意见，反复修改，终于出版了这套受到普遍欢迎的少年儿童自然科学知识读物。现根据读者需求，正进一步做全面修订。"[1] 文章分五个方面对这套受到普遍欢迎的读物，进行分析总结，对出版界的工作有很大的启迪和促进作用。第一部分，一部好书："这套书以它丰富、广泛、新鲜、生动有趣的科学知识吸引了成千上万的读者。到今年（1964 年）4 月止，《十万个为什么》已发行了五百八十多万册，约七十三万套。已有朝鲜文、维吾尔文、哈萨克文、蒙古文等兄弟民族文字的译本出版，还出版了盲文版。《十万个为什么》汇成了一条知识长河，在千万个读者中源源不断地流着、流

---

① 《充分发挥主动精神，坚决执行群众路线——〈十万个为什么〉是编辑工作革命化的成果》，载《人民日报》1964 年 11 月 1 日，第 3 版。

着……。滴水汇成了江河，无数人的智慧集成了《十万个为什么》，这是出版工作中的一场革命的结果。"

第二部分，走出编辑室："编辑人员到读者中去调查，发现有许多出版好几年的知识性译文书，读者根本不看。出版社'给'的东西，读者'不要'，这一矛盾的发现，使编辑人员的思想触动很大。走了这段弯路的主要教训是，缺乏调查研究，从主观愿望出发，把读者忘掉了，收集的问题不是真正来自读者。正在这时，领导上提出了提高出版物质量的要求，号召大家力争出版各种好书。小读者需要什么呢？孩子们对哪些知识感兴趣？少年儿童在学习和生活中经常碰到哪些问题？从1960年秋季起，一鼓作气，大搞调查研究工作。到读者中去，仿佛进入了一座万宝山。到群众中去调查，正像吃甘蔗从梢头啃到老头，越吃越甜。走出编辑室，虚心求教于群众，他们经历了从不习惯到习惯的过程，这是一个巨大的变化。"

第三部分，组织大协作："请哪些人写这套书这也是编辑走出编辑室以后才逐渐找到答案的。《十万个为什么》可以说是社会大协作的结果，编辑是大协作的组织者。起初，编辑人员对自力更生，搞出高质量的好书信心不足，关着门摸呀摸，似乎通向高质量的道路远在天边，后来走到群众中去大搞调查研究，大搞作者工作，渐渐感到这条路近在眼前。好书就是从群众路线走出来的。"

第四部分，出书又练人："《十万个为什么》的编辑经过了三年多时间的探索，不仅出版了一套深受读者欢迎的好书，而且发掘和团结了一大批新作者。在这同时，编辑本身的思想认识和业务知识也都有了较大的提高。通过这套书的出版，编辑的组织能力大大提高了，有的编辑过去编重点书很胆怯，现在信心足了。"

第五部分，不断革命："根据读者的需要正在进行全面的修订，准备把内容生僻的、深奥的、意义不大的都删去，文字写得不生动的重新编写。要做到内容更加丰富多样，知识性方面有可靠的文献或科学实验作为依据，题目的排列要严密系统。文字活泼生动，通俗有趣。"

《十万个为什么》第二版出版之后，还未来得及拿出新版的补充方案，少年儿童出版社就被卷入到"文化大革命"的风暴之中，被并入上海人民出版社，还像对《辞海》一样组织了一个班子，对《十万个为什么》进行从头到尾的修正。1970年到1978年，上海人民出版社陆续出版了《十万个为什么》（"文革"版）21分册，其中1—14册为黄色封面，15—21册是蓝色封面。这是一个各种标识非常混乱的版本，内页刊有"文革"中标志性的毛主席语录，出到最后一册时，政治形势大变，毛主席语录不再刊出。1977年底，少年儿童出版社又从上海人民出版社分离，后来的18—21册改归少年儿童出版社出版。

1980年，《十万个为什么》开始第三次大修订，并陆续推出第四版。这样的节奏，与罗竹风正在全力推进的《辞海》1979年版，十分相像。第四版肯定了1961年的版本，否定了"文革"版的所谓修订工作，以1964年版的规模和特色为基础，保持内容通俗易懂、文字生动活泼、故事引人入胜的风格。仍为14分册，共计1919个问题，1981年10月出齐。第四版无论封面设计、插图、版式设计，以及"为什么"的设置，与第二版如出一辙，带有明显的第二版的痕迹。此后到1990年，又出版了10个分册的"续编本"，与之前的14分册合并成为24册的《十万个为什么》，"为什么"达到了3007个。经过近三十年的摸索，《十万个为什么》在 1999 年出版了"新世纪版"，按排序也称"第五版"。"新世纪版"对前四个版本进行了比较大的改动，增加了更多的新科技、新技术、新理念引领下的符合时代特征的"为什么"。共分 12 个分册，收入 2460 个问题，各分册的篇目三分之一为保留篇目，三分之二为改写或新的篇目。

2013 年 8 月 13 日，随着《十万个为什么》第六版首发式在上海举行，走过五十多年不平凡之路，带着几代读者的热爱，累计发行量超过亿册之多，成为中国原创科普图书第一品牌的《十万个为什么》，进入了一个全新的科技发展的时代。虽然全书 600 万字 18 分卷，8000 多幅彩色图片，收入 4500 个代表科技发展前沿和青少年关心的热点问题，共有 3438 个"为什么"得到解答。但是，离最初设计的做到名副其实的《十万个为什么》相差甚远。路漫漫其修远兮。互联网时代或许能将这个问题变得简单些，十万乃至二十万个"为什么"都会在短时间内得到答案。

这是《十万个为什么》五十多年的一个发展简史。

一套丛书拥有上亿读者的奇迹或许很难再现，但是，那些与《十万个为什么》有关的故事，却不会因此而消失。相反，随着时光的推移愈显珍贵，历久弥新。随手打开第一版《十万个为什么》，其中的问题至今仍然十分有趣，有实用性，甚至有难度。如"橡胶轮胎上，为什么要刻上花纹？""田里不用播种，那么多的杂草哪里来？""为什么月到中秋分外明？"这些看起来简单的问题，五十多年前的《十万个为什么》就已经告诉读者了，今天有多少人可以圆满作答？从这个角度讲，《十万个为什么》永远不会退出历史舞台。

罗竹风还主编了一套《十万个为什么》的社会科学版，共分文

学、历史、民俗文化、法律、哲学、艺术六个分册。除了文学分册是
1993 年出版发行之外，其他五个分册都是在 1997 年出版发行的，而
此时，罗竹风已经去世一年多了。罗竹风在世的时候，没能看到全部
六个分册的《十万个为什么》社会科学版。从各分册的主编人选可以
看出，《十万个为什么》社会科学版的编写队伍也是水平非常高的，
比如邓云乡、吴泽、陈从周等，在各自的领域都颇有建树。

　　《十万个为什么》社会科学版的"编者前言"对这套书作了简要
说明。少年儿童出版社在编辑出版《十万个为什么》自然科学版的同
时，就曾计划编辑《十万个为什么》社会科学版，以期与自然科学版
配套。但在"文化大革命"前，由于"左"的思潮的干扰，此项计划
未能完成。

　　"文化大革命"结束以后，尤其是在改革开放的新形势下，人们
的思想、观念在不断地改变和更新，青少年们的思想也日趋活跃，他
们对社会知识的渴求也越来越强烈。因此，少年儿童出版社决定组织
力量完成《十万个为什么》社会科学版的编写工作。

　　本套书拟先编文学、艺术、历史、哲学、法律和民族文化六册为
一套，以后再逐步补充其他学科和新的分册。

　　编写本书的宗旨，在于为少年儿童出版社始终如一的读者对
象——小学生、高年级和初中的少年朋友们提供一份精美、有益的精
神食粮。由此，本套书的编写希望尽力做到思想性、趣味性、通俗性
和科学性兼备，这也是这套书区别于其他同类书籍的特点。

　　《十万个为什么》社会科学版每分册有 110 多个问题，涵盖古今
中外相关的知识话题，采取与《十万个为什么》自然科学版相同的问
答形式，具有很强的知识性和故事性，读来兴趣盎然。将原本比较难

以理解的问题通俗化和口语化，易懂易记，出版之后深受小读者的欢迎，每册平均印数都在 2.5 万册以上，起到了很好的社会科学普及作用。

从《十万个为什么》自然科学版到社会科学版，罗竹风从决策者到主编者，显现出一个出版家一以贯之的精神追求和专业素养。

二、《中华文史论丛》长寿基因

上海是近现代中国出版业的发源地，1843 年（清道光二十三年）开埠，随后就有大量英美的印书馆进入。1905 年成立了以出版雕版书、石印书，以及翻印古书为主的书坊同业组织上海书业公所，同年又建立了以出版新书为主的书店同业组织上海书业商会，形成了上海的出版界。1949 年 10 月之前，上海出版机构有 250 多家，之后从 1951 年开始，根据国家关于出版分工专业化的决定，对各出版社进行细化，同时又组建了新的出版社。罗竹风到上海市出版局工作之后，开始对出版发行体制进行了新一轮的调整、组建和分解，1958 年建立中华书局上海编辑所、辞海编辑所。同年，国家卫生部将上海卫生出版社移交上海市出版局领导，由新知识出版社和上海教育图片出版社合并组建上海教育出版社，成立展望周刊社。接着，上海科学普及出版社和上海卫生出版社并入上海科学技术出版社，上海财经出版社筹备处并入上海人民出版社。与此同时，原属团中央的少年儿童出版社移交上海市出版局领导。经过调整，截止到 1958 年 8 月，从原有 13 家出版社合并为 7 家，书店合并为 3 家。

在印刷和发行体制上，罗竹风也进行有针对性的改革。1959年9月，上海出版学校（四年制中等专科学校）开学，罗竹风兼任校长，为上海的出版、印刷、发行界培养技术人才。上海出版印刷公司、上海印刷技术研究所成立，从人才和技术上保证了图书印刷、出版、发行正常渠道的畅通有序。

调整、重组给各出版社带来活力。一批影响至今的刊物陆续创刊。1958年6月，上海人民美术出版社创刊《东风》画刊；上海人民出版社出版理论刊物《解放》半月刊；1959年10月，上海文艺出版社创刊《上海戏剧》月刊；1960年2月，中华书局上海编辑所开始出版发行《中华活叶文选》，1962年编辑出版《中华文史论丛》。

在这期间，一批好书陆续奉献给读者，除了前面已经提到的《十万个为什么》，还有上海人民美术出版社出版的连环画《西汉演义》20册，当年出齐；《三国演义》60册，1963年9月全部出齐；以及连环画《山乡巨变》。上海人民出版社出版了《中国近代史资料丛刊》、《中国共产党历史简编》、《中国货币史》、《洋务运动》（8册）。新文艺出版社影印了20世纪30年代的13种现代文学期刊，辞海编辑所编辑出版了《学文化词典》。上海美术出版社还出版了《鲁迅诗稿》手迹、《八大山人画集》、《石涛画集》、《关山月画集》、《吴昌硕画集》、《任伯年群仙祝寿图》、《长征画集》、《上海博物馆藏画》等。在1959年莱比锡国际书籍艺术展览会上，《上海博物馆藏画》、《中国货币史》、《梁山伯与祝英台说唱集》等沪版书籍获奖。那时出版的名人画集和连环画已经成为现今藏家不惜重金收购的新兴品类，一书难求。

1958年底，罗竹风在上海市出版局工作会议上，就保证图书质量和选题计划提出着重抓几个环节，其中一个环节就是"制定年度选题计划和长远选题规划。既为1959年着想，也要为今后几年打算"。他认为，选题计划是出版工作的"龙头"，龙头先行，可以带动全盘。几年来的经验证明，出版社只有年度选题还是不行的，年吃年用，缺乏储备，往往造成"等米下锅"的紧张局势。要克服这种年年"春荒"的状况，出版社应该从大处远处设想，迅速制订长期选题计划，早着手组稿，使作者有比较充分的时间写作。这样，1959年和1960年，一步一步地积累起来，以后就不至于临时抱佛脚了。

正是在这种背景之下，1962年初，罗竹风主持制订了"1962—1972年上海出版工作十年规划"。根据这个规划，中华书局上海编辑所在1962年2月份，召开了自1959年就开始议论、筹备、创刊的《中华文史论丛》座谈会。上海文史大家悉数出席，周谷城、罗竹风、刘大杰、陈虞孙、周予同、马茂元、朱东润、郭绍虞、赵景深、胡云冀、傅东华、魏金枝、王运熙、顾廷龙，还有来自山东大学的文史专家关德栋。关于《中华文史论丛》的创刊，曾担任创刊时期编辑工作的钱伯城有很详细的描述。他说，创办这本侧重文史考证以及资料积累的刊物，这主意肯定是上面来的。政治空气无论如何宽松，出版社也不可能自作主张出版这么一本"厚古薄今"的刊物。那时，常有通过一层层领导传递一些上面的精神和口头指示，如刘大杰的《中国文学发展史》在20世纪50年代得以重印，就是因为有了周扬的话。因此，《中华文史论丛》的创刊想必也是大有来头。当时，上海市出版局代局长罗竹风积极参与并指导这个刊物的筹建，主持召开学者座谈会，征求意见。罗竹风说，要把老先生们藏在箱子底的文章挖掘出来，一些老学者正期望有一个发表考据文章的地方，自然十分欢迎。

《中华文史论丛》创刊号刊于 1962 年 8 月出版，初印 3000 册，10 月再次加印了 3000 册。

这是一本学术性很强的文史刊物，从其"编例"可以看出，这不是面向一般读者的普及性刊物。为什么创办一份这样不定期的丛刊呢？"编例"解释，我国学术研究工作正在蓬勃开展，不少人在从事文史研究和著述，有发表和交流研究成果的要求，同时大家也渴望我们提供一些可供参考的论著和资料。其目的在于联系研究文史、整理古籍的专家学者，交流心得创见，以推动我国文化遗产的整理研究、批判继承工作，为百花齐放、百家争鸣尽"绵薄之力"。《中华文史论丛》以刊登研究我国古代、近代历史，以及古典文学、古籍整理研究论著为主，提倡踏实朴素、深入钻研的学术风气，资料与观点相结合的研究方法；提倡勇于提出心得、创见；提倡虚心讨论问题、坚持真理的态度，以及准确、鲜明、简练、流畅的文字风格。

第一辑《中华文史论丛》的作者阵容强大，李平心、杨宽、蒙文通、蒋天枢、陈子展、汤志钧、俞平伯、吴泽、唐长孺，悉数在列；内容涉猎广泛，既有卜辞金文，又有楚辞六经的释义，更有短小精悍的小品文。当时确定《中华文史论丛》每年不定期出版三到四期。1965 年 8 月第六辑出版之后，因为次年的"文化大革命"而不得不中断。前六辑，每辑发行量至少 3000 册，最多的达到了 6000 册，受到文史研究者的欢迎。

几乎同时，由《新建设》杂志编辑、中华书局出版的《文史》第一辑在北京出版发行，《历史研究》在同期介绍了《中华文史论丛》和《文史》的创刊情况。对《文史》的介绍是专门辑印研究古代和近代历史、哲学、文学和语言文字等方面的学术论著。举凡以史事、考据或资料为主的专题研究、古籍的笺释训诂、稀见资料的辑集整理，以及有关版本、目录、校勘、训诂等方面的研究，只要言之成理，持之有据，不拘文章体裁和文体字数，均将收入。

《中华文史论丛》和《文史》南北遥相呼应，在全国专家和研究工作者的支持爱护下，为学术界开辟了一块新的园地。

就在《中华文史论丛》第七辑编辑完毕并已经发排，清样也出来的时候，1966 年 5 月 25 日，中华书局上海编辑所主动向上海市出版局提出暂停出版的请示报告。报告写道："我所编辑的《中华文史论丛》第七辑原稿早于去年发排，现已打出清样。鉴于当前社会主义文化革命的深入发展，我们研究拟先付型，暂不出版。"《中华文史论丛》的出版中断了。

谁也没想到这一中断就是十二年的时间，直到 1976 年底罗竹风被分配到上海人民出版社古籍组做编辑工作，《中华文史论丛》才得以复刊。复刊之前，罗竹风提议像创刊之前那样，开一个专家学者座谈会。此时，罗竹风虽然只是一名普通编辑，但毕竟资望深厚，座谈会按他的提议如期召开了。曾经参加《中华文史论丛》创刊座谈会的周谷城、顾廷龙、郭绍虞、朱东润、王运熙、赵景深、吴文祺、魏建猷、谭其骧等人纷纷莅临。还有吴泽、徐震谔、蔡尚思、徐中玉、张世禄、徐仑、陈子展、李培南等著名学者。原中华书局上海编辑所于 1978 年 1 月 1 日更名为上海古籍出版社，罗竹风作为被邀约的审稿编辑人员出席座谈会。

与会者多数已达高龄，有的十几年没有发表文章论著了，他们无不心情振奋，畅所欲言。这些发言是一个时代变迁的声音，不尚空谈，针对性强，对《中华文史论丛》的复刊很有建设意义。

周谷城说："《中华文史论丛》的复刊，我是最欢迎的。我相信学术界，尤其是我们这些搞文学和历史的，无不双手欢迎。在座各位都是我的老朋友，有许多同志十多年不见了，今天欢聚一堂，为此我很高兴，但是也有很多感触。要尊重专业，要百花齐放、百家争鸣，还要古为今用。我们办《中华文史论丛》当然离不开古人的东西。我们要从研究古人的东西中得出正确的结论，以说明文史本身发展的必然趋势。"

顾廷龙说："今天为《中华文史论丛》复刊召开的座谈会，我能参加，感到非常高兴。记得 1962 年参加过筹备创刊的会议，因此更感亲切。这个刊物推动了我国文化遗产的整理研究，是一个为文史哲工作者喜爱的读物。我希望刊物不拘一格，做到不拘题材，不拘形式，不拘文体，不拘字数。学术研究首先要积累资料和辨析资料，要大量占有资料，才能很好地从事研究。"

他们的发言看上去寥寥数语，却是这些老一代文史研究大家的心声，在百废待兴之时，《中华文史论丛》能够适时复刊，是对他们最好的精神抚慰。复刊号把每位参加座谈会专家学者的发言，刊发在了《中华文史论丛》的前面，既为刊物压住了阵脚，也让更多的文史研究者和读者分享了复刊的喜悦。复刊号还刊登了顾颉刚、周谷城、金景芳、王元化、谭其骧、郭绍虞、朱东润等人的文章，以及阿英、陈寅恪的遗作。作者阵容与 1962 年创刊号可以说旗鼓相当，令人振奋。

罗竹风参与编辑的复刊号"编者的话"指出，《中华文史论丛》坚决贯彻和执行"双百"方针，在文史领域内提供"放"和"争"的园地。学术上的各种观点和问题，必须通过充分的讨论，在互相促进中才能得到发展和解决。本刊提倡解放思想，提倡勇于"放"、勇于"争"，坚持实事求是的优良学风。文章不拘一格，只要是言之有物、有所创见的长短论文、考证答辩、读书札记或资料钩沉等等，都可发表。办《论丛》就是要依靠新老文史研究工作者队伍，为他们提供发表文章的园地，同时发现人才、扶植人才，使之很快发展壮大起来。

复旦大学中文系主任朱东润被聘请为复刊后《中华文史论丛》主编，这是一位在学术界有着崇高地位的学者，被誉为著名传记文学家、文艺批评家、文学史家、教育家，还是著名书法家。著有《陆游传》、《梅尧臣传》、《李方舟传》、《张居正大传》等古代名人传记，以及《中国文学批评史大纲》。在《中华文史论丛》复刊座谈会上，他反驳了文史不是科学的说法，认为文史是社会科学，与自然科学和应用科学同样是科学。在这点上，罗竹风与朱东润的观点相符，1978年7月复刊号出版之后，紧接着在两个月之后推出第八辑，此时，罗竹风受聘与朱润东、李俊民一起担任《中华文史论丛》主编。

罗竹风对《中华文史论丛》稿件的把关是相当严格的，曾经与他一起编纂《辞海》和《汉语大词典》的上海语文学会副会长张㧑之，回忆亲身经历的一件事："罗老是《中华文史论丛》的主编之一，经常在上海古籍出版社审稿。有一次，我把我的业师金德建先生的《经今古文字考》稿送给罗老，请他审阅，看可不可以采用。过了一段时间，他约我去，诚恳地对我说，这是一部踏踏实实做学问的文稿，可惜太长，又不便删，讲儒家经学的今文、古文问题的，读者面太窄，《论丛》刊登不了。他把原稿退给我，我拿回家一看，罗老在稿件上用铅笔画了许多记号，有的地方还核对了原书，并写了好几百字很中肯的审稿意见。我非常敬佩罗老的认真和博学。"① 同时，罗竹风又十分善于鼓励和挖掘新人的作品，帮着他们修改发表。上海社联的武克全和同学写了一篇重新评价光绪皇帝的文章，当时像他们那样比较年轻的学者要发表一篇学术文章是很难的。武克全抱着试试的态度，请罗竹风审稿并推荐到《中华文史论丛》发表。没过多久，看了稿子的罗竹风对武克全说，文章不错，再改得丰满点更好，可以在《论丛》发表。后来经过修改，稿子在《论丛》上发表了。

1979 年《中华文史论丛》第二辑刊登了在大陆文化界被批了近三十年的胡适遗著，在中国学术界引起了极大轰动，而文章发表的拍板人就是罗竹风。《顾廷龙年谱》中有段话："1979 年春，上海《中华文史论丛》编辑郭群一见先生藏有'胡适之先生《水经注》论著附手札'一束，以为有学术价值，并言于罗竹风、李俊民先生，为真正贯彻双百方针起见，决定于《论丛》1979 年第二辑发表。"顾廷龙曾任上海图书馆馆长，为我国图书馆事业发展作出了重大贡献，是著名图书版本目录学专家。

《中华文史论丛》编辑郭群一说："事情的经过是这样的，有一次，我去拜访顾廷龙，谈话间，顾廷龙突然用激将法询问我，敢不敢发表一批胡适的文章？我感到兹事体大，立即向当时分管《论丛》工作的罗竹风汇报。罗竹风表示认可，并当即向中共上海市委宣传部请示，经洪泽部长批示'同意'后，立即加以整理出版。"

胡适文章在大陆公开发表，这在 1949 年之后还是第一次，在海

① 上海社会科学联合会主编：《罗竹风纪念文集》，上海辞书出版社 1997 年版，第318 页。

内外学术界引起极大反响。1979 年 7 月 16 日,《文汇报》以《胡适遗著发表引起学术界关注》为题,发表了一篇由郭群一执笔的评论。许多学者认为,发表胡适研究《水经注》的文章,不因人废言,划清政治与学术的界限,有利于开展百家争鸣。

1980 年,英国专门研究中国技术史的专家李约瑟博士 80 周岁。中国人对于李约瑟博士并不陌生,他的著作《中国的科学与发明》(即《中国科学技术史》) 1954 年出版之后,在中外读者中都有非常大的影响,是现代中西文化交流的重要成果。李约瑟博士关于中国科技停滞不前的思考,即著名的"李约瑟难题",引起世界各国科学家和社会学家的高度关注和热烈讨论。他对中国文化和科技的思考、研究作出了重要贡献,曾受到毛泽东、周恩来等中国领导人的热情接待,是中国人民的老朋友。李约瑟博士 70 岁生日的那年,英国和美国都为他出版了纪念论文集。到了 80 岁这年,李约瑟博士在中国的一些老朋友,像同济大学校长李国豪等人,起意为他出版一本国际纪念论文集,只是找不到出版社承担这个工作。科技史学家胡道静与李约瑟博士交往多年,有很深厚的友情,也参与了这件事的策划,于是他去找老领导罗竹风。当时上级主管部门已经明确由罗竹风负责《中华文史论丛》稿件的终审,他对胡道静的建议非常支持,认为李约瑟博士对中国的文化、科技史的传播贡献卓著,出版一部文集是非常有必要的。罗竹风当即出了一个主意,提请《中华文史论丛》为李约瑟博士出一期特刊,作为纪念,由李国豪任主编,胡道静为执行责任编辑。就这样,在罗竹风的建议和策划下,这本集子的国际版于 1982 年出版,中文版于 1984 年出版,其中包含了 11 个国家和地区的科学史专家撰写的论文 30 多篇。李约瑟博士看到这本纪念文集后,欣喜万分,认为这是自《明史》列《利玛窦传》以后中国人对西方学者所表示的极大尊重。

胡道静不无感慨地说："须知我们国家之所以能对李老博士作出如此尊敬的表示，完全是因为罗公的支持，是贯彻罗公出版思想的结果。倘非如此，一切都谈不到。"①

编辑完第九辑，罗竹风就以《辞海》副主编的身份离开了他参与创刊、复刊的《中华文史论丛》。但是，离开《中华文史论丛》的罗竹风依然记挂着这份尚在爬坡的刊物。1980年，他在《上海出版工作》第11期发表了《对〈中华文史论丛〉提几点意见》的文章：

《中华文史论丛》复刊后支撑到现在，以极少的人力取得了相当不坏的效果，我认为这是难能可贵的。回顾以往，展望未来，我个人有几点意见，仅供参考：

一、编辑部门亟须加强，单就审阅来稿而言，就要花费几乎现有全部力量，何况工作量还不止于此呢。

二、《论丛》除1979年春天曾去北京有计划地组过一次稿以外，几乎全是"守株待兔"状态，就稿论稿，别无选择余地。即使有了比较明确的编辑方针，也难以贯彻。例如，考证的文章过多，有分量的"文论"文章很少，至于对推动全国文史讨论，引起学术界注目的文章，几乎绝无仅有。要解决这个问题，进一步提高刊物的学术理论水平，需要花很大的力气。而其中首要一环，是配备几个得力的编辑干部，定时外出组稿，参加全国性的

---

① 上海社会科学学会联合会主编：《罗竹风纪念文集》，上海辞书出版社1997年版，第171页。

有关学术会议，借以开阔眼界，加强同学术界的联系。

三、出版社首先是学术团体，其次才谈得上是企业单位。因此不能用一般性的"生意经"来办出版社，如果对这个问题1979年还不明确，那是情有可原的。但1980年开过出版座谈会以后，对出版社的利润问题，无论是王任重同志、乔木同志，或者是陈翰伯同志，已经确切不移地阐述清楚了，出版社有章可循，不应重蹈覆辙。《中华文史论丛》应考虑有一批专门作者队伍（老、中、青）团结在它的周围，经常通气联系。不要过于在赠样书问题上"打小算盘"，以免故步自封，闭塞视听。

四、可否开辟一个"文史论坛"，就当前学术界感兴趣或着重争论的问题，有计划、有重点地邀请一些学者"笔谈"。当然平时要掌握学术界的动态，看得准，抓得及时，这样必将有助于《论丛》出现一点生动活泼的新气象。过去有两辑曾经这样做过，一般反映良好。这类"笔谈"，要求开门见山，短小精悍，切忌皮厚水分多，言之无物，或人云亦云，尽说些套话和空话。例如农民战争的重新估价问题、中国封建社会的特性问题、历史上的文字狱、宦官外戚、皇帝论等，都不妨加以探索。

五、《论丛》宜于国际文化交流，对香港、台湾以至外国，都可以有目的地约请知名之士写文章。美国的费正清教授、英国的李约瑟博士，如果能为《论丛》写专稿，必将引起全国学术界的重视。当然，仍然要坚持质量第一，不能滥竽充数。必要时《论丛》可以去香港一趟，约请香港大学、中文大学及其他方面研究中国古代的学者们开开座谈会，深入地了解那里学术界的情况，结交一些新朋友，约他们写一批稿子，并保持今后的联系，这已经提到我们的议事议程上来了。①

作为一份小众刊物，在周谷城看来，这本《论丛》能发行 3000 册就不错了，没想到竟然一度冲高到了 6000 册。罗竹风为《中华文史论丛》提的几点意见，既是他在工作实践中遇到的实际问题，也是他对这份刊物未来的思考。《中华文史论丛》此后数年的发展也证明了罗竹风提的"几点意见"，既有高屋建瓴之眼界，又有高瞻远瞩之眼光。《中华文史论丛》一度在 20 世纪八九十年代前后"败给了市场经济"，其实是败给了当时的办刊思路和行为方式，1987 年不得不由季刊改为不定期的丛刊。

《中华文史论丛》编辑蒋维崧这样描述："在复刊的最初几年（约 1978—1987 年）中，《论丛》犹如积蓄多年一朝喷发火山一样，发表了大量有见地的好文章，迅速重新赢得学术界的称赞。这在客观上是因为禁锢思想的坚冰打破了，百家争鸣的氛围重又出现，学者又能自主思考，平等发言；主观上是由于富有战略眼光的钱伯城先生重主其事，积极策划选题，发掘稿源，慎重编审的缘故。然而经济运行又有本身的发展逻辑，在越来越走向市场化的时代，当《论丛》的依托母体——上海古籍出版社受出版大气候影响举步维艰时，《论丛》自然也陷入困境。1987 年—1997 年，《论丛》只能不定期出版，有几年甚至每年只能出版一二辑。自 1999 年始，因有二编室主任张晓敏的强力参与，2000 年始统一版式与定价，每年准时出版四辑，每辑 20 万字，以书代刊，一度局部地挽回了《论丛》的声誉。可是数年后，张

---

① 罗竹风：《对〈中华文史论丛〉提几点意见》，载《上海出版工作》1980 年第 11 期。

晓敏（已任副社长兼副总编）不再分管《论丛》，《论丛》所刊文章论题渐趋狭窄，亮点不多，学界渐有微词。"①

幸亏《中华文史论丛》有着强大的长寿基因，在其濒临再次停刊的关键时刻，《中华文史论丛》顺应时势，提出改刊救刊，于2006年从第81辑开始再次恢复刊号出版，又回到了正轨。《中华文史论丛》的嬗变是经济大潮下众多传统文化事业的缩影。罗竹风的"几点意见"对于《中华文史论丛》的生命力延续有正确的研判，起到警示作用。

2010年第4期，正值《中华文史论丛》总第100期出版，"本刊编辑部"发表《百期感言致读者》，主要讲了四点：

（1）从1962年创刊起，历经四十九年——近半个世纪数代作者与编辑的辛勤耕耘，《论丛》终于在国内以至国际学术界有了一定的知名度与影响力。近五十年间的一百期，《论丛》刊发了大量高水平的传统文化研究论文。（2）本刊编辑部以及主办方上海古籍出版社的全体同仁藉此际遇，向所有关心、支持本刊工作的读者和作者，向负责研讨本刊办刊方针大计并承担组稿、审稿任务的编辑委员会的专家学者，致以真挚的谢忱与深切的敬意。（3）一份优秀的学术期刊与读者、作者之间有良性的依存与互动关系。编辑出版学术期刊的核心价值在于与读者分享作者的学术成果，促进知识与见解的传播，最终达到提升人类文明水平的目的。（4）一百期是一个新的起点，"含章光后烈，继武嗣前

① 蒋维崧：《〈中华文史论丛〉改刊回忆》，载《中华读书报》2016年10月12日，第14版。

雄"，本刊编辑部继续勤勉从事，悬鞭自警。愿以更扎实的工作成果回报读者与作者的关爱，更好地向世界学林展示本刊作者探索真谛的身影与取得成就的风采。①

截止到 2017 年底，《中华文史论丛》已出版 128 辑，另有增刊《太平天国史料专辑》、《忘山庐日记》（上、下）、《艺风堂友朋书札》、《宋史研究论文集》、《语言文字研究专辑》等，蔚为大观。

三、灵活便捷《中华活叶文选》

1959 年 12 月 6 日，中华书局上海编辑所在锦江饭店 11 楼 1 号会议室召开《中华文史论丛》、《中华活叶文选》、《古典文学基本知识丛书》征求专家意见的座谈会。出席座谈会的专家学者共 29 人，分别是李平心、王知伊、徐群法、王运熙、万云骏、赵景深、瞿蜕园、刘大杰、魏金枝、吴杰、胡云冀、陈守实、杨宽、马茂元、魏建猷、朱东润、郭绍虞、傅东华、蒋孔阳、吴文祺、周谷城、束世澂、谭其骧、张荑荪、周予同、陆树斋。罗竹风既是专家学者，又是上海市出版局的领导，以双重身份出席座谈会，只听不说。

座谈会有中华书局上海编辑所主任金兆梓主持，他首先发言，把座谈会的内容告诉与会专家："今天请各位先生来，向各位讨教三个方面工作的意见。这三个工作就是《中华活叶文选》、《古典文学

---

① 本刊编辑部：《百期感言致读者》，载《中华文史论丛》2010 年第 4 期。

基本知识丛书》及《中华文史论丛》（不定期刊物）的编辑出版事宜。"接着，副主任陈向平把大体设想说了一遍："《活叶文选》的读者对象，初步打算是广大干部和知识青年、大学生。整理的方式，分段、标点、注释，并加以说明，发行方面已经得到新华书店的大力支持。《中华文史论丛》打算刊载一些报章上所不能容纳的文史研究论著，以推动学术研究工作。如何着手、读者对象、版式大小、论著与资料的比重等等，希望听到大家的意见。《古典文学基本知识丛书》，希望能够以马列主义的观点、立场、方法和毛主席的文艺思想作为指导，介绍古典文学基本常识。"因为是三个工作重点专题，又是近三十位专家学者，每人每题虽然说不了多少话，意见建议就已经极为丰富了。座谈会从上午八点半一直开到下午两点多，气氛热烈，发言踊跃。三个策划主题，从内容分类到读者对象，再从版式设计到论著与资料的比例，一一厘清，思路明了，方案有了，可以付诸实施了。

因为一个座谈会议出三个精品选题，"一门三英"的说法由此而来。《中华文史论丛》前文已有述，其实最早付诸实践的是《中华活叶文选》。根据当事人回忆，出版《中华活叶文选》的建议是由复旦大学中文系教授赵景深提出的。赵景深在 1949 年以前，曾长期担任上海北新书局的总编辑，主持编辑出版了当时著名的《北新活叶文选》，以其灵活多样的出版形式，赢得了读者的欢迎。1960 年，单册《中华活叶文选》出版发行，其基本式样与赵景深主持编辑出版的《北新活叶文选》相似，尤其是 1962 年开始出版的《中华活叶文选》合订本，更与《北新活叶文选》有异曲同工之妙。

《中华活叶文选》由傅元恺、金性尧、于在春编选，余冠英、马茂元、沈起炜、顾易生、瞿蜕园等人注释。每期选择十篇左右的古文，或全文或节选，由上述几位学者加以注释，深入浅出，通俗易懂，每册定价 3 分钱。

编辑江建忠有一篇关于《中华活叶文选》的回忆，他说《文选》对注释者的选择，也是有其特定性的："主要作者大致框定在本市（上海）高校的文史哲教员（诸如复旦大学、华东师大、上海师院），以及市内著名的文史研究耆宿。另外，文史研究水平高而又与上海近邻的南京大学、南京师院等高校的教师学者，也属于主要作者。"

无论来自哪里，无论是选编者还是注释者，他们都是文史研究领域的高手。傅元恺是著名作家，学有专长，在古典文学研究方面成绩斐然。1955 年，他从上海市统战部领导岗位退下来，调至文化出版社做编辑。1957 年，他被打成"右派"，调至中华书局上海编辑所，参加《中华活叶文选》的选编工作。他全身心地投入到这个"古为今用"的工程之中，结合当时的实际，认真选定篇目并积极组织名家译注。同时，傅元恺自己也参与写稿和注释工作，撰文不下三四十篇。金性尧是当代古典文学家、资深出版人，曾主编《鲁迅风》、《文史》等杂志。于在春在 1936 年开始主编《写作与阅读》杂志，先后约请叶圣陶、赵家璧等 68 位知名作家、文学史家为杂志撰写稿件，影响甚大。他的著作有《文言散文的普通话翻译》（4 册）、《唐诗今译集》等 10 多种，300 多万字。参与注释的余冠英更是学界翘楚，1962 年之前就有《乐府诗选注》、《中国文学史》（三卷本）等数十种著作问世，曾任教西南联大和北京大学。马茂元专于楚辞、唐诗的研究，著有《古诗十九首初探》，编有《楚辞选》、《唐诗选》，是国内外公认的楚辞、唐诗研究大家。瞿蜕园曾任北洋政府编纂处处长，在南开大学、辅仁大学、燕京大学任教，被聘为中华书局上海编辑所特约编辑，著作有《刘禹锡集笺证》、《李白集校注》等。顾易生则是一位传奇人物，东吴大学法学院毕业，后从事金融工作，1956年考上朱东润的研究生，从此开始中国古典文学的研究，参与《中国文学批评史》和《中国文学批评通史》的撰写，以及《中国文论选》的编选。沈起炜是历史学家，在参加《中华活叶文选》注释之前，已经出版了《李秀成》、《楚汉战争》等多部历史著作。

　　江建忠还说，在1966年停刊之前的成品篇目上，有的署撰著者姓名，有的则未署名。署名的一般是出版社约请的作者，未署名的篇目大都是本社编辑人员所作。罗竹风曾多次提到，出版社不仅是个书籍的出版机构，还应该是学术研究单位。中华书局上海编辑所就是具备了相当水平的学术研究单位，舒新城、李俊民、金性尧、钱伯城、何满子、金兆梓、陈向平、戚铭渠、裴柱常、吕贞白、刘拜山、于在春，他们不仅是出版界大名鼎鼎的人物，在学术界也是研究成果丰硕的著名学者。《中华活叶文选》的编辑工作由于在春任组长的第二编辑组负责。于在春曾是南京大学中文系副教授，1953年写了《论汉字的简化》一书，调到中华书局上海编辑所之后，与金性尧、梅林、施瑛、何满子组成选注研究著作组（第二编辑组），除了编辑《中华活叶文选》，还主持编辑出版了《古典文学普及读物》、《唐诗三百首》。有如此丰厚的学术研究成果和济济人才的中华书局上海编辑所，绝不逊色于任何一家高等院校的古典文学研究阵容。

　　强大的选编、注释队伍，确保了选目和注释的水准和特色，《中华活叶文选》一经面世，即刻成为图书市场上的抢手货，单册一印再印，很快突破了50万册，合订本第一次印数就达到5万册。与《十万个为什么》成为当时上海出版界影响最大的两套普及读物。

当然，《中华活叶文选》这种出版形式，并不是一种新的创造，早先是日本书界采用的一种出版物形式。1919 年，商务印书馆出版《商务活叶文选》1—60 号，多是古代名人佳作，稍加注释，首次将"活叶文选"这种出版形式引入中国。因为读者感觉活页容易散失，不是很喜欢购买使用，商务印书馆便停止出版"活叶文选"。后来，由李小峰和赵景深主持的北新书局又接着出版《北新活叶文选》，有文言、语体，有古人范作、时人名篇。题材也更加多样化，散文、诗歌、小说、戏曲，应有尽有，后面附上注释，隙页加以补白。此刊主要供应学校老师所用，书局代订成册，发给学校，避免了散失，很是方便。

开明书店也在章锡琛、章锡珊策划下，出版了《开明活叶文选》，由宋云彬、周振甫、王伯祥参与注释。开明书店的货栈有一间房屋，专门放"活叶文选"，被称为"文选楼"。抗日战争爆发，"文选楼"被炸，全部纸型被毁，以后再无加印。上海广益书局也曾刊行《中国活叶文选》，邀请柳亚子、胡朴安、潘兰史选注，但因注释不够，远不及"开明"和"北新"的"活叶文选"受读者欢迎。

1949 年之后，新组建的华东人民出版社和华东新华书店，也出版了《华东活叶文选》，选印新华社、人民日报社论和中央领导人的重要讲话文章，年底编印全年《文选》目录，连同封面免费代读者装订成册保存，受到欢迎。

罗竹风对这种"活叶文选"的出版样式是喜欢的，从理论上讲他也是支持这种系列出版形式的，包括《中华文史论丛》、《十万个为什么》、《中华活叶文选》、《古典文学基本知识丛书》。罗竹风撰文，肯定这种"配套成龙"的出书方式是值得认真学习的。1949 年 10 月以后，出版社迅速扩容，从宏观来看，出书品种之多、发行数量之大是空前的，质量也大有提高。但是，出书不成系列，这不能不说是很大的缺憾。出书系列化不只是形式问题，更是对某一学科、某一知识门类进行探索的广度和深度问题。所以，罗竹风以出版局领导的身份大力推动《中华活叶文选》、《中华文史论丛》和《古典文学基本知识丛书》的出版，是非常有意义的。

从 1960 年开始出版到 1965 年 11 月止，《中华活叶文选》共出版了单册 110 号。从 1962 年 5 月开始，为了解决散页不好保存的问题，又推出了《中华活叶文选》合订本，每两辑合订成 1 册，当年出版合订本 5 册。"文革"开始，如《辞海》、《十万个为什么》一样，《中华活叶文选》也出版过"文革"版，只是时间不长，1966 年之后便宣告停刊了。"文革"结束，有着强大遗传基因的《中华活叶文选》，又如《辞海》、《十万个为什么》以及《中华文史论丛》一样，在 1979 年出版合订本。1978 年初，中华书局上海编辑所改名上海古籍出版社，该社仍然使用"中华"二字，继续《中华活叶文选》合订本的出版发行，到 1991 年 9 月已出版 11 册。加上 1962 年出版的 6 期合订本，共是 16 册。

在《中华活叶文选》合订本的封二，有一段署名"中华书局上海编辑所"的说明，把出版《文选》的意图和读者群体作了介绍："为了继承和发扬我国优秀的文化传统，体现古为今用的精神，我们把历代政治家、哲学家、文学家和科学家的各类文章，选辑精华，加以注释（或附今译），有系统、有重点地供应给具有高中文化水平的国家干部、中学教师、大学生及一般古典作品爱好者阅读。对毛主席和党中央其他领导同志的文章中提到的历代名篇，则尽先及时出版。目的在于帮助广大群众对古典作品的了解和欣赏，从中吸取营养，为建设和发展社会主义的民族新文化提供条件。"①

1991年9月，中华书局上海编辑所暨上海古籍出版社结束了编辑出版《中华活叶文选》的历程，接力棒传到了1954年从上海迁至北京的中华书局手里。1998年《中华活页文选》（即原来《中华活叶文选》）复刊，分成人版、高中版、初中版、小学版，以合订本的形式发行。复刊词把《中华活页文选》的历史追溯到1960年由中华书局上海编辑所出版时，停刊的时间是1966年，因而有了"时隔三十多年"的说法，将1979年上海古籍出版社出版的《中华活叶文选》合订本11册另当别论。《中华活页文选》是幸运的，能够在纷繁复杂、形势多变的出版市场独辟蹊径，得益于当年那些积极推陈出新的文史大家的倾力助推。

有一个细节值得注意，中华书局在复刊《中华活页文选》的时候，原来的"活叶"改成了"活页"。这是为了区别于原中华书局上海编辑所（上海古籍出版社）的《中华活叶文选》，成人版《中华活页文选》开头的"编者的话"，也没有对此"叶"与"页"之变作出解释，只是说：

> 久违了，亲爱的朋友们！
>
> 公元1998年元旦，在中华书局成立86周年的日子里，《中华活页文选》，这一走过了近四十年坎坷长路、负载着亿万读者

---

① 《中华活叶文选》（合订本），中华书局上海编辑所1962年版。

情感寄托的小书，将如您所愿，重新回到您的身边。

《中华活页文选》已经停刊多年，但她始终未被人们忘却，近年来，各方人士纷纷呼吁中华书局恢复出版《中华活页文选》，使昔日这一文化珍品，今日重现辉煌。

《中华活页文选》将继承原有的传统特色，由国内外学富五车、业有专攻的著名专家学者主持编撰；每周一本，以文选的形式分别介绍中华民族五千年的文化精粹和经过精选的部分世界文化；每本一个主题，可以是一个文化名人，可以是一部名著，可以是一类文化专题，也可以是一个流派，林林总总，不一而足，再辅之以灵活的出版形式和低廉的价格，力争创造出质量优异的、符合时代要求的你心中的那个《中华活页文选》。

无论你在安静的书斋，还是在颠簸的旅途，不管你在什么地方，只要拥有《中华活页文选》，你就不会感到寂寞，因为，她是你永远的朋友。①

《中华活页文选》的高中版和初中版，共同使用了一篇《我是谁?》的文章，虽然没有表明这就是"编者的话"，但从刊发的位置和语气分析，应该具备这个功能。倒是在三个版本的封底都用了这样的四句话："昔日良师益友，今朝喜又重逢，翻开新的'活页'，唤醒美好的回忆。"

当然，这只是一个小插曲，并不影响从《中华活叶文选》到《中华活页文选》的传承与发展，无论是过去的"活叶"还是现今的"活

---

① "编者的话"，载《中华活页文选》1998 年第 1 期。

页"，都是一脉相承、薪火相传的文化精品，值得永远"活"下去。

四、普及与普教读本《古典文学基本知识丛书》

"一门三英"之《古典文学基本知识丛书》的出版发行，前后时差是最大的，从 1961 年第一系列《李白》、《陆游》、《白居易》等出版发行，至今仍然有不断面世的单册书籍，堪称出版界普及与普教的范本。1959 年，罗竹风就要求上海各出版社，除每年出版的新书之外，还必须注意修订旧书，使之有再版的机会。他还说，过去我们往往忽视了这一方面的工作，年年大量地出版新书，但年年也很少有积累。这样下去，日子是不好过的。今后应该把已出过的书，进行排队，凡是有再版价值的，可请原作者根据新情况，作必要的修订，使书籍的内容更加完善。重印一次，修订一次，书籍的质量就会大大提高。这一工作若能做得好，每年都有一定数量的保留书目积累下来，也可减轻组稿的压力。经过读者考验而需要重版的书，在原有的基础上加工修订，对提高质量是较显著的，而且也是切实可行的。罗竹风希望各出版社重视这个工作，把它列入计划之内。

《古典文学基本知识丛书》就是在如此背景之下，酝酿出来的一套基本知识丛书。但是，作者的遴选就是一个很难把握的事情，当时情况下，既要写得好，通俗易看，还要求在短时间内交稿。每本书的字数虽然不超过 4 万字，却是一个人物、一个事件，甚至一个朝代精华的浓缩。作者或许曾经写过长篇巨著，却未必擅长去粗取精，既保持基本骨架又要有血有肉，没有扎实的资料基础和文字功底，是难以驾驭的。于是，一大批来自全国的文史巨匠，汇集成一支战斗力极强的《古典文学基本知识丛书》作者队伍。首批丛书中有顾易生的《柳宗元》，夏承焘、游止水的《辛弃疾》，廖仲安的《陶渊明》，詹英的《唐诗》，敏泽的《李贽》，王运熙的《李白》和《汉魏六朝乐府诗》，谢桃坊的《柳永》，卞孝萱的《刘禹锡》，陆侃如的《刘勰和文心雕龙》。这些作者在自己耕耘多年的文史领域，早已是著作等身。让他们写这些小册子，看似大材小用，实则是大家写小文，非大家则不能写好小文。但在走向图书市场的时候，以其专业水准和通俗易懂的特色，很快被读者认可，发行量迅速攀升，上至专业研究人员下到一般文史爱好者争相购买。这套书基本实现罗竹风提出的质量第一、多出好书、宁缺毋滥、绝不凑数的要求。

《古典文学基本知识丛书》有一个出版说明，比较详细地对这套丛书的相关问题进行了解读：

这是一套知识性的通俗读物。目的在于向具有中学文化水平的工农干部和一般青年，介绍一些祖国文化遗产的基本知识，引起他们阅读古典文学作品的兴趣，并帮助他们吸取有益的营养。

丛书的内容大致包括下列五个方面：一、介绍我国文学史上最重要的作家和作品。如《诗经》、屈原、司马迁和《史记》、李白、杜甫、陆游、辛弃疾、《三国演义》、《水浒》、《西游记》、《红楼梦》等；二、介绍各种重要的古典文学体裁及其发展的简史，如汉赋、唐诗、宋词、元明戏剧、中国文学发展小史，中国文学批评小史等；三、介绍我国历史上各个时期重要的文学运动和文学流派，如曹氏父子和建安文学、唐宋古文运动等；四、介绍各体韵文的基础知识、如诗词常识、戏曲常识等；五、介绍有关古典文学的一般理论知识，如《文心雕龙》、《诗品》、诗话与词话、古典文学中的现实主义和浪漫主义、古典文学中的民族形式与民族风格等。

为了符合上述读者对象的需要，文字力求浅显通俗，品种力求多种多样，内容着重介绍古典文学知识。但这是一项新的工作，我们还非常缺乏经验，恳切希望大家给予指导和帮助。①

1978 年改制的上海古籍出版社重拾当年罗竹风的出版理念，从第二年开始重印《古典文学基本知识丛书》，一大批在"文革"被毁掉的书籍得以与读者再次相见。我们注意到原来的丛书名"古典文学基本知识丛书"之前加上了"中国"二字，原来写在前面的"出版说明"，也改在每本书的封底："这套丛书是向中等以上文化程度的读者介绍中国古典文学的基本知识，内容包括文学史上比较有影响的作家和作品，重要的文学活动和文学流派，以及文学体裁方面的基本知识。丛书的编写力求观点正确，内容充实，叙述简明扼要，文字通俗易懂。由于我们水平有限，工作中难免有缺点错误，希望读者批评指正。"②同时，上海古籍出版社列出新的选题，组织新的作者，将原来策划的内容，从内涵、外延予以扩展。以更高的要求、更远的眼光、更缜密的思维，把《古典文学基本知识丛书》这份宝贵的文化遗产发扬光大。罗竹风曾说，凡是闪耀着科学、民主、正义、抗争光芒……足以激励人们奋发图强，力求上进的成分，都应该继承下来，古为今用。出版

① 参见《古典文学基本知识丛书》，中华书局上海编辑所 1962 年版。
② 参见《中国古典文学基本知识丛书》，上海古籍出版社 1978 年版。

家的思想光芒在这套丛书的传承中得到了很好的展现。

"一门三英"的故事还在延续。《中华文史论丛》征订进行中,《中华活页文选》"四版"齐发,不断影响着人们的阅读习惯,《古典文学基本知识丛书》的阵容也在扩大。薪火相传,一代激励着一代,中国的出版事业就是如此虽历经万难犹不悔,为中国的文化建设添砖加瓦。据不完全统计,从 1960 年起到现在,《古典文学基本知识丛书》总共出版了 90 种,基本涵盖了中国古典文学各方面的著名作品、人物及一般文艺论著,是目前国内连续出版时间较长、学术含量较高、颇能体现精品图书特色的一套大型古典文学基本知识丛书,也是颇能体现中国古籍整理出版成就的一项标志性文化工程。

除了《中华文史论丛》、《中华活叶文选》、《古典文学基本知识丛书》,中华书局上海编辑所还在 20 世纪 60 年代初,整理编辑出版了很多优秀的中华民族文化遗产。如《中国古典文学丛书》、《中国历代文论选》等,都是影响至今的好书。书以载道,罗竹风在任上海市出版局代局长五年有余,克服种种难以想象的困难,创造了令人信服和念及的业绩。

第六章

传至长远　续就学术民主与科学法制新篇章

——罗竹风的学术思想和杂志情结

　　1949 年 9 月 8 日，一份叫作《新建设》的杂志创刊，在出版了第一卷 12 期之后的 1950 年 10 月 1 日，《新建设》杂志在北京以全新的面貌重新亮相，由原来的双周刊改为学术月刊。发刊词明确提出，该刊的中心任务就是宣传马克思列宁主义和毛泽东思想，为当前和今后一个时期学术研究的普及和提高服务，并团结全国的学术工作者，共同为新民主主义的文化建设服务。这是中华人民共和国成立之后的第一本纯学术性刊物，因而在发行之初便受到全国学术界的特别关注。

　　当时，与《新建设》一样创刊于 1949 年的学术杂志还有《学习》。但是，《学习》

虽然时有学术性文章刊出，依然是以时事政治类知识为多，后来则更多地偏重于出版单行本，如《学习译丛》、哲学家艾思奇的《从头学习》，已经不是单纯的学术杂志了。

《新建设》的内容包括哲学、历史学、文艺理论、法学、政治经济学，以及自然科学理论。每期有论著、译文、书评、马列主义基础资料分析、学术观点摘要、简讯、新书讯等，同时也对一些学术热点展开讨论和批评，主要面向大学教师、大学生、中学教师、理论教育干部和各级领导。

百废待兴时，一份学术杂志的创刊无异于一座文化建设的巨大工程，不仅激发了广大社会科学工作者的科研热情，也使很多致力于学科建设和文史哲研究的高等院校，萌发了仿效《新建设》创办高水平学术刊物的想法。一方面可以借此推动社会科学的研究，另一方面还可以解决科研人员有成果无处发表的困难。在这样的文化建设和社会科学研究蓬勃向上的背景之下，中国高校第一份文科学报《文史哲》在山东大学诞生。此时，华岗任山东大学校长，罗竹风任山东大学教务长，他们是促成《文史哲》杂志创刊的重要力量。

一、《文史哲》，文科学报第一家

1951 年，位于济南的华东大学迁至青岛与山东大学合并，组成新的山东大学。新组建的山东大学共设 5 院 18 个系，还有历史语言文学研究所和海洋研究所。当时的山东大学文、理科平分秋色，实力相当，都有全国高校顶尖的专业。理科有生物学家童第周、物理学家束星北、海洋学家曾呈奎；文科有冯沅君、陆侃如、高亨、王统照、萧涤非、黄公渚，哲学家赵纪彬，历史学家童书业、杨向奎、王仲荦、黄绍湘、华山诸人。校长华岗、副校长陆侃如、教务长罗竹风都是哲学、文学、历史研究的学者。针对文史领域名家名师集中的优势，华岗、陆侃如、罗竹风等校领导和文史系的老师们都感到有必要开辟一块学术园地，推动学校的社会科学研究。而《新建设》杂志在经过 1950 年 10 月改版后，学术性和专业性更强，受到高等院校和社科工作者的欢迎，也推动了山东大学创办学术刊物的决心和步伐。

1951 年初春，华岗邀请陆侃如、罗竹风、杨向奎等人到家里共同商讨创办学术杂志的问题。之后，华岗又分别征求了王统照、冯沅君、童书业、刘泮溪、王仲荦、孙昌熙、赵俪生等专家学者的意见。在华岗的主持下，学校专门召开了一次较大范围的讨论会，将办刊宗旨确定为"繁荣学术，培养人才，发现人才"。一致同意把刊物名称定为《文史哲》，既符合山东大学文、史、哲学科优势与人才济济的实际情况，也是当时社会科学发展的基本趋向。一致推举华岗兼任杂志社社长，陆侃如和文学院院长吴富恒为副社长，历史学家杨向奎为主编，另设 17 人组成的编辑委员会。

1951 年 5 月 1 日，《文史哲》创刊号出版。这是全国第一家由高等院校创办的文科学报和综合人文社会科学杂志，也是国内唯一一份与《新建设》齐头并进的学术刊物。《文史哲》杂志社没有专职的工作人员，所有参与者都是兼职，所以，《文史哲》也被称为山东大学的"同人刊物"。《文史哲》的版式设计形式采用 16 开本繁体字竖排版，每期约 3.5 个印张，双月刊，定价每册 3000 元（旧币）。创刊号刊登了华岗撰写的《鲁迅思想的逻辑发展》和孙昌熙写的《鲁迅与高尔基》两篇研究鲁迅文学和思想的文章，是1949年之后最先发表的鲁迅研究论文。

从创刊之日始，《文史哲》就定下了"学者办刊"的基本思路，改变过去沉闷呆板的学术氛围，引领全国学术潮流。作为第一份高校文科学报，《文史哲》的影响很快扩展开来。1951年夏天，上海市市长陈毅在与华岗见面时说，大学就是要通过教学和科研为国家培养合格而又对路的有用人才，而学报正是检验这种成就的标尺。山东大学创办《文史哲》是开风气之先，继续办下去，一定可以引起全国各大学的重视。

《文史哲》创刊号出版之后，社会各界尤其是高等院校反响热烈，但是问题也接踵而至。首先一个是发行，邮局和新华书店都不愿意在各自系统发行，因为那时候邮局和新华书店的发行渠道也不畅通。《文史哲》当时只有文史系的两名教师兼任编辑，两名工人兼做后勤，人手紧张。他们便利用晚上的时间打包，一早送到邮局寄给各大学的朋友，再让他们在各自的大学进行分销。有的教授，像陆侃如、冯沅君夫妇就自己掏钱买下一部分，自己包装送到邮局，寄给老师、同学和亲朋好友，以减轻工作人员的压力。后来，卢振华和殷焕先两位教授亲自跑到邮局协调发行事宜，此事才得以解决。卢振华、殷焕先是著名的历史学家和古文史学家，为这本"同人刊物"亲自跑邮局，做说客，难能可贵。卢振华教授还为此专门跑到北京，通过反复协调，使发行问题得到圆满解决。《文史哲》遇到的第二个难题是出版经费。新组建的山东大学办学经费十分有限，不可能有钱来贴补，印刷费、纸张费、发行费如何筹措。本校教师不支付稿费，但是校外作者的稿费多少是要给的。怎么办？华岗带头，从自己每月的薪水中拿出一部分，各位编委也根据自己的收入和家庭状况，纷纷解囊。

罗竹风回忆当时的情景："在华岗的倡议下，创办了《文史哲》。它既是山大的学报，又是全国性的学术刊物，一身二任，受到各地学术界的欢迎和重视。《文史哲》是没有经费的，由几位热心支持者从薪水或稿费中拿出一部分钱来维持。例如杨向奎、童书业、赵俪生、王仲荦、孙思白等都曾解囊相助。其中，华岗当然是最大的'股东'，出钱顶多。《文史哲》出版后受到陈毅元帅的称赞。"①

即便如此，仍是杯水车薪，仅出版几期就因费用问题面临停刊。在这个关键的时刻，又是山大老师亲自到山东省委统战部和青岛市委沟通，得到支持，使《文史哲》渡过了最为困难的时期。从1953年开始，《文史哲》逐渐铺开发行渠道，销量大增，1954年每期印数为1.3万册，第二年达到2.7万册。编辑部开始有了收入，到1956年盈余总额达到了万元。

《文史哲》首任主编杨向奎对创办初期的艰难记忆深刻，"《文史哲》最初是同人刊物，1951年由山东大学历史、文学两系的同人共同发起创办。创办时困难重重，既无经费，又无经验。创办人为此花费了不少的心血和精力，当时并无专职编辑，全由两系的教师兼任。为了办好这刊物，我们承担了所有的收稿、约稿、定稿、编辑、校对等工作。当时山大在青岛，校园离印刷厂很远，为了处理出版有关事宜，我们经常步行去印刷厂，有时还要到车间去校对。刊物出版之

---

① 罗竹风著：《行云流水六十秋》，上海教育出版社1991年版，第1122页。

后，由于与外界没有联系，无法发行，于是我们找了一些朋友往各大学寄，托各大学的朋友放在校传达室卖，卖不出去时，这些朋友便自己掏钱买下，再将钱寄来。后来在山大华岗校长、罗竹风教务长的大力协助下，与邮局取得联系，由他们发行。这样，《文史哲》慢慢走上了轨道。"

创刊伊始，《文史哲》便顺应学术发展规律，鼓励百花齐放、百家争鸣的学术论争，刊登不同观点、不同理解、不同视角的政论性文章，使健康、宽容的学术研究和争鸣在这里找到一块广阔的舞台。1954 年 10 月 16 日，毛泽东给中共中央政治局和其他同志写了一封《关于〈红楼梦〉研究的信》，对山东大学中文系毕业生李希凡、蓝翎发表在《文史哲》上的文章《关于〈红楼梦简论〉及其他》给予肯定和表扬。这封信引发了全国规模的《红楼梦》大讨论，"两个小人物"名声大噪，《文史哲》也引起了不仅是学术界而是全国各界的瞩目。其实，这只是李希凡和蓝翎寄给他们的学兄、《文史哲》编辑葛懋春的一篇普通论文。不要说李希凡、蓝翎没想到，他们的老师吕荧也没想到，恐怕连看过这篇文章的《文史哲》所有编委都没想到，毛泽东看到了这篇文章，而且看得非常仔细，还推荐给了中央政治局和其他领导同志。

李希凡、蓝翎文章发表在 1954 年《文史哲》第四卷第四期上，批评了著名红学家俞平伯的一些"红学"观点。毛泽东读后作了批语："这是三十多年以来向红楼梦研究权威作家的错误观点的第一次认真的开火"，"看样子，这个反对在古典文学领域毒害青年三十余年的胡适资产阶级唯心论的斗争，也许可以开展起来了。事情是由两个'小人物'做起来的，而'大人物'往往不注意"。毛泽东还指示先前拒绝发表该文的《文艺报》予以全文转载。

关于这篇文章，李希凡曾说，他与蓝翎合作，写了一篇批评俞平伯先生《红楼梦》研究思想的文章，也曾想向北京的文艺刊物投稿，探寻了一下，没有回音，只得又把它寄给了葛懋春，恳求母校的支持。这就是那篇《关于〈红楼梦简论〉及其他》。据杨向奎后来讲，发表这篇文章，是经过《文史哲》编委会讨论通过的。

《文史哲》最早发表李希凡文章时，他才是大学二年级的学生。那篇发表在《文史哲》第四期的文章《典型人物的创造》，是文艺学课程的一篇课外作业，由任课老师、美学家吕荧推荐给《文史哲》。李希凡、蓝翎"两个小人物"关于《红楼梦》文章的发表，只是《文史哲》倡导争论学术，鼓励作者要有探究、敢于挑战、勇于商榷的"学者骨气"的一例。关于"中国古代历史的分期问题"、"农民战争问题"、"亚细亚生产方式问题"，都是在《文史哲》发端，延于全国学术界而纷争讨论的。像李希凡、蓝翎这样的"小人物"在《文史哲》还有很多，如李泽厚、汝信、庞朴、葛懋春、张传玺、汤志钧，他们或者在《文史哲》发表处女作，或者发表成名作，形成了《文史哲》学术群体。

每期至少推出一位新作者，每期至少有一篇是论述古为今用、与现实紧密相关的文章，这是《文史哲》创刊之时华岗提出的要求。

罗竹风回忆道："《文史哲》创刊后，发生了对电影《武训传》的评价问题。有一次谈到这件事，华岗对我说，对历史人物的评价问题，要放在当时特定的历史条件下加以考察，还原他本来的面目，不能拔高，也不能贬低，要恰如其分。不能用今人所具有的水平和眼光去分析问题，否则就不是历史唯物主义态度。对武训其人其事，也不应当例外。他劝我把当时武训兴'义学'的时代背景、主观动机、社会效果、历史局限等情况进行综合分析，写篇文章登在《文史哲》上。我和孙思白商量过，他也认为不妨写一写。经过仔细考虑，我终于没写，而且一直没有为《文史哲》写过任何文章。究竟是为什么呢？恐怕也是多种因素所造成的吧。对于《文史哲》，我也曾起过'催生'作用，每逢想起华岗的辛勤灌溉，《文史哲》从幼小到壮苗，我也是难免内疚的。"①

"延揽大家"也是《文史哲》办刊题中之义。自创刊以来，先后有王亚南、周谷城、顾颉刚、吕振羽、周汝昌、程千帆、任继愈等著名学者在《文史哲》发表文章，影响力波及整个学术界。

从 1953 年第 2 期开始，《文史哲》结束了两年多时间的"同人刊物"身份，正式成为"山东大学学报之一"。编者按说："自本期起，正式作为山大学报的一部分，由山大学报委员会领导，原'文史哲杂志社'于二月一日结束。"

《文史哲》生逢其时，却同样路途坎坷。1955 年 8 月，华岗校长受诬陷去职。1956 年第二期《文史哲》发表《批判华岗的"辩证唯物论大纲"》一文，真是大水冲了龙王庙，自家不认自家人了。

1958 年，因山东大学从青岛搬迁济南，《文史哲》被迫于次年停刊，好在时间不长，1961 年 8 月得以复刊。然而，复刊后的《文史哲》已不再是"山东大学学报之一"，主管单位也不仅是山东大学一家，而成为了"由山东大学、山东师范学院、曲阜师范学院、山东省委党校、山东历史研究所、山东哲学研究所、山东省社联、山东省文联等单位在党的领导下，共同举办的文学、史学、哲学等方面综合性

---

① 罗竹风著：《行云流水六十秋》，上海教育出版社 1991 年版，第 1122 页。

的学术期刊"。在众多单位共同领导下,两个月才出一期的《文史哲》艰难地行走了五年多,在出版了 28 期之后,因"文化大革命"而再次停刊。

命运多舛,《文史哲》只是那个时代的缩影。山东大学被一拆三,部分文科系去了孔子的故乡曲阜;部分留在济南,成立山东科技大学;部分去了泰安,与山东农学院合并。1973 年,当病中的周恩来总理得知山东大学被一拆三的情况之后,指示有关部门立即恢复山东大学建制。当年秋天,《文史哲》也获得新生,经山东省委报中央批准复刊,定为季刊。这是"文革"中由党中央批准复刊的全国第一份哲学社会科学类学术刊物,次年征订数就达到 72 万份。因为纸张紧张,只能限量发行 24 万份。从此以后,《文史哲》再未遇到停刊之难。如今的《文史哲》双月刊以中、英两种文字同时发行,已经成为全国发行量最大的学术刊物。著名历史学家蔡尚思说:"《文史哲》致力于百家争鸣、百花齐放,因而繁荣学术,功不可没。"

在《文史哲》的影响带动下,我国台湾地区的一些致力于研究保护中华传统文化遗产的人士,于 1984 年 7 月创办了同名刊物《文史哲》杂志。其"发刊词"说:"文学、史学、哲学都属于人文学科。本刊以刊布人文学科的资料为主,包括评介、序跋、书目和论文索引等。这一方面的工作,汉学研究通讯、书目季刊已经做了不少,而且很有成就,为了避免重复,以专科性或专门性为主,辅以论著和图片。欢迎利用、批评、推介,更希望赐稿。唯有如此,本刊才能办得下去,并且办得好。"

这份台湾出版的《文史哲》杂志采用的是 32 开本的形式,封面、封底彩色印刷,相当精美。每篇文章的字数不超过 3000 字,有的字数还少，可谓短小精悍。在第一卷第一期，刊登了《编纂中国旧籍联合目录的意义》、《资料常新的工具书指南》、《五代北宋的绘画自序》、《宋拓李北海法华寺碑》等文章，具有相当的文化、资料、艺术价值。同时，台湾的《文史哲》杂志社还有"文史哲出版社"。大陆和台湾的两本《文史哲》比翼双飞，带动了中华传统文化的研究整理和普及。

1986年，《文史哲》迎来创刊35周年的日子，编辑部约请当年参与创刊的一些人撰文，纪念《文史哲》走过的不凡岁月。吴富恒的《回顾与前瞻》，杨向奎的《发现人才，培养人才》，萧涤非的《总结经验，继续前进》，吴大琨的《回忆〈文史哲〉初期的王仲荦教授》，蔡尚思的《感想和希望》，殷焕先的《祝〈文史哲〉精神发扬光大》，还有一直没有为《文史哲》写过文章的罗竹风的文章。杨向奎在文章中提到华岗和罗竹风当年对《文史哲》创刊的支持，他说："我认为《文史哲》创刊后，在党的领导下，起到了繁荣学术和培养青年的作用。而这和当时的山大的党员干部华岗校长和罗竹风教务长的大力支持是分不开的。华岗同志是马克思主义理论家、宣传家，也是一位学者，他每期的文章，都为《文史哲》增添光彩，而每期《文史哲》的付印都由他签字，他是最后的把关者，也是一位卓越的伯乐。罗竹风同志是一位渊博的学者，而又文风潇洒。他是老北大毕业，接受了蔡元培先生的治学传统，化'兼容并包'为'百家争鸣'，他是老北大精神的一位优秀继承者。他对《文史哲》的工作也给予了很大的支持。"

罗竹风只字未提自己在《文史哲》创刊初期起到的作用，他文章的题目是《回顾以前，激励未来》。文中说："《文史哲》的诞生绝不是什么偶然的，而是在当时山大学术空气浓厚的具体历史背景下合乎规律的事态发展。一个大学办得高下的标志，一看教学成就，二看科研成果，两者又是相辅相成，互为因果的。这样不难形成一种扎扎实实、埋头苦干的优良学风，教师学生的素质将不断得到提高，从而形成良性循环和人才辈出的优良传统。《文史哲》的创刊，正是起着推动教学、科研双丰收的桥梁作用。"①

罗竹风对当时的情景记忆犹新："据我个人的记忆，1950年初春的一个夜晚，在华岗同志家里（青岛市龙口路40号）开过一次会，严格说起来也算不上什么会，不过漫谈聊天而已。参加的有陆侃如、赵纪彬、杨向奎、孙思白，还有高剑秋、张惠等人。是从《山大生活》谈起的，这是一个四开张的小报，由张惠、刘禹轩等主编，对教学改革、交流信息起了良好作用。但大家认为远远不够，还需要创办一个大型的学术刊物，这是青岛市的需要，更是山大的需要。以此作为'酵母'，又联系了一些教师，其中有童书业、冯沅君、萧涤非、赵俪生、王仲荦、刘泮溪、孙昌熙等，华岗同志还让我征求王统照的意见，结果大家纷纷表示同意，这样就催生了《文史哲》这个刊物呱呱坠地。"②

《文史哲》把1986年第5期作为"创刊35周年纪念"特刊，将约请的纪念专稿发在了杂志的头题。本期还发表了张岱年、张维华、刘泽华、韩连琪、牟钟鉴、来新夏、刘海粟、王朝闻、周来祥、李希凡的学术文章，在封二介绍了《陈同燮教授与世界古代史研究》，可谓大家云集，再次显现了《文史哲》在国内社会科学界的地位。如果说罗竹风的《回顾以往，激励未来》是作为一个直接参与者

① 罗竹风：《回顾以前，激励未来》，载《继绝开新——作者读者编者回忆〈文史哲〉》，商务印书馆2011年版，第15页。
② 罗竹风：《回顾以往，激励未来》，载《文史哲》1986年第5期。

的亲身体会的话，那么蔡尚思的《感想和希望》一文，则是一个"旁观者"对《文史哲》最清晰的评价和认识。蔡尚思是著名的中国古代思想史研究专家，在这方面著述甚多，曾任复旦大学历史系主任、副校长等职。他在文章中写道："首先，我十分赞赏《文史哲》这个刊名，不仅因为它反映了文学、历史、哲学三门学科的内在联系，恰好也同我个人的治学历程有着相似之处。我的治学是从文学入手的，最早写的一本著作就是《青少年古文稿》。文学为我以后的长期治学打下了良好的基础。在长达数十年的治学生涯中，我坚持文史不分家，史哲相结合，以介于哲学与历史之间的文化思想史作为自己的研究重点。所以'文史哲'三字，也可以说是概括了我的全部治学内容。正因为这样的缘故，当《文史哲》创刊伊始，我就十分喜欢它，并对它抱有很大的希望。事实证明，《文史哲》不负众望，在五十年代和六十年代初期以及当前这个时期，刊物办得颇有生气，三门学科的文章各有特色，又互相补充，互相渗透，对繁荣祖国的学术起了积极作用。"同样，罗竹风在《回顾以往，激励未来》中也提到了刊名"文史哲"三个字，他认为："'文史哲'三个字具有高度概括性，把刊物的性质明白无误地表达出来，一望而知它是一个人文科学方面的综合性期刊，文学、历史、哲学是三大门类，内涵极为广泛，几乎无所不包。"①

蔡尚思尤其对《文史哲》于当时那样复杂的环境下，山大同人在校长华岗的带领下能够艰苦创业，打造出一份占领中国学术高地的刊物，感到敬佩。在此，将蔡尚思先生文章的最后部分作为本节的结

---

① 罗竹风：《回顾以往，激励未来》，载《文史哲》1986年第5期。

束，以表达对参与《文史哲》创刊时期的诸位先生的敬意：

我对《文史哲》产生感情，还因为它的艰苦创业和为繁荣学术而献身的精神感动了我。要办成任何一件事，没有一点牺牲精神是不行的。《文史哲》的创办者们，正是具备了这一点精神的。《文史哲》于1951年创刊时，全国刚解放，大学复课还不久。随着经济建设的恢复和发展，文化教育事业逐步走向繁荣，这就迫切需要向人们提供学术交流的园地。当时我正在上海沪江大学任教，并担负着学校行政的领导工作，更深有此感。正当大家翘首以待的时候，山东大学历史语文研究所和文学院的一些老师，在学校领导的支持下，以他们的勇气、魄力和富有牺牲精神，在全国各大学之先创办了同人刊物《文史哲》。这是一种大胆的尝试。他们不计个人得失，不仅写稿不取报酬，而且还兼搞编辑、校对以及其他一切杂务工作，甚至拿出部分工资充作刊物的经费。这种艰苦办学术的精神是难能可贵的。他们的高尚风格，是值得称道的。在他们的努力下，刊物终于站住了脚。从1953年开始，《文史哲》由教师们的同人刊物，改称为山东大学的学报之一。所以，我可以毫不夸张地说：《文史哲》在全国高等学校文科学报的地位上，是名列前茅的；在全国性哲学社会科学期刊的地位上，是具有较长的历史并有重大贡献的。我衷心希望《文史哲》的创业精神，能够继承下去，发扬光大，为繁荣祖国的学术作出新的贡献。[1]

---

① 蔡尚思：《感想和希望》，载《文史哲》1986年第5期。

二、《学术月刊》，三足鼎立补短板

北（北京）有《新建设》，中（济南）有《文史哲》，而作为中国文化学术重镇、坐拥众多高校、名家云集的上海，却没有一份扛鼎的学术刊物，不能不说是一大遗憾。

1951 年 8 月，《文史哲》第二期出版时间不长，罗竹风便奉调上海华东抗美援朝总分会工作。罗竹风纵有万般不舍，还是服从组织安排。他说，在山大这段时间是最值得怀念的，可惜时间并不长，如果能够继续干下去，那该多好呀。第二年罗竹风调任华东军政委员会文教委员会宗教事务处处长，直到 1956 年 2 月去职。这是罗竹风工作最为忙碌的一段时间，抗美援朝不用说了，那是打仗，虽在后方却也是不能有丝毫懈怠。新中国成立初期的宗教工作，当然与打仗不可比拟，但是其复杂性、斗争性、艰巨性同样不敢有半点马虎。一门心思做好行政性事务的罗竹风，根本无暇去顾及其他。

1956 年，中央发出向科学进军的号令，学有专长的罗竹风转岗上海哲学社会科学学术委员会筹备处任秘书长，这是一个更加符合罗竹风专业、性格的工作。尽管万事开头难，筹委会有许多需要秘书长亲自出面解决的难题，但他已经有时间考虑其他方面的工作了。罗竹风想到自己曾经起过"催生"作用的《文史哲》杂志。这时候的《文史哲》声名鹊起，与罗竹风在山东大学任教务长时相比，影响更大了，在很大程度上超越了创刊更早的《新建设》杂志。罗竹风每每看到山东大学寄来的《文史哲》，深感上海缺少一份学术刊物的遗憾。随着工作的变动，罗竹风认为条件已经成熟，在上海创办一份如《新建设》

和《文史哲》一样的学术刊物,被他正式提到了工作日程上。

于是,罗竹风以上海哲学社会科学学术委员会筹委会的名义与上海社会科学界著名人士联络沟通,迅速达成了创办《学术月刊》的共识。

首先,大家确定了主办单位及办刊宗旨:本刊是上海市哲学、经济、政法、国际问题、历史、教育、语言、中外文学等学术界人士共同创办的综合性学术刊物。以贯彻"百家争鸣"的方针,展开学术讨论,促进学术研究为宗旨。其次是确定办刊内容,主要刊载有关马克思列宁主义的哲学、社会科学、语言学和文学的基本理论的研究;国内政治、经济、法制、文教等方面的社会主义建设和国际政治经济关系发展中各项重大实际问题的讨论;哲学、社会科学、语言学和文学等各项理论问题的探讨。还包括我国文化遗产的整理和研究,对资产阶级学术思想的研究与批判,以及外国最新学术思想的介绍与评论,典型调查报告,国内外学术论著的介绍和评论。

经讨论,议定组建《学术月刊》编辑委员会,由 45 人担纲,集合了上海著名学界人士,陈望道、周谷城、金仲华、许杰、舒新城、罗竹风、刘大杰、李亚农、李平心、沈志远、沈尹默、宋原放、杨宽、唐弢、周予同、陈虞孙、刘佛年、束世澂、吴泽……悉数在列。

经过近半年的筹备,《学术月刊》第 1 期在 1957 年 1 月 1 日与读者见面,从一印到三印,总数很快达到了 1.5 万册。

长达两页的"发刊词",将《学术月刊》引向更深、更广的学术天地:

> 这是哲学与社会科学方面综合性的学术刊物,也是新开辟的百家争鸣的园地。这块园地,虽是上海市哲学、经济、政法、国

际问题、历史、教育、语言、中外文学等方面的学术团体共同开辟，共同经营的，但它并没有、也不可能给自己安上竹篱或者围墙，同广大学术界和青年读者们隔离起来；它要求全国学术界都来加以灌溉、培育和充分利用。只有这样，才有可能使它真正成为学术研究上"百花齐放"的园地。

……学术研究工作的发展，是和提倡独立思考、发扬自由论辩分不开的。学术研究工作若仅仅限于对经典著作的解释和阐述，不敢或不去对客观实际进行具体分析、研究，提出自己的独立见解，便将是学术工作陷于停滞、萎缩的境地而不能获得创造性的成就；也就不能发挥学术工作对于国家建设和人类进步的重大作用。真理不怕辩驳而只有愈辩愈明。只有在独立思考和自由论辩的过程中，才更能互相吸收彼此的长处和研究的成果，也才更能互相发现彼此的缺点和错误。争辩的过程，实际上就是从片面到全面，从不正确到正确，从浅到深的认识过程。

因此，《学术月刊》欢迎学术界的朋友们利用这块园地来大胆地"争鸣"，只要是经过认真独立思考的持之有故、言之成理的文章，不是泛泛的空论，它都将尽力提供必要的篇幅。[①]

创刊号头条发表的是著名经济学家沈志远的文章，他是中国科学院第一批社会科学学部委员，在经济学界声望颇高。他的文章完成于1956 年 12 月 5 日，次年 1 月 1 日就刊登在了《学术月刊》的首期。除此以外，还有著名哲学家冯契，著名历史学家束世澂、李亚农，书

---

① 《学术月刊》1957 年 1 月第 1 期。

法家沈尹默，教育家刘佛年，以及唐弢、周谷城、许杰、舒新城、罗竹风、平心的各类体裁的论文和小品文，基本保证了《学术月刊》"发刊词"所要求的"理论联系实际的文章，必须是有材料、有分析、有的放矢、言之有物的文章"。"只要不是主观臆断的、不是玩弄概念的，不是以感想代替研究、武断代替分析的，而是根据具体材料进行具体分析和认真研究、有益于解决学术上某一方面问题的文章，都应当认为是联系实际的文章。"

罗竹风文章的题目是《谈文风》。"文风"问题多少年来一直被关注，也一直在探讨着"文风"的改进。但是，仍有很多"文风"问题积重难返。《谈文风》开门见山："一个学有专长的人写学术文章，总希望更多的读者能够看得懂，至少在一定的读者层中引起兴趣，了解自己的论点，并且有所收益。绝不会有这样的作者，一开始写文章，就下决心让读者看不下去。"行文至此，罗竹风笔锋一转："但是，还有许多学术论文是不能令人满意的。除开内容之外，在文章的写法上，一般的犯两个毛病：一是冗长，一是枯燥无味。因此，读者只有两种选择：不是干脆不看，就是硬着头皮看下去，也就说明事情有些不妙。总之，必须改变这种情况。"

很明显，《谈文风》就是给《学术月刊》选稿要求定调子的。罗竹风说："学术论文不同于一般的文章，要想原原本本地说清楚一个问题，并且有独到的见解，写得稍长些原是难免的。学术价值不能用文章的长短来衡量，这也是极其明显的道理。不过作者在足以说明自己的论点时，文章还是力求简短一些。这样反而更容易突出论点，使读者一目了然。"这与《学术月刊》"发刊词"的主张可谓异曲同工："作为一个学术性的刊物，《学术月刊》应当力求保持必要的质量，但又不能不从当前学术研究工作的实际水平出发，以求逐步提高。如果不坚持保证作为一个学术刊物所必要的质量，就会给学术研究带来一种不良的风气，以为学术研究的成果是可以不需要经过艰辛的劳动就能轻率获致的，那对学术研究本身的发展是有害的。"正如《谈文风》说的："冗长与枯燥无味又往往是孪生兄弟，互为因果的。有人借口学术论文过于专门化，没法写得生动活泼。学术论文的确是专门化的，但，是不是说专门化就一定要写得枯燥无味呢？这是两个问题，不能把它混淆起来。"①

罗竹风对《学术月刊》的关注是持续的、深度的，倾注心力颇多。在1957年第6期《对本刊如何贯彻"百花齐放，百家争鸣"方针的意见》中，他发表了"反对条条框框"的意见，对已经出版的前几期《学术月刊》中存在的个别问题，如论证不深不透、畏手畏脚、设限过多等，发表看法，提出解决路径。文章说："人们磨掉了棱角，圆圆溜溜，很习惯于在固定的框框里过日子，并且从框框里看出去，似乎一切都得合乎自己的主观愿望，不能走样。以此律己责人，自然舒适稳妥，不至遭遇风险。当碰到相反的意见时，就难免惊慌失措：呀！马克思这样说过么？列宁又是怎样说的呢？马克思、列宁的说法当然很重要，但是更要紧的是'我想和我说'。缺乏独立思考，老是蛰伏在一个框框里，是会僵死的。"

读罗竹风的文章，总会感到行文流畅、用词朴实、深刻幽默，文中轻易看不到华丽的辞藻和生僻难懂的字词。他毫不掩饰自己的观点，朴素的道理往往蕴藏在平实的字里行间。他的话说得很直白，

---

① 罗竹风：《谈文风》，载《学术月刊》1957年第1期。

却很自然而亲切，很有说服力。"反对条条框框"一文对办刊物所提的要求不可谓不高，有些话甚至有些尖锐："编刊物，也容易有个框框，合者留，不合者去，若说编辑有一定的主张和看法，这并不坏。问题在于某些主张和看法是否合乎客观实际，是否太绝对化，是否有闭门造车的缺点。天下之大，情况又极复杂，单用一个死框框来套一切，是无论如何也不行的。特别对待学术问题，就更容易坏事。我们不能向后看，而是要向前看；不是静止，而要求发展。"接下来的话更是切中时弊："教条主义的框框，正是扼杀生机、摧残幼苗的一根'棍子'。"

罗竹风说："有框框，必然有圈圈。圈圈也是社会历史的产物，但它并不是好东西。有小圈圈，也有大圈圈，小圈圈套大圈圈，于是就用宗派主义的砖石砌起一座高墙，墙里墙外，互不通气，因而使很多人垂头丧气。文章总是自己的好，少数人吹吹捧捧，企图称王称霸。重权威，而不看货色，文以名贵，而不从真才实学着眼。这样就只能几个人'出将入相'地表演下去。至于新角色呢，很难有出场的机会，观众们也厌倦了，又怎样硬着头皮'喝彩'呢?"①

"反对条条框框"一文不仅对条条和框框提出反对意见，对因此而形成的学术界的圈子文化，罗竹风也是相当反感："以上两条，是学术界的大忌，也是编刊物的大忌。两者有其一，即会弄得死气沉沉；两者俱备，那当然就更恶劣。框框 + 圈圈 = 什么呢? 结论只能是断送'百家争鸣'，而使百花凋零。"他对《学术月刊》提出具体要求："《学术月刊》是大家的园地，需要编者、作者、读者三方面一起努力，

---

① 《对本刊如何贯彻"百花齐放，百家争鸣"方针的意见》，载《学术月刊》1957年第6期。

下种、培植、灌溉，这样才能郁郁葱葱，蔚为大观。所谓'满园春色关不住，一枝红杏出墙来'，一枝必须有满园作为背景。独木不成林，一花独放，又岂是辛勤的园丁所希望的呢？"

罗竹风说："我想，这不过是'无则加勉'的话。有鉴于今天的风气，心以为危，不敢不告。有人也许已经有这样的责难了，这也值得我们警惕吧。对框框和圈圈的治疗之方，就是要更好地贯彻'双百'方针，发挥学术民主和创作自由。"① 当时还有一个不得不说的背景，那就是反右运动已经开展起来，罗竹风不会不知道当时政治形势的严峻，包括学术研究和言论的种种禁忌。罗竹风是在冒着政治风险说这些话的，可见他对《学术月刊》寄予了多大的期望。

1981 年《学术月刊》创刊 25 周年之时，罗竹风再写文章《回顾过去　展望未来——〈学术月刊〉25 周年纪念》。诸如当年为什么要办《学术月刊》，上海哲学社会科学学术委员会（筹）的一些情况，也随之清晰了。文章说："1956 年春天，党中央向全国发出'向科学进军'的号召，不久又提出百花齐放、百家争鸣的'双百'方针，作为繁荣文艺创作和促进学术研究的指导方针。为了适应这种新形势，上海成立了哲学社会科学学术委员会（筹）。它担负着双重任务：一是筹建科研机构；二是成立群众性的学术团体，即学会。当时的主任是沈志远同志。记得这年的 6 月间，开始酝酿创办一个理论刊物，为学术界提供争鸣园地。"

"当时全国性的学术刊物还不多，只有《新建设》、《文史哲》两家，《学术月刊》创刊后，可谓鼎足而三了。《学术月刊》的性质、方

---

① 《对本刊如何贯彻"百花齐放，百家争鸣"方针的意见》，载《学术月刊》1957 年第 6 期。

针很明确，正如刊名所标明的，它是综合性的学术刊物，是为学术界提供理论探讨园地的，是提高的不是通俗的普及的一般政论性杂志。因此，凡是哲学社会科学（也可称为人文科学）方面的理论问题，都可以进行探索和研究，只要言之成理，持之有故，便可各抒己见，发表不同的见解。不强加于人，不强求一律，也不作什么结论。只看文章是否'言之有物'，是否有一定质量，不问老年、中年、青年所写，合乎要求的就刊登。对有些重大的理论问题，允许有不同的观点，大家心平气和地摆事实，讲道理，提倡学术民主，绝不以势压人。这种比较好的学风，深为学术界人士所称道。"[1]

同时，《学术月刊》推出了纪念创刊 25 周年特刊《争鸣汇要——五年来文、史、哲、经学术讨论概述》，把 1977—1981 年发表在全国学术期刊上争论的学术问题，综合概述汇总，作为参考资料，内部发行。这本特刊对五年来学术研究、争鸣作了一个简要的回顾和评述，给学术界提供了具有参阅价值的资料线索。在当时也是一个很有创见和胆识的策划，受到知识界和学术界的好评。

《学术月刊》也无法躲过"文化大革命"这一劫，如《中华文史论丛》、《文史哲》、《中华活叶文选》一样，也不得不停刊。罗竹风遗憾地说："《学术月刊》诞生已经 25 周年了，共出过 152 期，如果不是十年内乱的干扰和破坏，出版期数当在 300 以上。25 年等于四分之一世纪，在人类历史的长河中并算不了什么，但在风云变幻的新时代，已经是很不容易了。"[2]1979 年，停刊十几年的《学术月刊》复刊，"复刊词"回顾《学术月刊》创刊时，正是我国社会主义三大改造胜

---

① 罗竹风著：《行云流水六十秋》，上海教育出版社 1991 年版，第 782 页。
② 罗竹风著：《行云流水六十秋》，上海教育出版社 1991 年版，第 783 页。

利完成，毛泽东同志为首的党中央发出建设社会主义工业化强国、向科学进军的号召的时候。《学术月刊》是响应这个号召，为团结广大哲学社会科学工作者和调动他们的积极性，为繁荣和发展社会主义科学文化，为建设社会主义工业化强国服务而创刊的。今后，《学术月刊》仍将坚定不移地贯彻党的理论联系实际方针和"双百"方针，总结过去的经验教训，使党的方针得到更好的贯彻。

《学术月刊》复刊号重磅出击，头条是夏征农的《实现四个现代化与学术民主》，还有"实践是检验真理的唯一标准"专题文章，周谷城、邢贲思、冯契都发表了真知灼见，经济学家许涤新、音乐家贺绿汀、历史学家邓广铭的文章同期刊出。

罗竹风对《学术月刊》的复刊给予了很高的期望，提出刊物还可以更生动活泼一些，提倡把文章写得更短些，使容量加大；增加短小精悍的学术评论栏目（包括书评），大兴调查研究之风，选登既占有充分资料而又带科学分析的调查报告，对学术界一定期间探讨的重大理论问题及时地加以综述。罗竹风还"重操旧业"，对《学术月刊》的版面编排、转页、补白等，提出了改进的意见。罗竹风既有出版家的战略眼光，又有出版人精雕细琢的工匠精神。

罗竹风还为《学术月刊》的编辑工作出主意想办法，要编好学术刊物，联系作者是很重要的。"巧妇难为无米之炊"，稿源不畅甚至没有稿子，编辑加工工作便无从着手。但在一般情况下，编辑的加工工作，对刊物的面貌起着重要作用。哪篇刊登的文章不是经过编辑之手呢？作为第一读者，要做有心人，要对来稿负责，应该认真查对资料，修正错误，提出意见。对于编辑工作高标准、严要求，一直是罗竹风坚持的原则，对于杂志社的编辑是这样，对出版社的编辑也是这样。他不止一次地提到，编辑是决定书籍质量的一个因素，因而提高自己的政治水平和业务水平，以适应工作的需要，就成为亟待解决的问题了。他希望各单位对编辑的进修应该特别关心，还要采取具体措施，使他们有一定的时间读书，能够把主要的精力用在编辑业务上。

罗竹风认为编辑也分许多不同的门类：出版社是一种，报社是一种，而刊物又是一种。三者有共性也有差异。月刊编辑介乎出版社和报社两者之间，由于工作量大，可能更辛苦更紧张，更麻烦。《学术月刊》一月一期，编辑必须跟班，很少空闲时间。突击发稿自不必说，即使平日，工作压力也很大，例如需要从大量来稿中遴选适用的稿件，选中了，还得进行编辑加工。组稿、审稿、发稿以至于退稿，周而复始，经年累月。罗竹风特别提出，培养新生编辑力量已经成了《学术月刊》的当务之急。

不得不佩服罗竹风的细致入微和慧眼独具，也就不难理解他为什么能写出《杂家——一个编辑同志的想法》这样的名篇了。当然还有他文采飞扬的结尾："多年陈酿，特别醇冽；过雨樱桃，格外鲜美。在今后的漫长岁月里，《学术月刊》必将在祖国的阳光雨露照耀和滋润之下，显得更加健壮和丰满。"

1987 年 1 月，《学术月刊》创刊三十周年的日子，罗竹风再次有感而发《三十而立》："三十而立……是孔子概括人生历程随着年龄增长所决定的操持准则。把它借来形容一个刊物是否合适呢？《学术月刊》经过三十年的磨炼，它的结构、内容、文风等等已经基本定型了，也不妨说是'三十而立'吧。"

罗竹风的许多文章，无论写人、叙事，几乎没有不是追踪前行的。他的关注从未因为岁月的流失而改变，对《学术月刊》更是如此。

这个走过三十年历程的学术刊物，几经风雨，得以延续，确是幸事。在罗竹风看来，三十年如一日，坚持"双百方针"，实属不易。他十分看好《学术月刊》的未来，他以淳朴的语言，提出学风要联系实际，要勇于开拓、勇于创新，不能用一些老条条来解决今天的新问题。文风应当多样化，丰富多彩，生动活泼，引人入胜，这是时代赋予的新使命，也是哲学社会科学刊物改革所应探索的道路。

又是三十年飞逝，到 2017 年，《学术月刊》创刊已六十周年。但无论过去多少年，学风和文风问题不会过时，罗竹风对此所说的话也不会因社会变迁而减损其存在的意义。

三、《民主与法制》，时代刚需寄希望

1979 年 8 月，《民主与法制》杂志在上海创刊。这本由上海市法学会和华东政法学院联合编辑出版的法制理论与实践相结合的刊物，是顺应党的十一届三中全会精神，以刊载政治、法律、伦理、社会等方面理论与实际案例为主的综合性政法新闻月刊。创刊号以"迎接我国社会主义民主与法制的新时期"为题，发表了 12 位著名社会活动家、法学家、经济学家、社会学家的笔谈。有史良的《民主与法制是分不开的》，费孝通的《守法卫法　人人有责》，雷洁琼的《分清行动上的敌人和思想上的论敌》。这三位都是著名的社会活动家，也是各自领域成就辉煌的学者。史良是我国当代法学家、政治家、女权运动领导者和活动家，为现代史上有名的"七君子"之一，中华人民共和国首任司法部长。她认为民主与法制是分不开的，希望《民主与法制》

的出版，有利于社会主义民主和社会主义法制的广泛宣传。费孝通是著名社会学家、人类学家，中国社会学和人类学的奠基人之一。他的博士论文《江村经济》被誉为"人类学实地调查和理论工作发展中的一个里程碑"。他为《民主与法制》写的笔谈《守法卫法　人人有责》，紧扣时代脉搏，具有深刻的历史与现实意义。他写道："由于我国社会主义的法律是保护人民利益的，所以我们可以相信，广大人民是能够自觉地守法和卫法的。但要发挥人民守法和卫法的自觉性，也还有许多工作要做。首先应当承认我国的经济文化还相当落后，要使人人充分理解国家的种种法律并不是轻而易举的事。如果一个人对法律的规定都不明白，怎么能要求他自觉地守法呢？"雷洁琼是著名的法学家、教育家，中国民主促进会的创始人。她一生崇尚教育事业，以自己是一名教师而自豪，先后参加起草了《中央人民政府组织法》、《义务教育法》、《教师法》、《教育法》。

其他九位王芸生、王汝琪、徐盼秋、曹漫之、钱端升、陈守一、韩幽桐、潘念之、芮沐，都是当代法学专家。他们在"笔谈"中所阐述的法学思想、法学实践、法学发展，符合中国国情和发展实际，有着很深刻的理论见解和民众思想基础。《民主与法制》的头条是夏征农的《民主、法制与四项基本原则》，全面分析了三者之间的关系，真知灼见，文意深远。

《民主与法制》创刊号有两篇"本刊评论员"文章，一篇是"代发刊词"《永远不能忘记历史的教训》，另一篇是《掀起一个法制宣传的热潮》。"代发刊词"思想敏锐、热情澎湃：

　　穿过艰难曲折、荆棘丛生的道路，社会主义民主与法制的建设进入了一个新的历史时期。宣传民主与法制，正在群众中形成一个声势浩大的热潮；捍卫民主与法制，仍然需要不屈不挠的斗争。从此以后，中国人民将赢得更加巩固的团结、赢得永久的安定，赢得时间，行使真正的社会主人的权利，加速现代化进程，这是毫无疑义的。《民主与法制》在这个时候出世，生正逢辰。我们感到任务之光荣，更感到责任之巨重。读者之将有所望于斯刊者，同人敢不勉之哉！①

"本刊评论员"的另一篇文章《掀起一个法制宣传的高潮》，阐释了法制宣传的必要性、迫切性、重要性，提出了现在人们普遍关心的问题是：有了法律能不能够得到贯彻执行？能不能真正做到"有法必依、违法必究"？能不能使法律在社会生活中得到普遍遵守，行之有效？这些想法的确不是杞人忧天，专制主义、官僚主义、特权思想、家长作风和无政府主义还严重存在。因而，当前迫切需要在全国范围内深入普遍地开展法制宣传教育工作，有计划、有步骤地掀起学习法律的热潮，造成一个学习、宣传法律的强大声势，迅速提高全民族的法制观念，极大地提高全民族的法律知识水平，这是加强法制的根本条件。

除去两篇"本刊评论员文章"，创刊号还有一个简短的"致读者"，把创办《民主与法制》的时代背景、办刊方针、刊物内容，作了清晰的交代，编者用心，一目了然。

1979 年 9 月，《民主与法制》杂志创刊不久，当时的全国人大常

---

① "代发刊词"，载《民主与法制》1979 年第 1 期。

务委员会委员长叶剑英即为其题词:"认真加强社会主义的民主与法制。"1984 年 12 月彭真委员长为杂志题写了刊名并题词:"我国宪法是具有中国特色的社会主义的民主的制度化法律化的总章程,希望你们继续做好宪法的普及宣传工作,帮助读者熟悉遵守和掌握运用它。"李先念、李鹏、乔石、彭冲、雷洁琼、任建新、肖扬、韩杼滨、刘复之、贾春旺、王汉斌等多次题词勉励。此外,尉健行、刘延东、王乐泉、任建新、王首道、费孝通、钱学森、雷洁琼、刘复之等先后担任该刊的顾问,以此夯实了《民主与法制》的办刊基础,使其始终坚持了正确的舆论导向。

《民主与法制》的主办者是上海市法学会和华东政法学院,而上海市法学会的上级管理部门是上海市社会科学学会联合会,即上海市社联。时任社联主席是夏征农,罗竹风为常务副主席。从隶属关系讲,夏征农和罗竹风是《民主与法制》的直接领导。他们两位一直还是《民主与法制》的撰稿人,尤其是罗竹风,据不完全统计,在创刊十周年之前他总共有 24 篇文章发表在《民主与法制》杂志上。基本都是以法律法制为话题的议论文,题意新颖,论述到位,反映了他的民主与法制的基本思想和思考。罗竹风在 1980 年曾经说:"要反封建,就必须提倡民主与法制,没有民主与法制,正是封建主义的充分特征和体现。上海市社联从去年(1979 年)出版了《民主与法制》月刊,是个通俗的综合性刊物。出版后深受全国各地读者的喜爱,发行量陆续增加,因受纸张限制,每期只能出 12 万份。"

初创时期的《民主与法制》非常艰苦,参与创刊的上海市法学会副秘书长高呈祥说,当时社联刚从陕西北路迁到淮海中路办公,办公用房比较紧张,法学会和《民主与法制》就合用底层西间的一个办公室。室内除了两张办公桌外，还放着一张乒乓球台子，被称为"万能台"，因为它既能充当办公桌，又可在午休时用来打乒乓球，还可以作为会议桌、饭桌，条件之简陋可想而知。因为办公室太挤，大伙儿往往总有些牢骚。

一天上午，办公室来了一位不速之客。那是一位表情严肃却慈祥、身材魁梧的老人。他环顾四周，看人们正忙着工作，而屋里连一张多余的椅子也没有，干脆就坐在乒乓球台子上，问大家："怎么样，到了新环境，工作还习惯吧？""不习惯！"当时高呈祥正一腔怨气无处发，便顺口数落起办公室环境的种种不是来。老人似乎略微有些吃惊，但又做了个手势让他继续讲下去。他一边听一边掏出个小本本记着什么，还不时插问几句。之后，他说刚才忘了问尊姓大名了，当听到高呈祥自报家门时，老人大笑起来，"你就是高呈祥啊，我叫罗竹风，新到社联工作的。"高呈祥这才知道，眼前这位老人就是刚刚到社联上班一天的党组书记兼副主席罗竹风。也许是为了缓和有些尴尬和紧张的气氛，罗竹风跟高呈祥拉起家常，当听说高呈祥是山东老乡时，他高兴地说，"这叫大水冲了龙王庙，一家人不认一家人啊。"临别时，罗竹风握着高呈祥的手风趣地说，"法学会和《民主与法制》合用一个办公室，条件是艰苦了点。不过，高呈祥同志，牛奶会有的，面包也会有的。"

高呈祥说："不久，我们的办公条件果然有了改善，我想，罗老为这事一定费了不少心思。通过这件事，我认识到罗老工作作风的细致和踏实。"[1]

---

① 上海社会科学学会联合会主编：《罗竹风纪念文集》，上海辞书出版社1997年版，第367页。

　　创刊时间不长的《民主与法制》虽然各项工作顺利，但也存在着一些各部门衔接和管理漏洞的问题。1982年，在上海市委的直接领导和关怀下，罗竹风着手对《民主与法制》编辑部进行了整顿，组成了杂志社新的领导机构，从此，以报刊为主、多种经营的民主与法制社，开始踏上新的前程。1986年8月，民主与法制社进行体制改革，成立社务委员会。社务委员会由王首道以及夏征农、王仲方、罗竹风、沙洪、徐盼秋、曹漫之、丁柯、江耀春、齐震之组成。罗竹风为民主与法制社社务委员会主任委员，丁柯被聘为社长兼总编辑。与此同时，杂志社全体工作人员实行全员聘任制，打破"铁饭碗"，成为不吃"皇粮"（财政）的"六自"（自愿结合、自筹资金、自主经营、自负盈亏、自我完善、自我约束）单位。

　　罗竹风作为民主与法制社社务委员会主任委员，实际就是行使《民主与法制》的顶层管理之职。在这期间，他一方面力抓重大新闻事件的报道，刊出了很多在社会上产生影响并起到舆论监督作用的新闻稿件。另一方面利用《民主与法制》的影响力，努力打造复合型传媒集团。为了形象化地宣传社会主义民主与法制，该社成立了影视部，先后拍摄的故事片有《无罪的女囚》（上、下集）、《秋天的失落》（四集）。媒体杂志办自己的影视部，这在当时是一种非常具有超前意识的融媒体举措，在全国引起了不小的轰动。这两部故事片的内容都是法制、伦理、道德方面的。同时拍摄的还有一部历史故事剧《洗冤录》（上、下集），颂扬了历史上著名法学家宋慈在法学方面的贡献。为了发扬党刊的优良传统，民主与法制社设立了读者来信来访部，聘请了一批长期从事司法工作、有着丰富法学知识和实践经验的人员，负责处理读者来信接访，每年平均处理信访六万多件。为了使蒙冤者得到昭雪，邪恶者得到惩处，信访部的工作人员走遍了大江南北，赢得了信访群众的信任和称赞。1986年第9期起，在"家庭法律指南"专栏开展"怎样提高婚姻家庭关系中的抗震力"的专题讨论，并为此专题召开座谈讨论会。为了普及法律知识，民主与法制社举办了全国第一个"法制知识学习竞赛"活动，与中央电视台联合举办"法制知识竞赛"，两次活动的参与人数达到了50万之多。同时还成立了刊授部，先后为全国培训了五万多名学员，他们当中的不少人成为了当地法制宣传的中坚力量和司法干部。

《民主与法制》风行全国，最主要的还是其紧扣时代脉搏和主旋律而进行的重大报道，比如《来自温州的故事》，就是为了旗帜鲜明地宣传改革、支持改革。罗竹风还亲自带队到温州实地采访考察，他说："有人说《民主与法制》对温州的报道太多了，我看，不是多了，而是少了。"罗竹风满怀对改革的期盼和激情，写下了长篇文论《话说温州》，刊登在《民主与法制》1989年第1期，引起强烈反响："温州是一个有争议的地方。有人说'好得很'，也有人说'糟得很'，当然还有冷眼旁观，以'超然'自居的。判断的标准是什么呢？这就不能各说各的了。标准只能是：是否发展了社会生产力？是否促使了商品经济的发育？是否让人民富起来了？这是党的十一届三中全会规定下来的。也不妨说，主要是看改革、开放、搞活的深度和广度进展怎样。"① 经过在温州一个多星期的考察，罗竹风亲身体验到温州人真是富起来了，有的大富，有的中富、小富，有的比从前生活有所改善，这是所有到过温州的人不得不承认的客观事实。富起来的温州人集资

① 罗竹风：《话说温州》，载《民主与法制》1989年第1期。

办学，集资修路，集资办社会文化事业。温州人能实干、苦干，对党对政策是一条心，同呼吸，共命运，很少有人发牢骚，不怨天尤人，只关注自己的事业和国家的前途。总之，温州改革的内容非常丰富，新事物不断涌现。

在驰名中外的茅台酒乡，贵州省仁怀县女交通监理员王开荣，为维护人民的利益和社会公共安全，敢于同各种歪风邪气作斗争，却遭到了一连串令人无法想象的打击迫害。从贵州到全国，《贵州日报》、《中国法制报》等四五家报纸先后发表消息或记者调查，全力支持秉公执法的王开荣，十几位贵州省政协委员为之公开呼吁，强烈要求"查个水落石出"。两任贵州省委书记都曾给予公开支持，几次接见王开荣。但是，王开荣在仁怀县依然处境艰难。1985 年第 8 期《民主与法制》以《茅台酒乡的非常新闻》报道了事件的前前后后。文章发表后在社会上尤其贵州省引起极大反响，却遭到当地一些人的非法干扰，迫使刊物暂停发行。罗竹风对此很是惊讶和愤怒，立即在当年的第 10 期《民主与法制》发表了《"法律以外"》的评论，以"只许州官放火，不许百姓点灯"、"权大还是法大"、"言论出版自由之类"、"官官相护　小民受苦"、"几个问题"、"结尾的三言两语"为小标题予心质问。罗竹风的评论铿锵有力、掷地有声，在"结尾的三言两语"中他这样写道："事实胜于雄辩，更胜于诡辩。真理永在，是任何人也泯灭不了的。即使有权势者也一定要在真理面前低头。我认为本刊如实报道仁怀县一个'小人物'王开荣所受到的非人待遇，完全属于新闻、出版工作者的正常范围，不但不能加以压制，而且需要提倡。以'法律以外'命题，是有所感，也有所指。我以为本刊第 8 期被迫暂停发行事件，'原告们'都是在'法律以外'进行活动，因而统统是违法的！文责自负，查问必答。"

罗竹风"一怒"，不仅是为《民主与法制》受到非法干涉而怒，更是为社会主义的民主正义而怒。在罗竹风和《民主与法制》以及其他中央媒体齐心协力的督促和努力下，1986 年 6 月，中央纪委、办公厅与国务院和全国人大常委会信访局组成联合调查组，到贵州进行实地调查，对此事件作出了严肃处理。

此事过后，罗竹风在写给朋友的一封信中说：

> 《民主与法制》第 10 期有我写的一篇《"法律以外"》，有点火气，把土皇帝和地头蛇们全镇住了，至今仍没被"传讯"，也没有任何人敢于挺身而出"冒领"一份罪责，是证舆论还是有点作用的，看来官们也未必敢动手动脚。真理在控，便无所畏惧。无求即无畏，年逾七十，官职卑微，温饱而已，又何足畏哉！有的读者来信称罗某为现代宋士杰。其实又怎敢呢，鄙人笨头笨脑，又哪里像宋士杰那样足智多谋呢？①

宋士杰何许人也？此人乃明朝信阳州人，嘉靖初年，在南汝光道当过行房书吏，类似书记员的差事。他生性耿直，行善好义，以己之长代人书写状纸，分文不取，为百姓申冤鸣屈，受到当地老百姓的称赞。

为了响应中央提出的开展普法及法律教育的号召，《民主与法制》社以自己独特的优势和影响，于 1985 年创办了中国第一份法制类新

---

① 张忠强著：《罗竹风传略》，上海东方出版中心 2016 年版，第 276 页。

闻画报《民主与法制画报》，集新闻性、现实性、群众性、思想性、艺术性为一体，熔政治、法律、伦理、社会于一炉，风格鲜明、图文并茂、通俗易懂、独树一帜的办报方针和思路，受到读者的青睐。一个月两期发行量达到 250 万份。这段时间，《民主与法制》杂志的发行量也蹿升到创纪录的 280 万份。

罗竹风主管《民主与法制》杂志社工作整整十年。1989 年 8 月，为了纪念《民主与法制》创刊十周年，出版了《民主与法制》创刊十周年纪念册。罗竹风写下了《祝贺〈民主与法制〉创刊十年——往者可谏 来者可追》的献词，既有对《民主与法制》十年来宣传中国民主与法制的肯定与反思，也有对中国民主与法制道路自信的整体考量；既是一篇饱含深情的纪念文章，又是一篇见地独到的民主与法制理论建设论文，还是对《民主与法制》十年来走过的不寻常之路的总结。

罗竹风说，《民主与法制》创刊十周年了，这十年正处于中国历史的一个新的转折关头，但"转轨"需要除旧布新。两种机制错综交叉，便出现了异常复杂的社会现象和社会问题。它是包括意识形态、经济建设多方面的，亟须加以辨析和论证。事物总是多角度的。《民主与法制》创刊十年来，为普法教育、提高读者的法律意识、解答有关法律的疑难问题、对发扬民主和健全法制做了大量有益的工作，大方向是正确的。即便如此，也难免受到误解和非难，它所走过的道路并不平坦。要反映最底层老百姓的疾苦，批判揭露一些违法乱纪的腐败现象，必然会触动当事人的利益，使他们很不痛快，有的甚至利用权势进行打击报复。有时，由于调查研究不够，报道与事实有出入，甚至伤害了好人的事例也是有的，这就要接受经验教训，不断改进工作。

1989 年底，经过上级有关部门协调，《民主与法制》杂志社总部从上海迁到北京，主管部门由上海社联变更为中国法学会。尽管有遗憾之情，罗竹风还是以大局为重，积极配合杂志社的转交迁移工作，使《民主与法制》在 1990 年顺利完成了各种交接工作。同时设立《民主与法制》杂志社上海办事处，作为分支机构负责本埠相关工作和采访事宜。从 1990 年第 1 期开始，《民主与法制》社的通讯地址变更为北京市东城区东四十条 100 号，上海办事处通讯地址是上海市赤峰路 323 号。还有一个细节的变化，就是一直担任《民主与法制》顾问的罗竹风和夏征农，从 1990 年第 2 期起不再担任此职了。

现在的《民主与法制》社是中国法学会主管的新闻事业单位，下辖创刊于 1979 年的《民主与法制》，还有每周四期的《民主与法制时报》，以及民主与法制网。而《民主与法制时报》的前身就是曾经辉煌一时的《民主与法制画报》，2006 年由上海迁至北京总部并改为《民主与法制时报》。目前，《民主与法制》杂志单期发行量维持在 20 万份上下，每周四期的《民主与法制时报》单期发行量也超过 10 万份，依然在全国法制类报刊中名列前茅。正如《民主与法制》在官网介绍所称，《民主与法制》的发展历程，其意义远远超出了自身。它之所以受到广大读者的热爱和支持，反映出人民群众对我国社会主义民主与法制建设的企盼。随着我国市场经济建设和社会主义民主与法制建设的进程，《民主与法制》必将有一个新的未来，为宣传法律、推进普法、提高全民族的法治意识作出新的贡献。

有人说，《民主与法制》作为一份杂志所经历的路程，堪称中国的社会主义民主与法制建设和报刊改革发展的一个缩影。这使我们想起了罗竹风的话："往者不可谏，来者犹可追。"回顾往事，或许这就是罗竹风十年《民主与法制》办刊的心路历程。

传至长远，续就学术科学与民主法制的新篇章。罗竹风有着纯净的学术情怀和纯粹的杂志情结，他参与创办的《文史哲》、《学术月刊》、《民主与法制》，至今依然生命力旺盛。但对罗竹风来说，这些名刊并不是他谋利的工具和晋升的阶梯，而是他落实党的"百家争鸣"政策，推动学术发展与法制建设的分内职责。令人欣慰的是，无论创刊于1951年的《文史哲》，还是创刊于1957年的《学术月刊》，以及稍后的《民主与法制》，办刊人代有交替，却初心始终，任凭社会环境如何变幻，一直坚守着既有的道路和文化自信。这种坚守的力量，使人有足够的理由相信，罗竹风寄予厚望的《文史哲》、《学术月刊》、《民主与法制》，定会行之有序，传至长远。

第七章

鲁迅的方向　大众语和新文字
——罗竹风的杂文创作和出版活动

罗竹风说："一接触文学，就读鲁迅的作品，小说、杂文、翻译一起来，对我的成长无异于一种特效的发酵剂。鲁迅的作品是一座情趣和知识的宝库，可以说是取之不竭，用之不尽的。对于别人的作品，纵然是名家，也往往一览无余，看过算完。只有鲁迅的作品，不管是杂文或者小说，读一遍，再读一遍，以至无数遍，总感'似曾相识'，余音缭绕，另有新意。"①

关于鲁迅，罗竹风多有文论。1943年9月，罗竹风在《胶东大众》第17期，发表《论中国文学的鲁迅方向——鲁迅方向

---

① 罗竹风著：《行云流水六十秋》，上海教育出版社1991年版，第1064页。

就是中华民族新文化的方向》。文章对鲁迅评价极高：

1. 作为中国新文学之父的鲁迅先生，一生投身于解救中华民族的激烈战斗中，用自己的血和汗，给我们树立了进军的里程碑。把严峻而明智的斗争生活，与显赫而深远的革命前途综合起来，这就是鲁迅的路。遵循着这条路，继续努力地走下去，比起在荒漠中来开拓，该是省力多了吧。

2. 因而，在今天，探究一下鲁迅先生所遗留给我们的宝藏，必然是十分迫切有益的事情。

3. 鲁迅先生常把自己比作"牛"。三十年为中国耕作，吃的是草，挤出的却是奶。正是他这样辛勤的耕作，中国的土地上才滋长着年轻的文学嫩芽。也正是这样补养的"奶"，我们的文学才能从战斗中壮大起来。鲁迅的一生，从未静止过，他始终与人民一同：呼吸、呐喊、反抗、战斗，三十余年如一日，正像一头"牛"。

4. 不是为迷恋残骸，替陈腐的东西辩护，才到古人那里去找根据，而是完全用历史主义的态度，彻底地理解过去，才能更有力地服役现实。基于此，鲁迅先生才闪烁着他继承中国文学史上反叛主义的异常强烈的光彩，并且把中国文学一切优秀的遗产都批判地接受过来了。

5. 在《而已集》的题词里，鲁迅曾说过"这半年我又看到了许多血和许多泪。然而，我只有杂感而已。泪揩了、血消了，屠伯们逍遥复逍遥，用钢刀的，用软刀的。然而，我只有杂感而已"。鲁迅先生尽平生所有之力，藉文学为中华民族与劳苦大众作战，造成了他在中国思想史上文学史上举足轻重的地位，而且也造成了他在文学上的鲜明特色，这就是非常为敌人战栗的"杂感"。鲁迅先生独创了将诗与政论凝结于一起的"杂感"这种尖锐的政论性的文学形式，并且由其自身把它发展到最高峰，成为非常完整和富有战斗性的东西了。

6. 杂感，是匕首，是投枪，也是手榴弹，不断地向敌人掷去，也就不断地命中爆炸。这样，它就成为我们文学阵营中最为有利的武器了。

7. 有不少的人这样说："鲁迅的时代已经过去了！"那理由，不外是：作为鲁迅文学的一大特色的讽刺，已经不适合于现在了。因为时过境迁，对敌人，我们已经可以明枪明刀地摆下阵式打赢仗了，再用不着什么"讽刺"。难道这是真实的么？其实，并不尽然，讽刺是由于人世间上有缺点。只要讽刺的社会基础仍然存在，则被讽刺的对象，也将是层出不穷的。鲁迅先生是基于他对民族和大众的热爱，是要改造黑暗的社会：于是他大胆地暴露，搜求病源，并进一步地实行治疗。绝不是为讽刺而讽刺，而是把讽刺当作一件有力的武器，很灵巧地运用它，乃是收效颇大的一种战法。

8. 鲁迅的时代，正是我们现在所处的时代。鲁迅的时代没有过去，鲁迅先生仍然伴同我们作战。他活在中国人民的心里，永远是属于我们的，也永远是属于中华民族的，甚至全人类的。①

---

① 参见罗竹风：《论中国文学的鲁迅方向》，载《胶东大众》1943 年第 17 期。

时过境迁，再读罗竹风这篇纪念鲁迅先生的文章，心中依然能够激起阵阵涟漪，甚至产生冲动。那年罗竹风 33 岁，刚刚从"托派"嫌疑的牢房里放出来，出任胶东文化界抗敌协会研究部部长。这年罗竹风还在《胶东大众》发表了《猛烈开展新文字运动》等十几篇杂文、杂感和政论文章，充满着一位血气方刚的抗日青年所应有的那种气概。

罗竹风是一位深受鲁迅先生影响的"鲁门"弟子。20 世纪 30 年代，他就读北京大学，听章川岛说起过鲁迅在北大讲授《中国小说史略》的情景："讲话带着浓重的绍兴口音，慢慢腾腾，不急不躁，但抑扬顿挫，错落有致，而且妙趣横生，引人入胜，真是透彻而又生动。"当时，罗竹风就想，余生也晚，未能亲聆教益，不能不说是一生的遗憾。但是，罗竹风曾经有幸在大学三年级的时候到北京师范大学听过鲁迅先生的演讲。罗竹风回忆，当时因为听讲的人实在太多，会场只好从礼堂转移到了操场。鲁迅站在一张方桌上，处于人群当中。穿戴极其俭朴，戴的仍是那顶常见的旧礼帽，穿的是中式长袍，脚上照旧是双黑布胶底鞋。他既安详，又激动，滔滔不绝地说下去。在秋风萧瑟中，声音不高，但人们却听得很清楚。我们激动，我们感奋。当时并没有扩音器、也没有扬声喇叭，在广场上对群众讲演的场合，为什么竟能听得一清二楚呢？这是一个难以解开的谜，我只认为因专心致志，没有任何喧嚣，又加深秋静穆，才能达到这样好的效果。

演讲结束以后，人们一拥而上，把鲁迅先生团团围住，争先恐后地与他握手。罗竹风问中国文字改革和文学的道路，鲁迅先生微笑着说："大众语和新文字。"

言简意赅，但对罗竹风来说，仿佛是一个"启示"。

1986 年 3 月，在鲁迅先生逝世 50 周年的时候，罗竹风感慨万千："我只同他见过两三次，而且又是在群众密集的场合，但所留下的却是非常深刻而亲切的印象。每一想起，总感觉无限的力量在鼓荡，在有生之年，还是有一分热发一分光，'死而后已'吧，我想只有这样，才是符合鲁迅毕生战斗精神的。"①

罗竹风把出版家和杂文家两个不同的角色，很好地糅合在一起，出版助杂文一臂之力，杂文为出版添色，使其发展得更好。他是上海市杂文学会会长，从 1979 年到 1995 年每三年主编一本《上海杂文选》，不间断出版五本，并为每一本《上海杂文选》撰写序言。他还是《中国新文学大系》（1949—1976）杂文卷主编，在病房里多次与副主编、责任编辑推敲选目，并对全书的编辑工作提出了不少建议，直到病情恶化为止。

一、杂文的年轮《上海杂文选》

1978 年，上海文艺出版社计划编辑出版《上海杂文选》，项目主持人江曾培去征求罗竹风的意见，他当即表示赞同，并欣然同意出任主编。1962 年，罗竹风因为一篇《杂家——一个编辑同志的想法》而"引火烧身"。有人说那是罗竹风为编辑说的公道话，很有为民请命的味道。其实，对于杂文家罗竹风而言，那就是一篇有感而发的杂文，是他响应党中央繁荣文艺创作的号召而写的。文中借一位编辑的

① 罗竹风著：《行云流水六十秋》，上海教育出版社 1991 年版，第 1067 页。

话引出了他的议论，文采飞扬，杂文味十足，不少杂文爱好者屡读不厌，一直津津乐道。

在一次《上海杂文选》编辑座谈会上，罗竹风说，杂文是一面镜子，折射着社会与人心。编辑出版"杂文选"，不仅可以留下杂文发展的轨迹，更可从中观世风而知世态，希望大家共同来做好这一工作。罗竹风不仅亲自遴选好的杂文篇目，还为《上海杂文选》（1979—1983）写下了第一篇序言。这篇题目叫作《杂文之路》的序言，回顾了中国杂文过去几十年的不平常之路，对《上海杂文选》的编辑出版作了详尽说明。

对于选文的范围，一是上海作家在本市和外地报刊发表的杂文，二是外地作家在上海报刊发表的杂文。仅就这两条选文范围，足可体现出主编者的视野。之前，很多地方都曾经编辑出版过类似的文选，基本都是以本地作者为主，没有照顾到当地媒体发表杂文的外地作者，显得地域性过强。《上海杂文选》（1979—1983）的234篇杂文，体裁多样化，形式也是多样化，有的借古喻今，有的是针砭社会不良风气，有的是揭露官僚主义，有的是对文艺界的一些问题进行评论，这些杂文都寄希望于改革，是与祖国的命运息息相关的。

从第一本《上海杂文选》（1979—1983）开始，以后每三年选编一本，一直连续出版了五本。最后一本《上海杂文选》（1996—1999），是在罗竹风去世后出版的唯一一本《上海杂文选》，成为了这套影响甚广的"杂文丛书"的绝唱。

罗竹风为每一本《上海杂文选》都写了序言，这五篇序言看上去是为一本书而写，但是，如果将其放到大的历史背景之下，以发展的眼光去阅读，你会感觉那就是一部与之相匹配的杂文综论。且不仅是杂文走向的概述，不仅是文化倾向的探讨，也是对中国社会变革的一个描绘。

第一篇《杂文之路》，讲述鲁迅是奠定中国式杂文基础的先行者，由此起步，从20世纪20年代开始，杂文就成为新文艺的一个方面军。就其现实性和战斗性而言，在反对"三座大山"的历史任务中，恐怕是其他任何文艺体裁所不能比拟的，应当评为一等功。鲁迅所处的时代正是民族危机和阶级斗争最严重的岁月，他创造了一个投枪、匕首式的短兵相接的战斗武器，投向敌人的营垒，刺入敌人心脏，致敌于死命。鲁迅是为中华民族"破晓"而韧战不息的，为了争取光明，必须扫除前进道路中一切保守、落后、愚昧、黑暗的东西，为争取进步、发展、光明开路。鲁迅风骨，就是运用他独创的杂文"拨云雾而见青天"，短小、精悍、泼辣、锋利，而且大半又是对敌人战斗的。

　　现在时代不同了，社会主义是人类历史上一个崭新阶段，富有无限活力，有如晴天的太阳，光芒四射。但因它从旧社会来，向更新的社会去，在过渡阶段必然打上旧的"胎记"，再加上我们工作中的一些失误，形成了不少"黑点"，当然不能因为是属于自己肌体上的而姑息纵容，也需要进行批评与自我批评，及时加以消除。但主流总是好的，新人、新事、新道德、新风尚，几乎俯拾即是。在人们身上，"发光点"更是无处不闪烁，例如见义勇为，为公忘私，舍己为群，忘我劳动。无疑这都是社会主义制度的优越性伴随而来的，值得我们重视、珍惜和赞扬。我以为这应当是今天杂文的首要任务，这也是新时代所赋予我们的新使命，绝不能冷漠对待或等闲视之。

罗竹风是第一个提出杂文也要随着时代的脉搏而转向的杂文家，他崇拜鲁迅、尊重鲁迅。但是，罗竹风同时认为杂文的内涵非常丰富，而且有逐渐扩大的趋势。他认为杂文主要包括杂论、杂谈、杂说，因为简便灵活，形式多样，近于"街谈巷议"，特别值得提倡、扶持，使之日趋昌盛。凡杂文，总难免要发议论，而且这种议论又是一针见血的，毫无掩饰余地。既然要发议论，态度就得鲜明，必然包括赞扬与批判，而两者又是糅杂、融合在一起的，难解难分。当然，各有侧重，不能等量齐观。以歌颂为主，是因为时代不同了，数风流人物还看今朝，即使侧重于暴露，也应当归结到为什么而暴露，目的仍然是为了改革，为了扫除追求光明路上的障碍，精神应当是积极向上的，不是不顾社会效果，只图一时之快。

他提出如果能够不断搜集新作，几年出一本类似的杂文选，正像杂文的"年轮"所显示的那样，在战斗历程中，不断发展成长。这不仅是一部分可贵的文化史资料，而且也成为追踪某一时期战斗足迹的图像。这样做，将是大有好处的。

第二篇是《观民风而知世态》，这是他为第二本《上海杂文选》撰写的序言，选取时间是1984—1986年。共选出80位作者的289篇杂文，全书391页，罗竹风说有点成"气候"了。一方面说明杂文具有顽强的生命力，因为滋生它成长的土壤仍然厚实，另外也证明杂文作者还有面对现实、观照生活的激情。

罗竹风的杂文观是针砭时弊，正是为了疗救。新旧杂糅，此起彼伏，互相依存，旧的矛盾被克服，新的矛盾又出现，有时难分难解，甚至呈胶着状态。但社会总是不断前进的，有风便有浪，无不千丝万缕地与时代的主流相联系，而当前的时代主流正是对内改革和对外开放。杂文应当揭露、批判那些陈腐落后的社会现象，做一只呼唤风雨到来的海燕。为了不断提高人民的素质，对大量存在着的人民内部矛盾，应当采取诱导、劝诫的态度，不能以简单地鄙弃和摇头了事，更不能像对敌人那样一棍子打死。对所有美好的闪光点，即使还像萤火一般微弱，也要紧抓不放，并发扬光大。

罗竹风的一贯风格是做事从不敷衍。《上海杂文选》他不仅参与选题策划，还通读了所有选编篇目，拿出自己的意见，然后再下笔写序。他说，在看完全部清样以后，感到把80位杂文作家的作品集中编选成集，既见木又见林，题材广泛，问题多样，郁郁葱葱，蔚为壮观。通过一个地方的杂文选集，可以看到一定的时间跨度内的社会潮流和人心向背。这些社会潮流和人心向背，又无不与当前最主要的时代精神息息相关，也正是环绕着改革和开放这个总主题，针砭时弊，发扬正气，为通向更美好的生活披荆斩棘，铺路搭桥。这本杂文选所汇集的种种社会相，可供有心人追踪探索：或反思，或愤慨，或喜悦，或激励奋发。把这种点面交错的社会风貌呈现在读者面前，是杂文应尽的历史使命，任何其他文学样式如小说、诗歌、散文等，都是无法替代的。

作为一个出版家，罗竹风的眼光当然不会只盯着一本书的编选排印，还要看它的读者反响和社会效果，也要注重经济效益。在第一本《上海杂文选》（1979—1983）出版后，有人颇不以为然，说是等于浪费纸张，也就是说，何必多此一举！后来第二本又出版了，而且是在纸张更加昂贵的情况下出版的。世事纷纭，仁者见仁，智者见智，本不足怪，但是非曲直还须广大读者评说。罗竹风认为，第一集、第二集既已出版，第三集、第四集……也可能再陆续出下去，每隔两三年就为上海杂文作者留下足迹，从而观民风而知世态，恐怕也并不是什么多余的事情吧。

由于选编工作需要一段时间，编辑出版也有一个周期问题，所以每本书的实际出版时间和选编的年份是有很大差距的。比如《上海杂文选》（1979—1983）的出版时间是 1986 年，第二本的选编时间是1984—1986 年，而出版时间是 1989 年。如此一来，就难免看上去有原选作品滞后而罗竹风作序超前的感觉，似乎是打了一个时间差。不过这也好，正好可以用这段时间上的差异，给罗竹风的序留出空间，加以思考、平衡，对未来多些实质性的预判。

1987 年，经过罗竹风的提议，也是为了更好地继承鲁迅的杂文传统，壮大杂文作者队伍，发展杂文事业，把推动杂文事业繁荣的任务承担起来，上海市杂文学会成立，罗竹风当选会长。在第一次理事会上，他提出了要做几项工作，其中就有把《上海杂文选》继续选好、编好、出好的要求。他提出，作者的入选面应该拓宽，如果篇幅有限，宁可少选几篇老作家的作品，也要将机会留给年轻作者。

第三篇《无风不起浪 有风浪三丈》，单看这个题目就会勾起很浓的阅读兴趣。这是罗竹风为《上海杂文选》（1987—1989）所作的序言，此次共选收 84 位作家的 253 篇作品，虽不能说求全，也是八九不离十了。

这篇序言写于 1990 年，罗竹风再次提到了书籍的销路和成本问题。上海文艺出版社在杂文书籍销路不畅的情况下，为了文化的积累，使杂文能蓬勃发展，不顾成本地出版《上海杂文选》（1987—1989），这是值得感谢的。当时的罗竹风是上海社联主席，假如没有在出版局那五年多的工作经历，或许他并不怎么在意书籍的销路、成本之事。正是因为他是一个负责任的出版家，又无法放弃书籍对于一个民族文化发展的作用，所以，罗竹风专门给上海文艺出版社予以鼓励，要他们坚持走自己的路。杂文有针砭时弊的职能，它能如实反映特定时期的社会面貌，可以观民风、察利弊，引人警觉与振奋。这样的社会责任，只能坚持，不能放弃。而每隔三年，在众多杂文中遴选优秀篇章成册，将有助于读者加深对社会的了解，从而更好地发挥杂文抑恶扬善的作用，所以要以咬定青山不放松的精神，把《上海杂文选》编下去。

针对社会上出现的一些不正之风，罗竹风感言，看起来，杂文一时也脱离不开针砭时弊的职能。作者看在眼里，经过不断思索，写成杂文，必然会有深度和力度。只要作者是真心实意的热心人，忧国忧民，哀其不幸，怒其不争，而不是超然物外以至幸灾乐祸，即使是攻其一点，也不足怪。鲁迅当年曾讥讽过某种人，对无名肿毒采取自我欣赏的态度，认为红肿之处"艳若桃花"。果真如此，那就无药可救了。把人们的思维从困惑中拉出来清醒清醒，杂文可以起到作用。只要不讳疾忌医，勇于正视现实，对时弊口诛笔伐，拨乌云而见青天的日子就一定会到来。

第四篇序言《感时抒怀　爱憎分明》，罗竹风写完这篇序言的时间是1993年10月15日。这年的秋天，他在上海华东医院查出了身患前列腺癌且已经开始大面积转移，不得不住院治疗。这篇序言是罗竹风住院之后才写的，但是，文中丝毫不带"病情"，依旧朝气蓬勃，气宇轩昂，只是已经83岁的他也开始感念时间之无情："时间过得真快，不知不觉间三年已经过去，又一本新的《上海杂文选》（1990—1992）即将出现在广大读者面前。面对这些编就的厚厚一叠选稿，确有颇多的感慨。记得当时选编第一本《上海杂文选》(1979—1983) 时,曾有人担心以后每隔三年能否如期出书?事实证明,这种担心完全是多余的。如今《上海杂文选》不仅出到了第四本,而且作者的队伍不断扩大,作品数量也逐年增多,作品质量也有所提高。由于考虑减轻读者负担,本书入选的作品都是经过再三筛选的。即便如此,仍然收有作者 94 名、作品 268 篇,数量为历来几本之冠。足以说明杂文确实有着强大的生命力,而为时代所需要的。"

罗竹风写过一篇《无刺的蔷薇》,文中说,一个愚人所提的问题,一千个智者也回答不完。鸡为什么长骨头呢?桂圆无核岂不更好,这样吃起来该有多么方便!老鼠是专门为猫才生存的么?在哲学史上,这叫作目的论。蔷薇有花也有刺。有刺,采摘时是要扎手的,如果没有刺,岂不更方便。有花也有刺才构成蔷薇的整体,只有花而无刺,可以是桃花、菊花、梅花或其他什么花,但那就不成其为蔷薇了。取消某一事物的特性,全都一个样,人世间一定呆板、单调、乏味。蔷薇之所以构成独特的性格,正因为它有花,也有刺,两者缺一就不成其为蔷薇。

至此,罗竹风将笔锋一转说,写文章,大抵也该如此。

任何有进步意义的作品,必然是与时代紧密联系的。以针砭时弊,促进社会进步为己任的杂文,当然更不例外,否则就无法起到它应起的作用了。《上海杂文选》(1990—1992) 入选作品的写作期间,正是深化各个领域改革,进一步转换企业经营机制的时期,因此破除陈旧意识,转变落后观念,已成为现实生活中的突出主题……这些在入选的作品中也表现得很是鲜明,其中有抨击封建等级观念的,有批评陈旧的计划经济意识的,有斥责铺张浪费的,有讽刺脑体倒挂的,还有议论文人下海、人际关系、安贫敬业等。不仅内容丰富，而且爱憎分明，具有浓郁的时代气息和强烈的历史责任感，在艺术上也有一定的可读性。

序言的末尾，罗竹风觉得还应该再次说明的是，在目前严肃文学出版物大滑坡的情况下，上海文艺出版社不改初衷，仍在大力培植这朵带刺的蔷薇，为繁荣杂文创作作出了难能可贵的贡献，令人十分感动。

第五篇是唯一一篇没有题目的序言——

正值炎热盛夏的午后，本书的责任编辑将《上海杂文选》（1993—1995）拿到我的病房里来了，要我援前例写一点序言。

面对这厚厚一叠的校样，屈指算来，这已是粉碎"四人帮"以后每三年选编一本的第五本《上海杂文选》了。仿佛要说的话在前几本的序言中都已经说过了，但在翻阅之后，感到还有一点不仅要说还应予以强调的，那就是杂文在当前精神文明建设中的特殊作用的重要性。

十一届三中全会以后，随着党的改革开放政策的不断深入，我国的物质文明已取得了有目共睹的成就，相形之下，我国的精神文明建设却显得相当滞后，而精神文明落后的国家的经济是无法持续稳定地发展的。为此，党中央从今年开始（"九五计划"第一年）已将精神文明建设列入重要议事日程，作为一项大事来抓。在这样的形势下，揭露丑恶现象、鞭笞反动观念、批判错误缺点的杂文，将在"激浊扬清"的精神文明建设中起到不可替代、不能或缺的"激浊"作用，也会越来越受到各级领导的重视，和受广大人民群众的欢迎。这不只是一种展望，而且也为既成的事实所验证。从 1986 年出版第一本《上海杂文选》（1979—1983）以来，作者的队伍逐年扩大，作品质量不断提高，其影响也越来越明显，就是一个很好的例证。

对于本书来说，情况同样也是如此。本书的作者可以说是老中青三代同书，而且还不断有新人涌现。作品所涉及的领域则是无所不包，当然重点还是在于揭露各种不良社会风气，批判腐朽的极端个人主义的人生观，以及抨击形形色色的官僚主义和拜金主义，目的是为了促进社会主义精神文明的建设，提高全体人民的素质。在文风上则是百花齐放、各具特色，其中既有笔锋辛辣、读后令人拍手称快的作品，也有寓庄于谐、令人微笑掩卷后还要沉思良久的文章，这些我想广大读者在读后一定会有所体会，有所收获，用不着我再赘言了。

最后还要不嫌重复地说上几句的是：上海文艺出版社一而再，再而三、四、五地甘愿赔本坚持出版《上海杂文选》的精神是令人感动的。这种举动是表里如一地为精神文明建设添砖加瓦，是以实际行动来痛击拜金主义的歪风邪气，这样的好作风是值得我们很好地学习的。①

这是罗竹风为《上海杂文选》所写的最后一篇序言，也是他唯一一本没有看到的《上海杂文选》。这本书 1996 年底出版时罗竹风已先它而去了。在这本《上海杂文选》（1993—1995）中，选收了罗竹

---

① 罗竹风：《上海杂文选》（1993—1995）"序言"，上海文艺出版社 1996 年版。

风的《漫谈杂文题材多样化》、《生、老、病、死漫谈》、《词藻大国》、《即小见大》、《圣诞节断想》、《宗教与精神文明》等 6 篇杂文。这些杂文都是罗竹风在住院期间写的。其中，《生、老、病、死漫谈》是罗竹风病中非常真切的亲身感受，生是不由自主的，老、病、死三个环节紧密联系，对任何人来说都是必经之路，问题在于如何正确看待。首先应当理解，这是客观自然规律，它不依人的好恶为转移，即所谓"生死由命"。对此，君子理应坦荡荡，而并非常戚戚。其次，年老反应迟钝，行动不便，在平常生活中不怕"一万"，只怕"万一"。万一疏忽而引起意外，比如跌了一跤，往往就会一蹶不振，贻害无穷！第三，老年人由于长期习惯的沉淀，最易墨守成规，固执己见，凡事最好多听听子女的劝告和同志们的意见，尽量避免主观片面性。

罗竹风写道："生病会产生许多病态，心理反常，有时甚至想入非非。因此需要多方面调剂，只要有可能，就要坚持读书看报，多与亲朋通信，经常写日记，也可开阔胸怀，起移情疏解作用。高兴时唱一段'一马离了西凉界'或其他歌曲，使精神浸润于另外一种境界，对缓解焦急情绪也大有好处。其中奥妙颇难参透，姑妄言之姑妄听之吧。"

罗竹风就是这样一个人。夏征农说，每次到医院看罗竹风时，见他总是在翻阅书刊，或埋头写作，他见到我们时依然谈笑自若，看不到一点痛苦和悲伤的神态，对病魔和死神的威胁都早已置之度外，他真是一个特殊材料制成的人，他是一个彻底的唯物主义者。

梳理罗竹风主编的五本《上海杂文选》及撰写的序言，不难看出这一时期杂文发展的几个变化，一是写作方式在不断变化，从开始的有些拘谨和呆板，到题材多样，形式多样，语言丰富。二是涉猎内容更加广泛，无论针砭时弊，还是颂扬时代，无不显露着对民族的文化自信。三是通过这些文字折射出整个国家的变化，从解放思想、拨乱反正，到精神文明、改革开放，尽在其中。四是看出出版业的变化，社会效益与经济效益并重，已经成为出版界面临的双重要求。尽管这是《上海杂文选》，罗竹风却把它看作是上海杂文的年轮，其实，在很大程度上它也是中国杂文的年轮，甚至是中国社会在那个时期的另类编年。

继前五本《上海杂文选》之后，上海文艺出版社又推出了第六本《上海杂文选》（1996—1999）。由原来的罗竹风主编改为"本社编"。睹物思人，悲伤之感油然而生。《上海杂文选》主编写的序言，也变成了"前言"：罗竹风同志 1996 年 11 月 4 日去世，"这是上海杂文界的无法弥补的损失。对于他的去世，至今我们仍感深深的怀念，怀念他对上海杂文界的支持与关怀，怀念他对上海杂文创作的重视与爱护。"前言中接着写道：

> 本社自一九八四年出版第一本《上海杂文选》起，就是在罗竹风同志的直接领导下进行的，由他担任本书的主编，以后每三年出版一本，至今已出版了五本。自从本书出版以来，深受各界人士的好评，尤其是受到本市杂文界同志们的热烈欢迎，认为这是对上海杂文创作的定期检阅，既可展示成绩，也可提示不足，显然对促进上海杂文创作的繁荣是大有好处的，如今又要出版第六本《上海杂文选》的时候了，面对罗竹风已经去世的情况，这书是出还是不出呢，经过研究，我们决定还是继续出下去，理由很简单：既然上海杂文界有此需要，我们就应该责无旁贷地继续

下去，为繁荣上海杂文创作尽我们一份绵力。同时我们感到原定每三年一本的惯例，这一本所选的时间下限应定在 1998 年，但由于感到这个下限离本世纪结束还差一年，为了使本世纪的杂文能够在本书告一段落，因此决定将本书的下限延长一年，作品选至 1999 年为止。[①]

2000 年 11 月，第六本《上海杂文选》(1996—1999) 出版发行，也成就了每三年出版一本、连续二十年不间断的杂文界和出版界的盛事。

二、泱泱《中国新文学大系》杂文卷

1996 年初，上海文艺出版社策划《中国新文学大系》第四辑 (1949—1976)，在讨论"杂文卷"主编人选时，他们首先想到了罗竹风。但是，他们又知道此时的罗竹风已重病缠身，照理不应该再去打扰他了，可是罗竹风无疑又是最合适的主编人选。于是，上海文艺出版社的江曾培怀着矛盾的心理到医院与罗竹风商量。出于对杂文事业的热爱和支持，罗竹风没有迟疑就答应了下来，只是他觉得已经无力再像主编《上海杂文选》那样，又选编又写序，需要配一个副主编当助手。之后，罗竹风在病房里多次与副主编武振平、责任编辑张安庆一起推敲选目，并对全书的编辑工作，提出了很多指导性的意见。

---

① 《上海杂文选》(1996—1999)"前言"，上海文艺出版社 2000 年版。

　　罗竹风重病中欣然受邀担任《中国新文学大系》（1949—1976）杂文卷主编，源于他对杂文的情有独钟，希望在有生之年再为杂文事业略尽绵薄。还有一个原因，就是罗竹风对《中国新文学大系》同样怀有深厚的感情。《中国新文学大系》的创办人和第一辑的主编是赵家璧，这位长罗竹风两岁的出版家与鲁迅有着很深的交往，并经鲁迅引荐认识了内山书店的主人内山完造。一次，内山完造送给了赵家璧几本日本出版社的图书目录，使他受到启发，萌生了将中国"五四"以来代表作品汇集成一套大丛书的想法。赵家璧带着这个想法请教了鲁迅、茅盾、郑振铎、阿英等著名作家，得到一致赞同。在茅盾的帮助下，这套书的时限和编选体例很快就确定了下来，书名就叫《中国新文学大系》。

　　赵家璧1932年大学毕业后受聘到良友图书印刷公司做文艺编辑，组织编辑出版了《一角丛书》（80种）、《良友文学丛书》（40种），其后又组织策划了《中国新文学大系》。1949年以后，赵家璧先后任上海人民美术出版社和上海文艺出版社副总编辑。罗竹风担任上海市出版局代局长的时候，与赵家璧多有来往。1982年，赵家璧提出续编《中国新文学大系》，曾经征求罗竹风意见，两人看法相同，并最终确定新编的《中国新文学大系》不再另起炉灶，而是以赵家璧主编的《中国新文学大系》为第一辑，下边接着出第二辑、第三辑……

　　《中国新文学大系》第一辑选取作品的时间段为1917年到1927年，由上海良友图书印刷公司在1935年印行，共十卷。胡适选编的《建设理论卷》，郑振铎选编的《文学论争集》，茅盾选编的《小说一集》，鲁迅选编的《小说二集》，郑伯奇选编的《小说三集》，周作人选编的《散文一集》，郁达夫选编的《散文二集》，朱自清选编的《诗集》，洪深选编的《戏剧集》，阿英选编的《史料·索引》。这套书的最大看点不在各卷选编的作品，而是蔡元培为《中国新文学大系》写的总序，以及各卷选编者为所选内容写的长篇导读。总序和各篇导读对于新文学的发生、发展、理论主张、活动组织、重大事件、各种体裁的创作，或作历史的回顾，或为理论的阐释。在中国现代文学研究中，蔡元培的总序和各卷选编者的导读影响深远，选编者本身名声赫赫，撑起了这套书在文学史和出版史上不朽的地位。

罗竹风对赵家璧主编《中国新文学大系》充满感激和敬佩。1984年，赵家璧的《编辑忆旧》出版，罗竹风利用1985年春节的几天假期写下了长达7000字的《读〈编辑忆旧〉》一文，又在清明节修改定稿。文章分"在这样的时代背景里"、"《编辑忆旧》的内涵与外延"、"对今天的启示"。罗竹风认为，发生在20世纪30年代的重大事件，都应当放在当时的历史背景下加以考察。赵家璧的《编辑忆旧》所涉及的出版状况，也毫不例外，只有用同样的尺度去衡量，才能分清是非，看出当时进步出版事业的总趋势。通过一本书所展现的横断面，勾画出比较清晰的脉络，使读者了解错综复杂的斗争情况，掌握历史发展的主流，《编辑忆旧》是做到了这一点的，因而是同类书籍中最出色的。

《编辑忆旧》是以良友图书印刷公司作为半径扩展成一个面，主要论述了当时进步出版事业的概貌。赵家璧主持编辑工作，广泛联系作家，逐渐形成了以左翼作家为主干的作家群体，而核心正是鲁迅。这一点是罗竹风非常欣赏的，他在主持上海市出版局工作的时候不止一次提到编辑与作者的关系，倡导编辑密切联系作者，甚至参与到作者的写作计划和行动中，尽早把握写作与出版的进展。基于此，罗竹风特别强调编辑的自身水平和图书的质量。衡量一家出版社的本领高低和成绩大小，不仅要看它的出书品种，更重要的是看它的出书质量，一年下来，究竟有多少"保留书目"。赵家璧编辑的《良友丛书》始终坚持一要跟上时代，二要面向群众，出版有益于广大读者的书。这在罗竹风看来就是良友图书和赵家璧的成功原因。

罗竹风对赵家璧组织出版了《中国新文学大系》给予了充分肯定。他认为这套书收集了五四运动以来第一个十年的论文和作品，积累了丰富的资料，也可以说是总结了新文学运动十年来的经验，相当于一部新文学的百科全书。这在中国出版史上，应当说是富有创造性、开拓性的。一直到今天，它仍然是一部最有系统、最有价值的参考书，提供了研究五四新文学运动第一个十年的宝贵资料，还没有什么其他出版物可以替代。

罗竹风对《编辑忆旧》一书的评价非常高，认为是以良友图书公司为支点，勾画出了当时出版界、文化界的全貌，具有很高的史料价值。由于作者身临其境，所见、所闻、所想都属于第一手资料，因而更加可贵。这是本丰富多彩的著作，使读者能够清晰地看到出版界、文化界活动和斗争的场景，因而更值得向读者推荐。它不局限在良友图书公司的兴衰，而是通过个人的编辑实践，从良友图书公司的具体出书计划出发，纵横交错地展示了那个时代的文化横断面，因此极具史料价值，堪称是一部有血有肉的"报告文学"。

罗竹风还以专文叙说了他和赵家璧以及《编辑忆旧》的故事。1984年10月28日，赵家璧赠给罗竹风一本新近出版的《编辑忆旧》，并附有一封短信："我九月初随中国出版代表团去日本参观访问，半月后回到北京过国庆节，最近才返沪。记得1982年1月9日你答复我赠送《编辑生涯忆鲁迅》一书时说，'您大约也年逾古稀了吧，应该赶紧倾箱倒柜，把所有的材料写下来，我想只要能做到这样一件事情，也就功德无量了！'这几句话一直鼓励着我，鞭策着我，这两年又陆续写了二十余篇，北京三联约我编了一本《编辑忆旧》，仍以编辑二字为书名，印刷装帧，范用同志为之出了大力，还赶在四个月内出书，正好给我带了二十本去送给日本同道，反应尚好，现在奉赠一册，请批评指正。"

可见，赵家璧的这本有着广泛影响的《编辑忆旧》的出版，与罗竹风有很大关系，从中也可以看出两位出版家的心心相印。罗竹风由《编辑忆旧》引发的感想与启示，同样给出版界和文化界诸多新的启示。《编辑忆旧》给我们提供了大量资料和经验，发人深省。赵家璧作为青年编辑，通过自己的努力，敲开了众多名作家之门，并与之结交为朋友，组织出版了许多好书，至今仍然流传。像《中国新文学大系》，就是这样一部颇富启示意义的丛书。此后，上海文艺出版社进行接力，继续编选从 1927 年到 1937 年第二个十年的新文学大系，说明良友图书公司开辟的路正在拓宽。

1984 年，罗竹风为《中国新文学大系》第二辑的出版写下了《庆祝〈大系〉的出版》一文，认为人类文化的开拓和积累，很大部分依靠出版工作。出版是承前启后，继往开来，为人类积累文化财富并开拓新知识领域的有力工具。而其中有计划、有系统、多层次、多功能地编辑出版资料书和工具书，更是特别值得重视的。中国新文学运动的第一个十年，已有赵家璧主编出版了第一部《中国新文学大系》，工作是认真的，态度是严肃的，所有选集都反映了当时的写作水平，迄今为广大读者所赞扬。时隔将近五十年，上海文艺出版社继续编选了 1927—1937 这十年的《中国新文学大系》，从时间上说，可以和前十年紧密衔接；从作家和作品来说，反映了这一段国内矛盾的复杂局面。这些都是历史的足迹，时代的见证。当然还有今后更多的十年，都值得一步一个脚印地编选出来，为后人积累、提供丰富的精神财富。

回想一下，其实罗竹风在出版成套书方面早在他任上海市出版局代局长时就已经动作很大，前面提到的《十万个为什么》、《中华文史论丛》、《中华活叶文选》、《古典文学基本知识丛书》，都是属于成套的图书类。上海文艺出版社继续编选的《中国新文学大系》(1927—1937)，在赵家璧的主持下于 1986 年出版，1991 年又出版了《中国新文学大系》(1937—1949)。前三套被依次排序为第一辑、第二辑、第三辑。由罗竹风出任杂文卷主编的是第四辑，选收作品的时间是 1949 年到 1976 年，共 20 卷本，他还为其写下了很长的一篇序言。其中写道，"中国的杂文从战国开始，绵延不绝，一直到今天，可谓源远流长。发议论，舒愤懑，针砭时弊，发扬正气，陶冶性情，关心人民甘苦，有益于世道人心。现代杂文是由鲁迅开拓的。我们所要继承光大的也正是鲁迅杂文的战斗精神"。

《中国新文学大系》杂文卷所选收的 370 多篇杂文，起于 1949 年 10 月 1 日，止于 1976 年 10 月。这些优秀作品体现了这一历史时期杂文的主流，从某种意义上说，它所反映的种种社会矛盾，也是这一历史时期的基本内容。这些杂文的作者，在新的历史条件下，以中国人民的根本利益为依归，不同程度地继承了鲁迅的战斗传统，较好地发挥了杂文压邪扶正、祛恶扬善的积极作用。然而，他们中的许多人，却为此付出了沉重的代价，成为中国杂文历史长河中应该永远引以为戒的悲剧。但是，他们的作品，他们的精神，则为中国的杂文留下了一页值得颂扬的篇章，为后来的杂文，提供了继续前进的榜样。

因为对《中国新文学大系》怀有深情，因而罗竹风对这本"杂文卷"也寄予厚望。他说杂文是时代的反响，应当发挥"除旧布新"的社会效果，以呼唤人们的革命良知、振奋精神、激励斗志，纠正不正之风，树立社会正气，反对贪污腐化，提倡为政清廉，为精神文明建设多作贡献。在历史变革时代，人们喜欢杂文，人们需要杂文，不妨说，现在仍然是杂文时代。杂文日趋繁荣，说明它有顽强的生命力和战斗力。如果有人厌恶杂文，恐怕要从自身去找原因。刺痛了吗？对号入座了吗？不幸而言中了吗？总之，不能责怪杂文，恰恰相反，这种由杂文所产生的社会效能正是应当肯定的。这本《中国新文学大系》杂文卷的出版，如果能有助于发挥这种社会效能，那将使编者感到欣慰。

《中国新文学大系》（1949—1976）杂文卷可以称得上是大家云集，胡风、周作人、夏衍、冯雪峰、郭小川、茅盾、老舍、叶圣陶、郭沫若、费孝通、宋云彬、秦牧、廖沫沙、傅雷、谢觉哉、文怀沙、柯灵、邓拓、周建人、李锐、吴晗、林语堂，悉数在列。全书名篇聚汇，文采纷呈，冯雪峰的《杂感》，郭小川的《论"听话"》，老舍的《闲谈》，吴伯箫的《因陋就简》，韦君宜的《论体面》，楼适夷的《一个对比》，许钦文的《走弯路》，陈梦家的《论人情》等，都是难得一见的精品之中的精品，百读不厌。很多作者一生可能就是写了几篇杂文，却被主编慧眼识珠，纳入了《中国新文学大系》杂文卷，此乃作者之幸，更是读者之幸。没有罗竹风主编的《中国新文学大系》杂文卷，读者可能不会知道考古学家陈梦家的杂文写得那么好，文笔老辣又透着一个学者的睿智；不会知道诗人郭小川的杂文与他的诗一样充满了激情和想象力。从这个方面讲，主编罗竹风功不可没。尽管他并未看到《中国新文学大系》（1949—1976）杂文卷的出版，他主编的这部书却永久地与读者在一起了。

《中国新文学大系》第四辑出版之后，第五辑在经过了五年的筹备，也陆续出齐，邀请王蒙、王元化为总主编，聘请陈思和、雷达、孙颙、李敬泽、江曾培、吴泰昌等人为各分册主编，用 30 卷的宏大篇幅来全面展示中国新文学在 20 世纪最后 26 年的丰硕成果。这也是截止到目前出版的最后一套《中国新文学大系》。希望承载着代代出版人理想的《中国新文学大系》能够越走越远。

三、在《三代文盲》遗憾中告别杂文

罗竹风的工作经历，可以用极其丰富来形容，但是论时间还是在上海市哲学社会科学学会联合会最久，从 1956 年 2 月出任上海市哲学社会科学学术委员会筹委会秘书长算起，一直到去世前的上海社联名誉主席，整整 40 年。筹委会秘书长是他在社联的第一个职务，1958 年上海社联正式成立，他虽然已经被调到出版局工作，依然代表筹委会向大会作了筹备工作报告，并担任社联的上海语文学会副会长和党组书记。1979 年，在"文化大革命"中被取消的上海社联恢复建制，夏征农任主席，罗竹风又回来任常务副主席，主持社联的日常工作，从此以后，罗竹风就再也没有离开过上海社联。1984 年，他当选上海社联主席、学术委员会主任委员，尽管这期间他在社会上还有各种各样实质性工作和兼职，包括《辞海》常务副主编、《汉语大词典》主编、《中国大百科全书》宗教卷主编、《中国新文学大系》（1949—1976）杂文卷主编、《上海杂文选》主编，这些响当当又实实在在的头衔。

但是，罗竹风的心里沉甸甸的还是早年鲁迅先生对他说过的那句简短的话："大众语和新文字。"当时的语境是罗竹风向鲁迅求教关于新文化运动方向的一个问题，然而，罗竹风对此的理解已远远超出新文字改革的范围，应用到了他的工作实践中去。杂文创作是罗竹风一直没有停歇的事业，他究竟写了多少篇杂文至今也没有一个完整的统计数目。罗竹风说，他没有把自己发表的文章集起来的习惯，尤其在战争年代，打一枪换一个地方，很多作品的原稿和发表的报刊都丢失了。因此，1986年出版《杂家和编辑》，1991年出版《行云流水六十秋》时，下了很大功夫才搜集到了部分文字，其实还有不少篇目未能收集起来。让更多作者加入到杂文的创作中来，也是罗竹风一直在做的一件大事，他推动成立上海市杂文学会并任会长，助推《上海杂文选》的连续出版，出任主编并亲自写序。所以说，罗竹风不仅是一位创作型的杂文家，还是一名杂文出版编辑家，他对杂文编辑出版的认识具有超前性、时代感。他既想到出版杂文书籍的社会效益，也十分关心杂文书籍的经济效益。杂文事业贯穿始终，这是罗竹风与许多出版家不同的地方。

罗竹风的杂文思想源泉来自他对真、善、美的追求，来自他丰富的内心世界。他在为《中国新文学大系》（1949—1976）杂文卷写的序言中说，在我们祖国的大地上，存在着具有基础雄厚的真、善、美根苗，是取之不尽、用之不竭的精神源泉。大公无私，舍己为人，热爱祖国，见义勇为，大量新的好的事物不断涌现，成为引导人们向前的"闪光点"。杂文应当如实反映,更应大力宣扬。同时,杂文也应当揭露批判现实生活中的假、恶、丑,因为揭露批判坏的,可以为好的鸣锣开道。宣扬好人好事,也正是有利于暴露坏的。

在华东医院住院期间,罗竹风一直不愿意请院外护理工,能自己处理的事尽量自己去做,有时候连护士他都不愿麻烦。但是随着病情的不断加重,很多事情他自己已经无法料理了,不得不同意请院外护理工。罗竹风是一个性格开朗、乐于与人交往、愿意帮助别人的人。同在一层楼住院的一位病友,知道罗竹风是一位大学问家,就把自己写的一部小说拿来请他过目。罗竹风也不推辞,立即认认真真读了起来,不仅读而且还推敲修改,帮着推荐出版社,清样出来又帮着校对。当家人心疼地提醒他注意身体时,他却幽默地说,没想到在医院里当了一回真正的责任编辑。罗竹风还非常注意观察身边的人和事,当他听说病房里三个不同年龄层次的护工都没有上过学,都是文盲时,就给他们讲当年在胶东抗日根据地帮助老乡识字读书的故事。这时正好有河北《杂文报》向他约稿,罗竹风便将发生在华东医院自己身边的故事写成了一篇杂文,寄了过去,题目是《三代文盲》。写完这篇杂文的时间是 1995 年 10 月 5 日,其时罗竹风的身体状况已经非常差,眼睛开始昏花,头脑也是一阵清醒一阵混沌。他就是以这样虚弱的身体,靠着坚强的毅力把稿子写完,又仔仔细细地誊写出来——

三代文盲

[题解] 并非指一家三代而言,由于工作相同,是按 60 岁、40 岁、20 岁三个年龄段划分的。

住院生活不能自理,可以找一人护理照顾。这种办法是"文革"以后兴起的。我因腰椎骨折，行动不能自如，也请来一位护理人员帮忙。同病房的一位沈老，因患心肌梗死，卧床不起，也相继请了两位。他们均因家境贫寒，家中兄弟姐妹众多而失去上学机会。按岁数排列，分别是60岁、42岁、19岁，即构成老、中、青系列，这当然是巧合，但事实如此。

旧中国是一个贫困落后、文盲约占80%的大国，长期处于落后挨打状态。当时知识界有识之士，如晏阳初在河北，梁漱溟在山东都创办过乡农学校，开展普及教育，但收效甚微。中华人民共和国成立后，各级政府把普及教育列为重点计划，蓬蓬勃勃，成绩卓著，可谓有目共睹的事实。由于方针明确，措施得当，扫盲工作早已宣告结束。近年来，普遍实行九年义务教育制，更是目标明确，成绩显著。拿我家乡山东平度来说，过去贫困落后，在山区竟然找不到能写信的人，现在则被评为全国普通教育先进县（市），彻底消灭了文盲，这象征着文明、进步在现代化的路程中前进了一大步。所谓义务教育者，即强迫教育。就政府的职责而言，必须为就学人提供一定条件，而就受教育者来说，公民必须履行受教育的义务。但如今制定的义务教育法，不知为什么却变成了"希望工程"。只靠社会投资和捐献来办几处小学，似乎变成了一种慈善事业。由社会捐助办学，固然应当提倡，但作为唯一的途径，却未免失之偏颇。

有关公民办教育问题，最好是全面开花为好，一花独秀总是局限性过大，利弊得失还是值得商榷的。现在文盲大量存在，如何采取必要措施解决这个问题，已是迫不及待的了。多干实事，不务虚荣，从扫除文盲开始，我认为是切实可行的。

（10 月 5 日于华东医院）①

这篇杂文发表在 1995 年 11 月 10 日的《杂文报》，是罗竹风一生杂文创作的终点。

如果从罗竹风 24 岁在陈望道主编的《太白》半月刊第五期发表的杂文《看画》算起，到 85 岁写就《三代文盲》，他写杂文的时间跨度达到了 61 年。只是中间从 1962 年到 1978 年因《杂家》和"文革"被迫搁笔 16 年，即便这样也有 45 年的杂文创作历程，甚是可观。45 年罗竹风一共写了多少篇杂文，无从统计，我们所能集中看到的一本杂文集是 1986 年山西人民出版社出版的《杂家和编辑》，共 23 万字，再一本杂文集是上海教育出版社 1991 年 12 月出版的有 85 万字之巨的《行云流水六十秋》。这两本书所选文稿互有交叉，后一本基本包括了前一本的文章，没有时间和题材的避让。1991 年到《三代文盲》的发表，其实是罗竹风杂文创作的又一个高峰，形式多样，题材广泛，长短不一，见解深刻，是他这一阶段杂文创作的基本特点。可惜，这些文章没有能够结集出版，依然散落在全国各地报纸、杂志、书籍之上。

但是，罗竹风主编的杂文书籍却很有影响，他为许多杂文书籍写的序言和读后感，那些充满着时代感的"序言"，为一本又一本杂文书籍画龙点睛，起到了很好的推介作用。能够看到的有罗竹风为《老声新弹》（李欣著）、《杂文的裁判》（黄安国著）、《杂文学初论》（宋

---

① 罗竹风：《三代文盲》，载《杂文报》1995 年 11 月 10 日第 2 版。

志坚著)、《中国杂文鉴赏辞典》(山西人民出版社 1991 年版)、《从征拾零》(马少波著) 等写的序。如果能把他为所有杂文书籍写的序言和读后感收集在一起，完全可以出版一本很有分量的集子了。

杂文家江曾培把罗竹风称作"杂文界的一杆旗"，应该是一个比较确切的比喻。

第八章

戎装教授文韬武略　甘为他人做嫁衣裳
——罗竹风的出版才华和组织领导能力

罗竹风是穿着军装走进山东大学校门的，那是在 1949 年 6 月 2 日，他与王哲、高剑秋、张惠组成的军管小组党总支主持学校的日常工作，罗竹风任党总支书记。这就是罗竹风任山东大学军代表的来历，实际他们是代表中共山东省委接管山东大学的。1950 年春，罗竹风出任山东大学教务长，翌年出任山东大学与华东大学合并之后的新山东大学副教务长，8 月接华东局调令去上海工作。这样前后算起来，罗竹风在山东大学只有两年的时间。时间虽短，罗竹风和山东大学的老师、同学建立了非常好的同事、师生关系。尤其与校长华岗共事的日子，两个人心往一处想，劲儿往一处使，做了很多在全国高校领先的大事。在工作中，罗竹风与华岗建立了深厚友谊。后来，华岗受到政治迫害，被诬陷为"反革命分子"，投入监狱，于1972年含冤病逝。对于华岗的遭遇罗竹风一直心怀不解，又时常自责对此无能为力，未能帮助老校长改变处境。

1980年春，中央为华岗平反，罗竹风重新回到工作岗位，只要有与华岗校长相关的纪念活动，他都去参加。特别是《华岗传》和《华岗文集》的出版，罗竹风全力支持。当他听说《华岗传》的作者向阳在写作过程中，遇到了意想不到的困难，罗竹风立即写信给予鼓励，并想方设法帮着解决。对于《华岗文集》的出版，罗竹风更是尽心竭力，从大处谋划，从小事做起。他写信给作为军代表一起进入山东大学的同事刘禹轩，认为"最好能千方百计编辑出版《华岗文集》，我初步考虑不妨成立编委会或编辑组，吸收各方面热心人士参加，众志成城，共襄义举。可否考虑，除已出版的专著外，一般搜集单篇文章。向阳写的《华岗传》已有附录，可仔细核对，还有哪些遗漏，资料以完备为佳。如果《文集》，应以多取胜，如果《文选》，应减少篇幅，求精为上。为华岗校长多做点好事和实事，如能尽心尽力把《华岗文集》筹划出版，我们尽了一份心意，我认为这是我们应尽的责任。华岗校长在九泉之下，亦必欣慰而含笑，对于后辈也是一份宝贵财富"。即使是在病中，罗竹风也是三番五次地催促："时间不等人呀！要有紧迫感。"他还给华岗学术研究会会长林默涵去信，再三叮嘱："这事并非一帆风顺，必须经常抓而不懈，希望把这件事办成功，以告慰华岗校长在天之灵。"

在罗竹风的积极督促和鼓励下，1998年8月，《华岗文集》由山东大学出版社出版，可惜的是罗竹风没能看到就去世了。但是，他对《华岗文集》出版所作的贡献，对华岗校长以及过去同事、战友的情谊，着实让人感动。

一、出版家这个角色

什么样的出版人才称得上是一位出版家，其实很难给出一个标准答案。邹韬奋、张元济、陆费逵、王云五、舒新城、李小峰、赵景深、赵家璧等，在他们的名下有一串出版成绩单；胡适、鲁迅、茅盾、陈独秀、郑振铎，他们的名声是因为作品而鹊起。他们有的是专职的出版人，有的则是在主业之外兼搞出版工作。

中华人民共和国成立之后，政府对出版事业的管理一直比较重视。1949 年 11 月 1 日，国家出版总署在北京成立，署长胡愈之，副署长叶圣陶、周建人。这三位尤其是胡愈之，可谓出版界的风云人物，他一生集记者、编辑、作家、翻译家、出版家于一身，是新闻出版界不多见的全才。他与邹韬奋共同主持了《生活》周刊，主编《东方》杂志，创办《世界知识》、《妇女生活》，首次编辑出版了《鲁迅全集》。1954 年 11 月，国家出版总署的工作职责划归文化部，出版总署自然撤销。

相对国家出版总署成立的时间，华东出版委员会在上海成立得更早一些，冯定兼主任，后来改名为上海市人民委员会出版管理处，1957 年 5 月 14 日又改组为上海市出版局，罗竹风任代局长。

罗竹风担任出版局代局长只有五年，但在他的出版生涯中却是浓墨重彩的一笔。第一个是"出版八条"，这是他的出版管理思想，第二个是对"出版学"概念的认可，这是他的出版编辑理论基础。

"出版八条"的全称是《关于改进上海各出版社工作的意见（试行稿）》，在罗竹风的具体领导下，于1961年8月写出初稿，经过四次修改，共八条，一万字，同年底以试行稿形式发至上海各出版社试行。这个"出版八条"实际就是罗竹风针对过去几年出现的一些违背出版规律，搞"图书出版大跃进"，不重质量盲目追求数量，致使出版物差错百出，提出的一些有效的管理措施。主要内容归纳为以下几点：

1. 出版社是编辑出版图书的文化学术单位，是党的政治思想工作阵地，出版社的主要工作是根据党的方针政策，积极地团结和组织作者、译者从事著作、翻译国家和人民所需要的图书稿件，进行认真的编辑、出版工作，通过拟订选题，组织、审查稿件和必要的修改、加工等工作环节，以保证并努力提高图书质量。

2. 图书是精神食粮。图书出版之后，流传较广，影响深远，对保存、传播和积累文化具有特殊重要的作用，因此，图书应该更加注意知识性、稳定性，有些图书还应注意系统性。我们的工作中也曾经出现一些严重的缺点和错误，主要是对图书工作的特点注意不够，在贯彻方针政策中有片面、简单化的地方。对图书出版工作为政治服务的理解过于狭隘，有一个时期过分强调了出书直接为当前的政治运动和中心工作服务，并且片面地追求多、快，忽视质量，甚至产生过粗制滥造的情况。

3. 根据书籍的特点，和它同报纸、期刊的不同社会分工，书籍中只有某种短小精悍的形式（如宣传画、小型的说唱材料、传单、小册子等），在一定的时期、一定的条件下，可以直接配合当前重大政治事件，及时地为政治运动服务，为当前的中心工作服务。为政治服务与为政治运动服务是两个不同的概念，不应混同起来。而间接配合乃是书籍的经常的、大量的主要形式。出版事业为政治服务，根本上就是为工农兵，为劳动人民服务，这种服务表现为出版质量较高的好书。要注意适当出版一些虽然不是马克思主义的，但是内容无害而在学术上和艺术上有一定价值的东西。书籍的质量越高，拥有的读者越多，所起的作用就越大。

4. 图书稿件的编辑工作是出版工作的中心环节，是复杂的精神劳动，出版社应该既出好书，又出人才。编辑干部一般应该努力做到，具有爱国主义和国际主义思想，拥有进行编辑工作所必需的基础知识和有关的专业知识。有相当的文字修养，力求懂得古代汉语，有必要和有条件的还应通晓一种或几种外文，有一定的编辑出版业务知识。对于有特殊才能，具有突出成就，或钻研业务特别努力而又发展较快的优秀编辑，尽可能地优先为他们创造各种条件，实行重点培养。要保证出版社的编辑人员除每年学习两个月、劳动一个月之外，其余至少有六个月时间能够切实地用于编审书稿。同时，组稿和参加学术活动的时间，也应有切实的保证。要保证他们自由支配业余时间，用于学习。

5. 作者、译者是出版社的支柱，他们的劳动成果是出版社工作的基础。逐步建立自己的基本作者队伍和团结一批专家作为顾问，充分调动他们的积极性，调动知识分子的积极性，还要在经济上、生活上多关心、照顾。稿酬制度是社会主义社会按劳分配原则在出版工作中的一种体现，又关系到党对知识分子政策的正确贯彻，因此出版社必须正确掌握和严格执行稿酬制度。

6.1958 年以来，对"双百"方针贯彻执行不够得力，在学术和艺术上未积极地使不同学派、不同风格、有一定水平和价值的著作有出版的机会。艺术上各流派的自由竞赛和学术上各学派的自由讨论，不是由哪一个学派和流派来领导。把出书的路子放宽，出书的门路是否宽广，品种是否繁多，是图书出版工作执行"双百"方针好坏的标志。各出版社应该在各自的分工范围之内，主动积极地组织出版各种门类、各种学派、流派的著作，不能人为地限制某些门类某些题材图书的出版。在学术见解、艺术风格、流派、题材上，把路子放宽，不要轻率地否定这个，否定那个，或者简单粗暴地加以限制。

7. 在编辑加工过程中必须谨慎从事，注意尊重作者的观点和风格，向作者提出意见时，要有可靠的依据，慎重稳妥，切忌武断轻率。在一部书稿中，作者在某个学术问题上的论点和论断与众不同，但能持之有故，言之成理，编辑不应以个人的爱好和学术见解的不同而随便否定，或要求作者根据一己之见加以修改。在学术问题和艺术风格上避免编辑部对作者干涉过多，限制过严。

8. 图书评论是支持科学家、文艺作家的创造性劳动，指导读者、督促编辑提高图书质量的重要武器，开展书评工作，对"双百"方针的贯彻具有促进作用。对前一时期图书出版工作中存在的废弃古外题材，不积极组织力量整理、翻译有价值的古外著作的偏向，加以纠正。

除在特殊情况下，并经上级党委批准外，各出版社不得因搞政治运动而停止业务工作。

以上八个方面不是按照"出版八条"的次序顺下来的，而是根据内容的相近而组合的。这样细致、周全、大胆的出版工作意见，在当时的历史条件和政治环境下，能够出来的确是一件不容易的事情。同时，也可以想见"出版八条"的执行难度和命运。"文革"开始，"出版八条"立即成为被批倒砸烂的政治靶子。

不难发现，"出版八条"的内容与罗竹风在很多论述出版编辑工作文稿中的说法，十分相近。这说明他对出版编辑的管理工作很是上心，想方设法使之渗透到实际工作的每一个角落。在上海市出版局"出版八条"的带动下，全国各省、自治区、直辖市的出版主管部门，也相继制定了类似的管理条例、规范出版工作，但是都没有"出版八条"这么详细。抛开时间的巨大差异，"出版八条"涉及的诸多内容，在当今的出版工作中依然有着很强的实用性，依然闪烁着思想的火花。"出版八条"并没有因为时间的推移、政治环境的变化、读者层次和要求的提高、图书出版机制的更替，而失去存在的意义。

罗竹风对"出版学"的认知与形成，是他在代局长岗位上的重要贡献。中国是一个书籍出版的古老国度，但是"出版学"作为一个概念提出，是很晚的事了，倒是与之相近的"编辑学"提出得更早些。1949年3月，广州自由出版社出版了一本叫作《编辑学》的书，作者是李次民，时任广东国民大学新闻系教授，有多年新闻采访实践和教授新闻学的经验。他在1947年开始讲授编辑学，这本书主要讲的也是报纸编辑学，也有部分涉及了杂志编辑学，但没有书籍编辑学的问题，更没有涉及"出版学"。"编辑学"这个词从此在新闻出版界传播开来，并被一直沿用。

但是，从分类学来讲，"编辑学"应该是"出版学"的一部分，出版涵盖了编辑，"出版学"比"编辑学"内涵更丰富，外延更广大。

罗竹风直接使用"出版学"作为论述对象的文章并不多，1984 年他发表在《上海出版工作》第 12 期的《对出版学的点滴看法》，算是比较明确的点题之作。他说，"学"是什么？它无非是一门学科的内在固有规律，而为专业工作者在反复实践中所发现、所证明，并有意识地加以总结、提高和深化的结果；同时也是它在与外部事物联系中所具有的特性、地位与作用。这算不算是对"出版学"的一个定义，或者说这样的"出版学"定义是否准确，似乎他本人也不太确定，只是认为"条件早已成熟，现在应当从事社会主义出版学的探讨和研究了"。

　　罗竹风认为，出版学就是一门研究、发掘和掌握出版基本规律的学问，属于理论建设范围。它和"出版史"、"出版概论"有密切关系。"史"是以时间先后为序，从纵的方面论述出版的发生、发展与趋向，从中吸取经验，对今天的发展有所借鉴。"论"是某一学科的横断面，就其内涵分门别类地提供有关分支的必要知识，勾勒出各自的概貌。史、论交叉，便可有系统地看出这一门学科在时间上的推移，即历时性；同时也可以观察它在一个平面上的运动状况，也就是所谓的共时性。不管是史或论，都不能够代替"学"的地位和作用。"学"是更概括、更深入地揭示事物本质规律，要言不烦而带有纲领性、指导性的原理。它是史、论的高度概括和指导原则，而史、论又构成"学"的必要条件。史、论正确与否，往往与"学"本身的科学体系有关，正如部门经济纵然包罗万象，但它不能取代政治经济学一样。①

　　以上这段论述，罗竹风笔力较深。毕竟，"学"是与"学问"连

---

　　①　罗竹风：《对出版学的点滴看法》，载《上海出版工作》1984 年第 12 期。

在一起的,"出版学"当然也是一门涵盖内容非常丰富的大学问。如罗竹风说的,"学"是开锁的钥匙,是具体学科的酵母,但它需要通过史、论提供营养,才能做到丰满和完备。新闻学的纲领是所谓五个W,出版学的特性又应当是什么呢?这正是出版学所要探讨的。实践出真知,真正的经验则是实践的结晶。从实际出发,先从出版学的一些具体问题开始,由小到大,由局部到全体,根据"双百"方针的原则,各抒己见,自由活泼地开展学术讨论,不能武断地"定于一尊"。不经过争鸣的"一尊",正如雨中的泥菩萨,寿命是绝不会长久的。只要这个问题引起大家的重视,采取必要的措施,持之以恒地加以研究,便不难搞出成果来。

1983 年,胡乔木致信教育部,要求在几个高等学校试办编辑学专业,提出了"编辑之为学,非一般基础课学得好即能胜任"。他说,在历史上,我国著名的典籍编辑经验,也有不少记载,不过需要收集整理,需要"有心人的努力"。科学家钱学森也强调编辑工作是一门科学,应该研究它的发展规律,创造出一门马克思主义的编辑学。对于胡乔木的建议,罗竹风很是赞成,他说胡乔木提议在个别高等学校试办编辑专业,为出版社有计划地培养编辑人才,这应当说是一个起点。为办好编辑专业,出版行政管理部门和出版业务部门,理应积极出谋划策,协助有关教育行政管理部门把这件事情办好。1983 年 6 月,中共中央作出了《关于加强出版工作的决定》,明确提出要建立出版发行研究所,加强出版、印刷、发行的研究工作。1984 年,中国出版发行科学研究所正式筹建,着手组织对出版、编辑、发行科学的研究工作。

根据《关于加强出版工作的决定》,罗竹风提议上海建立出版研究所，专门培养高级人才，倡议成立编辑学会，作为群众性的学术团体，经常开展有关出版学的学术讨论。出版学的研究对象是出版的方向、性质和任务，以及带有规律性和指导性的相关问题，是探讨出版工作内部以及出版与其他相关部门种种规律的科学。而对出版学的探讨和研究应当是多方面的，不能过于局限，见木而不见林。

关于出版学的理论探讨，罗竹风一直没有怎么展开，他在这个问题上的思考实际是贯彻在出版工作实践中的。著名的《杂家》一文，以及后来的《再谈"杂家"》、《三谈"杂家"》、《编辑与杂家》、《编辑忆旧》等，字里行间无不是他出版学思维的发散和渗透。

1985 年 6 月上海市编辑学会成立，这是国内第一个此类学会，罗竹风、赵家璧等人被聘为顾问。第二年，上海市编辑学会创办以罗竹风的《杂家》一文为刊名的《杂家》月刊。"本刊编辑部"在创刊号《告读者朋友的几句话》中说：

> 本刊取名"杂家"之意，必须先作个交代。"杂家"这名词，既古老，又年轻。说古老，因它早在二千多年前，就名列于先秦时争鸣的"百家"之列。班固认为它"和儒墨，兼名法"而又自成一家。"杂家"的代表作《吕氏春秋》享有"一字千金"的声誉。那时，当个"杂家"好像还是挺"光荣"的。时移世易，到了二十世纪的六十年代，在中国的上海，演出了一场"杂家"事件，一批人为之遭难，"杂家"作为"编辑"的代名词，从此也跟着倒霉，而且似乎到今天也没有完全脱去"华盖运"。这就是"杂家"的"年轻"的含义。我们以"杂家"命名刊物，就是要"冶古今于一炉"，把既古老又年轻的"杂家"合为一体，希望借古

人的光，让"杂家"这名字重新"光荣"起来，为社会、为人们所了解和接受。

《杂家》在书刊发行不景气的气候下诞生，并在报刊如林的竞争环境里生长。但是，这也正可激励它自强不息、艰苦奋斗，去创造自己的未来。罗竹风作为"本刊特约撰稿人"在创刊号发表两篇文章，一篇是《三谈"杂家"》，接续着1962年发表的《杂家——一个编辑同志的想法》和1979年发表的《再谈"杂家"》，这是第三篇关于"杂家"的文章。编辑是"杂家"，无非是说他需要有广博的知识，可以从多方面鉴别稿子的质量，并能向作者提出中肯的修改意见，使图书质量"更上一层楼"。在杂中求专，这是老编辑的必然归宿，譬如说编辑经多年研习，也可以成为哲学家、历史学家、经济学家、语言学家以及理工科的各种专家。罗竹风的另一篇文章是《"杂家事件"的前前后后》，他在此文中第一次比较详细地透露了当年"杂家"事件的前因后果。为了让大家了解当年那段历史，珍惜来之不易的大好形势，随文发表的还有当年《杂家》一文的责任编辑余仙藻写的回忆文章《雨过天晴话〈杂家〉》，以及罗竹风的《杂家——一个编辑同志的想法》和姚文元的《两个编辑同志的想法》、何言的《我也有一点想法》。可以说，刚刚创刊的《杂家》热闹非凡，精彩纷呈，既有对艰难岁月的回顾，也有雨过天晴的喜悦和对明天的向往。《杂家》第二期推出了罗竹风的《七十四岁自述》，开头就说："鲁迅写《阿Q正传》，一开始关于'传记'问题就发表了一通议论。草木之人如我者，自己写'传'没有必要；别人为之立传，难免有所隔膜，而且也毫无价值。"结尾则是："其实，是完全没有必要的，如果能多少起点'镜子'的作用，那算是意外的收获，连自己也就欣然有喜色了。但愿如此。"①

上海市编辑学会在创办《杂家》的同时，还创办了《编辑学刊》。本刊的宗旨是：积极开展编辑学的研究，总结和交流编辑工作的经验，提高编辑队伍的素质。长期以来，编辑们有一个"为他人做嫁衣"的好传统，但也因此忽略了自身工作的建设，以致至今还没有一部总结编辑工作经验、探讨编辑工作特点和规律的编辑学。编辑工作，有悠久的历史，成千上万的人在从事这项工作，从实际出发，探讨它的特点和规律，是可能的也是必要的。吕叔湘、罗竹风、宋原放都在"创刊号"发表文章。吕叔湘的题目是《谈谈编辑工作》，共三个问题，一是当编辑既要有基本功还要不断地补课；二是编辑既要是专家又要是杂家；三是当编辑既要有创造力，还需要批评力。罗竹风文章的标题是《出版工作的"十字路口"》，他认为健康方面是出版工作的主流，但也存在着不健康的支流。发展健康的主流，克服不健康的支流，应当是全体出版工作者的职责。宋原放时任上海人民出版社社长，他认为出版学为总结编辑、印刷和发行等方面的工作，以及有关的经营管理，提供了理论基础，有助于出版工作者有效地做好出版工作。

《杂家》与《编辑学刊》两份杂志相得益彰，对推动出版学的形成、发展，起到了助推器的作用。如果说罗竹风关于"出版学"及"编辑"、"杂家"等相关论述是"文韬"，那么"出版八条"就是带有一定约束性的管理条例，可称为"武略"。抗日战争时期，有人将罗竹风这个北京大学中文系毕业的学生比喻为"穿着长衫的战士"；当他

---

① 罗竹风：《七十四自述》，载《杂家》1986年第2期。

作为军代表接管山东大学，成了教授、教务长，老师和学生叫他"穿着军装的教授"。文韬与武略兼备，也可以说是罗竹风作为出版家角色的标签。

二、傻子才去编辞典

对一般读者而言，知晓罗竹风大名的恐怕没有几个，但一提到《辞海》则无人不知。这就是一个辞书编纂家留给后人的财富，当然，这也是辞书编纂家留给自己的遗憾。

于光远在一篇纪念罗竹风的文章中写道："我对辞典的认识应该说是后来才提到应有的高度的。1979年我第一次去巴黎访问法兰西科学院，我从该院院长的介绍知道，法兰西科学院院士中有好几位是辞书编纂者，以前我就没有这样的知识，也没有'辞书专家'的概念。1954年我参加中国科学院学部委员酝酿时，就没有想到要让辞书专家进入中国科学院学部委员名单的问题。1957年我访问苏联《大百科全书》主编邵武勉院士时，对他本人的专业我未作了解，不知道他是否是辞书专家。直到二十多年后访问法兰西科学院，听到这个介绍后才反省了自己对辞书专家认识的不足，才懂得应该为辞书专家鸣不平。我的认识提高后，就看出社会上对辞书专家的地位重视得太不够了。我认为应该提高辞书编纂者的地位。"

编辞书不是一个最好的工作选择，一位意大利语言学家说过："十恶不赦的罪犯既不应处决，也不应判强制劳动，而应判去编词典，因为这项工作包含了一切折磨人的痛苦。"此话当然是戏谑之言，但从中可见编纂词典的艰辛程度。编辞书不仅需要广博的知识，还需要有忘我的工作、奉献的精神、不图名利的境界。编纂辞书没有捷径，古今中外概莫能外，一部好的辞书，没有几代人的努力，是难以成为传世之作的。辞书是一个民族文化精粹的传承载体，同时还是人们工作、学习、写作、科研不可缺少的辅助工具，因而辞书又被叫作工具书。无论编纂辞书多辛苦，总有像罗竹风这样的人乐于献身其中，甚至以苦为乐。正如一位《辞海》编辑所言，长期过这种苦日子，也就不觉得苦了。美国的一位辞书专家也说，一个辞典编纂者每天遇到新问题，通常是小问题，但却往往引人入胜。在一天工作结束的时候，一个辞典编纂者感到疲劳，但想到了整个工作获得的进展，又无比欣慰。

编辞书到底有多苦，我们从罗竹风的文章、话语中是难以看到，我们只能看到他对这项事业的不断追求、不断探索。《汉语大词典》工作委员会副主任丁方明回忆，罗竹风住院后，虽在重病中，却对正在编辑的《汉语大词典》简编本极为关心。他曾在信中说，拟召开编委会，进一步研究简编本的工作，搞好质量检查，力求再上一层楼，再获国家图书奖。《汉语大词典》出齐后，他又认为可以继续编辑出版系列汉语词典、断代汉语词典，如春秋战国先秦两汉、魏晋南北朝、唐宋元明清，以至现代汉语大词典。

《汉语大词典》学术顾问陈原说，"傻子才去编词典。编词典不是人干的活，而是圣人干的事情。你钻进去有无穷的趣味，你不钻进去简直就是味同嚼蜡。"罗竹风则对陈原说，"做词典工作的人都要抱着'我不下地狱谁下地狱'的自我牺牲精神，我们这辈人，似乎要多为子孙后代着想，即使作出牺牲，也是值得的。"

三、一个好汉三个帮

1988年，李储文和罗竹风共同出任《社会科学争鸣大系》丛书总编委会主任，由上海市社会科学学会联合会组织六百多名社会科学工作者参与编写，历时三年完成。"大系"共分为《哲学卷》、《社会主义经济理论卷》、《世界经济·国际关系卷》、《社会学卷》、《历史卷》、《法学·政治学卷》、《科学社会主义·国际共运史卷》、《教育学卷》、《文学·艺术·语言卷》、《部门经济卷》。这套书比较全面、系统地反映了1949—1989年哲学、社会科学的学术争鸣情况，是一部开拓性的学术类资料丛书。丛书对此间各个时期的重大学术讨论作了回顾和梳理，客观、准确地介绍了争鸣的不同观点和主要论据，同时也尽力简明扼要地介绍争鸣的历史背景及演进轨迹。

在当时的环境下主编这样的丛书需要承担各方面责任，参与者有一些顾虑。正在为《辞海》（1989年版）忙得不可开交的罗竹风，意识到了这个问题，毅然决然参加到编委会中，并与李储文一同担任总编委会主任。这套书的最大突破是对过去遭受"批判"的学术观点和见解，也作出反应，给予应有的地位。对此，学术界评价甚高。

作为主编"专业户"，罗竹风表现出了很强的适应能力和"杂家"本色。历史学家杨向奎对他的评价是：

> 做学问和做实际工作相结合的专家。主持编纂像《辞海》、《汉语大词典》这样的鸿篇巨制，没有运筹帷幄，决胜千里这样的组织能力，是绝对不行的，而竹风同志做到了，而且做得十分

完美，他对语言学等多个学科的研究，并取得出色的学术成就，都无不是与实际工作紧密相连的。有学问又有行政能力，这是很难的，然而在竹风同志身上体现得却是那么和谐。我一直认为竹风同志是大学校长最好的人选。①

在主编《汉语大词典》的初始阶段，罗竹风遇到了许多意想不到的难处，如此浩大的文化工程，编纂人员来自华东五省一市的几十所高等院校、科研单位、出版机构。怎样把这些来自不同行政管辖地区、行业、部门的人拢到一起，齐心协力，把《汉语大词典》编好出好，只靠单一的行政命令和一纸任命状是不行的，还要建立健全《汉语大词典》自己的学术机构、管理机构、组织机构。罗竹风大胆构想，推出了一个保证《汉语大词典》各方面顺畅运转、各尽其能、各显神通的"三驾马车"，即三个委员会：以吕叔湘、王力等著名专家、学者组成的学术顾问委员会，以陈翰伯为主任的工作委员会，以罗竹风为主编的编辑委员会。这三个委员会无疑对推进《汉语大词典》的编纂起到了学术、组织、协调保障作用。没有一种大格局是难以想到这些的。亲身经历了这个过程的原汉语大词典出版社社长阮锦荣，不无感触地说，"罗老是《汉语大词典》的总设计师，又是强有力的领导者。没有罗竹风就没有《汉语大词典》"。

罗竹风经常说："一个好汉三个帮，大家帮我，我就要有所回报。写书出书不容易，让我写序、前言、书评之类的文章，或者当主编，也算是为作者分担一份责任和辛劳。"在罗竹风的笔下，凡是对他有

---

① 上海社会科学学会联合会主编：《罗竹风纪念文集》，上海辞书出版社1997年版，第308页。

所帮助的人，他都会记在心里，甚至写在文章中。他对《中国大百科全书》首任主编姜椿芳的怀念，对《汉语大词典》工作委员会主任陈翰伯的记忆，对实干的出版家边春光早逝的痛心，无不充满着感激、感谢和惋惜。他在写给丁方明的信中说："《汉语大词典》十二卷出齐，端赖各省同志努力，作为主编，我将永远不忘。"

安徽大学出版社的徐成志对罗竹风深怀感激之情，他说，"对于我们这些终年'爬格子'的人来说，最令人高兴的莫过于自己写的书出版发行。1994 年 4 月，我为之奋斗了多年的《中华山水掌故词典》付梓，想请一位名家作序，自然想到了著名辞书编纂家罗竹风先生。我虽在《汉语大词典》编纂之初就认识了罗老，但罗老并不认识我。八十年代末，罗老虽为我们四人合著的一部辞书作过序，但那是责任编辑为我们代请的，个人之间从未直接交往。可是我因为在《汉语大词典》编纂过程中感受到他对辞书事业的热忱和重视，对后学的关怀和提携，贸然给他寄去一信和校样，大胆求序。信发出不久，便从赴京参加《汉语大词典》庆功会的同志处获悉，罗老已病重住院，而且患的是骨癌。他是在女儿陪同下坐着轮椅上飞机到北京入会的。这一消息犹如晴天霹雳，我预感到我们将失去一位热心辞书事业的著名专家，同时为自己的冒失和鲁莽后悔莫及，当然也就不再指望得《序》了。"

令徐成志没有想到的是，当年中秋节刚过不久，他就收到了罗竹风为《中华山水掌故词典》写好的序言。四张八开的大稿纸上，洋洋洒洒，是用颤抖的笔迹写出的"序言"，标题下同样是颤抖的署名"罗竹风"，落款是"1994 年中秋于华东医院"。徐成志读着"序言"，仿佛看到当时已经 83 岁高龄的老人，在病榻上写序的情景。徐成志不禁感慨万端。

罗竹风的女儿罗黛娃说起这些事也是伤心不已，由于她的妈妈在 1984 年病逝，爸爸住院之后就一直由女儿照料。看着病中的爸爸总是不知疲倦地写作，女儿既心疼却又无奈。她埋怨爸爸，但知道是白搭，他就是一次一次心甘情愿地为他人做嫁衣裳。他对别人的事向来都是有求必应，从来不考虑要给自己增加多少负担。女儿实在搞不清楚爸爸置自己身体于不顾，辛辛苦苦地帮着别人写序图个啥？图名吗？他自己就是大名人，请他写序的除了少数老友外，大多是中青年作者。图利吗？写一篇序言得将别人的书从头到尾看一遍，顶多只有几十元到一百元的稿费。爸爸却不是这么想的，他竭尽全力帮助、提携别人，不是为了回报，他认为这是种责任。这也许就是一种境界吧。

20 世纪 80 年代初，中共党史研究专家廖盖隆致信罗竹风，有意编写一套中国人名词典这样的辞书，希望罗竹风与他一起担任主编，并由上海辞书出版社出版。廖盖隆是一位延安时期的老知识分子，1950 年曾撰写《新中国是怎样诞生的?》一书，对罗竹风影响很大。罗竹风任华东抗美援朝总分会秘书长的时候，廖盖隆是抗美援朝总会宣传部副部长，属于上下级关系，两人开始有了业务上的联系。"文革"后，廖盖隆是中央毛泽东著作编辑委员会办公室（后改为中共中央文献研究室）副主任，对党的历史和当代人物研究颇深。罗竹风对廖盖隆的经历、学问和品德，很是敬仰和佩服，收到他的信，虽然正赶上《辞海》再修订、《汉语大词典》编纂正酣之际，但他还是回信致谢并答应了廖盖隆的要求。

编纂出版一部上起远古、下迄当代的《中国人名大词典》，对国内外的读者来说，都是很有必要的。1921 年商务印书馆推出过《中国人名大词典》，收入了四万多个人名，起自太古，止于清末。这是我国出版年代最早、使用最为广泛的检索中国古代人物简况的大型综合辞书。1958 年，商务印书馆曾重印《中国人名大词典》，但近几十年却没有人再系统地做过这个工作。在这样的背景下，编写一部新《中国人名大词典》就显得尤为迫切和重要。而且这部词典也是应中央有关部门提出的要求编写的，是一项具有国家意义的文化工程。根据规划，《中国人名大词典》分历史人物卷、当代人物卷和现任党政领导人物卷，用中文和英文同时出版。历史人物卷选收远古至 1949 年 10 月 1 日以前去世的人物，当代人物卷选收 1949 年 10 月 1 日至 1986 年 12 月底去世的和在任的著名人物，现任党政军领导人物卷选收 1988 年 12 月 31 日前在职的中央和各省、自治区、直辖市的现任领导人物。

《中国人名大词典》的编写工作进展顺利，很快就把入选人物确定下来，准备着手编写了。这时候出现了一个小的插曲。

根据《中国人名大词典》的入选原则，1937 年 7 月就参加了抗日武装部队，后来又担任多个部门要职的罗竹风，达到了"当代人物卷"的入选条件。为此国家出版局致函上海辞书出版社，要求该社按照相关条目标准撰写"罗竹风"词条，出版社将这件事给罗竹风作了书面汇报。很快他们收到了他的回信："我不想写进《中国人名大词典》，因为从一生经历看可以说是'无名氏'，请代向上级有关部门反映。"工作人员解释这是上级的指示。没想到，第二天他们再次收到罗竹风的信："昨天的话仍有效。我以为作为参入《中国人名大词典》的工作一员，更不应上。此外像我这样的'无名氏'上了，反而会成为笑柄，这并不牵扯他人的问题，原则上应上就上，不应上就不必勉强，请向主管部门反映"。即便是国家出版局的领导亲自给他打电话，他还是拒绝了，最终，《中国人名大词典》除了主编罗竹风之外，在任何条目中没有出现他的名字。①

1989 年 10 月，《中国人名大词典》现任党政军领导人物卷出版，共收录了在任的中央和地方党政军高级领导人 2185 名。第二年底，历史人物卷出版，共收入 1.4 万余名历史人物。当代人物卷是《中国人名大词典》容量最大的卷本，于 1992 年 12 月出版，共收入中华人民共和国成立以后去世和在任的中央和地方的党政军高级领导人以及各领域、各部门的著名人物，共 17970 人。每人都有比较详尽的介绍，资料准确可靠，多数人附有照片。

可能有人认为《中国人名大词典》相对于《辞海》、《汉语大词典》，是比较容易操作的，就是一个人物简介。其实不然。说起来，"历史人物卷"相对于其他两卷是好把握一些，而"现任党政军人物卷"和"当代人物卷"就没有那么简单了。既然名曰"大词典"，就要符合辞书编纂的基本章法，入选人物要准，介绍要丝毫不差，最难的是对入选人物的评价，要实事求是，要恰如其分，这是考验编纂者业务水平和把握能力的地方，也是保证辞书质量的关键。为了能够把这个关键的问题处理好，廖盖隆、罗竹风、范源三位主编多次商量，征求多方意见，本着对辞书负责、对入选人物负责的态度，制订了《中国人名大词典》的编纂方针："尊重历史，尊重客观，既不溢美，也不饰过，只用资料，反映观点，如实评价，无用偏颇。"参考商务版的《中国人名大词典》收集人名多、叙述简明、体例简括的特点，仿照《辞海》

---

① 参见上海社会科学联合会主编：《罗竹风纪念文集》，上海辞书出版社 1997 年版，第 214 页。

和《汉语大词典》的编纂工作方式，集中召开编委会、审稿会、定稿会，集合全体编写人员的智慧，研究问题，排除困难，形成了有实际应用效果的编纂规范。

当时廖盖隆请罗竹风做《中国人名大词典》的主编，也是考虑到他有丰富的辞书编纂经验，熟悉辞书编纂工作的流程，把关严格，一丝不苟。

罗竹风拒绝把自己写进《中国人名大词典》，却出色地完成了《中国人名大词典》三卷本的编纂任务，填补了在这方面辞书出版的空白，荣获首届国家图书奖提名奖。

四、行云流水六十秋

1976年"文革"结束后，罗竹风被安排到上海人民出版社古籍组。1978年初，根据上海市委的工作安排，"文革"期间组建的上海人民出版社大社撤销，恢复原有建制上海市出版局。与此同时上海古籍出版社成立，罗竹风随之转制到了上海古籍出版社的《中华文史论丛》做编辑。

巧的是，罗竹风在这里与山东大学的学生魏同贤成了同事。魏同贤1950年随华东大学合并到山东大学中文系，那时候罗竹风正是学校的教务长，同时还和华岗校长一起为学生讲大课。在鲁迅逝世13周年纪念会上，华岗、杨向奎、赵纪彬、罗竹风都进行了鲁迅研究方面的演讲，华岗还把鲁迅研究的课程固定成为学生的必修课。后来，罗竹风也开始为学生讲授鲁迅生平和杂文思想的研究课程。他以自己在北京大学读书时听鲁迅演讲的亲身感受，系统地向学生介绍鲁迅先生从一个留日医学生，成长为一名作家的人生经历，受到学生们的喜欢。与此同时，罗竹风还在中文和历史系开设了"大学国文"课。在这之前，很多学生只知道罗竹风是一位威严的军代表，却不知道他还是一位知识丰富、风趣幽默的教授。罗竹风上课的消息在山大校园迅速传开，不仅文史两系的学生一课不落，学校其他院系的学生也慕名而来，有时经常因为听课的人多，不得不把课堂从教室搬到小礼堂。他还给中文系学生开设了"文艺政策"课，让他们更多地了解党和政府的文艺、创作政策。

在这些听课的学生当中，就有后来成为他同事的魏同贤。罗竹风调到上海工作不久，大学毕业的魏同贤被分配到隶属团中央的少年儿童出版社，负责民间文学和古典名著的选节、注解，1978年调到上海古籍出版社任职。魏同贤读书时，不仅接受了华岗、罗竹风开放式教育，在广场、礼堂倾听他们激情澎湃的演讲和大课，同时也沐浴着山东大学文、史两系各位老师深厚学问的滋润。那时候，中文系的王统照、陆侃如、冯沅君、高亨、吕荧、萧涤非等诸师，历史系的杨向奎、张维华、童书业、赵俪生、王仲荦、陈同燮、黄绍湘，都是名重一方的大家，给魏同贤日后古典文学和典籍研究打下坚实基础。

自从罗竹风任上海市出版局领导之后，两人就已经成为名副其实的"同事"，但真的在一起办公，魏同贤还是有些不太适应。那时候罗竹风的政策还未落实，属于有问题待分配之人，到《中华文史论丛》做编辑也是受出版社之约，帮助工作，终审部分稿件。虽然是"临时工"，罗竹风干起活来却没有半点临时工的心态，而是坚持他一贯的工作作风，埋头苦干，一丝不苟。在办公室干不完的活，他经常是带回家挑灯夜战。刚开始编辑《中华文史论丛》，罗竹风名字不能出现在刊物上，他对魏同贤说，只要有工作，名不名的不算什么。

当时，出版社百废待举，要做的工作实在太多，要出版的书稿车载斗量。罗竹风就是在这个"临时工"的位置上，默默地工作着。那时，同在蒙受冤案之苦的学者王元化，以惊人的毅力写成了《文心雕龙创作论》。罗竹风看了这本书的样稿，很是惊喜，没想到多年未曾谋面的老朋友王元化，以那么坚强的毅力，冒着极大的危险，写下这么一部有分量的著作。罗竹风对魏同贤说，把《文心雕龙》作为创作论分专题研究，是王元化首创。他综合前人的研究成果，但不拘泥于前人的说法，而且超过了前人的成果。他采取比较研究法，以中国或西洋的相似说法，作为附释，使读者相互参证，开阔眼界，是过去研究《文心雕龙》的人所不及的。此稿文字简要流畅，不干燥，不滞涩，也是一个优点。这本书可以作为重点书出版，用较大字体，大 32 开本。果然，王元化的《文心雕龙创作论》出版后，在学术界引起了极大反响，好评如潮，使荒芜了多年的中国学术界，显现出"野火烧不尽，春风吹又生"的生命力。

接着，罗竹风和魏同贤又开始对《陈寅恪文集》进行校注，着手出版诸事。陈寅恪是历史学家，是学界公认的学术大师。但是，他的论著却始终没有得以出版，他的《寒柳堂集》、《金明馆丛稿》（初编、二编），虽然已经结集送到出版社，却一直滞留于编辑部而未能印行，致使陈寅恪发出了"盖棺有期，出版无日"的愤懑之声。当责任编辑魏同贤把样稿送交罗竹风终审时，罗竹风毫不犹豫地同意该书出版。魏同贤说："我们知道，罗老的这一决定是处在当时的客观环境下，'杂家'事件的阴影尚未消除，又为像陈寅恪这样为传统文化抵命的老知识分子的著作再次'做嫁衣',其所冒风险可想而知。可是,罗老于此竟全然不顾,这需要多大的胆识!"当时,《陈寅恪文集》的出版,对中国史学界的直接推动是非常显著的,文集从"出版无日"到"出版有期",正是罗竹风等有胆识、有担当的一代出版人的作为。

像陈寅恪这样的史学家,他的著作中透露的常常是传统的思想观念,这包括治学的目的和观点方法。他在精心研读了我国经史典籍的基础上,又不远万里到欧美多国,掌握了几十种异国语言,在中国学术领域树起了一座丰碑。罗竹风审稿,总是准确地把握政策尺度,又不放过一些具体而微的问题,一丝不苟。《陈寅恪文集》选入的文章,起始于20世纪的20年代末,终止于60年代初,时间跨度有四十年之多。这期间仅标点符号的使用就有多种变化,早年是断句,后来是新式标点,新中国成立以后又使用了文改会规定的标点符号。对此,罗竹风的基本原则是文责自负,作者的观点、文字不要改动,但标点符号必须依照国家的最新规定统一使用,不能给读者造成阅读上的障碍。在罗竹风的具体指导下,魏同贤作为责任编辑出色地完成了《陈寅恪文集》的出版工作。魏同贤后来成为上海古籍出版社社长。

魏同贤这样回忆他的恩师和最为尊重的领导罗竹风:"出版工作是一项严肃的事业,是一个国家、民族、时代在思想文化上影响很久远、深刻的事业,因而,在这个岗位上工作最需要的是认真负责的精神,来不得半点马虎,更不允许吹嘘炒卖,罗老是一直用这种精神和作风要求和勉励我们的。即使在他病中,当看到一些不良现象时,仍愤愤不已。"①

---

① 魏同贤:《高山仰止——缅怀罗老》,载《罗竹风纪念文集》,上海辞书出版社1997年版,第174页。

1991 年 12 月，罗竹风出版了自己的第二本自选集《行云流水六十秋》。他在"自序"中写道："来也匆匆、去也匆匆。九十年代第一春，我已踏进八十高龄的门坎……"为了表达对罗竹风八十年坎坷人生道路的敬意，他的许多挚友想搞一个庆祝活动。但是，他们都了解罗竹风的脾气和为人，他是不会同意用单位的钱来搞这种活动的。于是，他们就决定以朋友的名义为他举办一个聚会性质的祝寿会。应国靖是这次活动的主要发起人和组织者。作为跟随罗竹风多年的社联副秘书长，他深知如果搞一次纯粹的祝寿会，罗竹风不但拒绝参加，可能还会批评他们。于是，应国靖就写了一个很文艺的请柬，其中扼要介绍了罗竹风的生平，也表达了发起者的敬慕，最后特别注明每人自带餐费，地点在复兴路上的小天鹅餐厅，人数限定八十位，共八桌，并定了八十只寿桃。餐厅老板知道是为罗竹风祝寿，而且还实行 AA 制，参加者自带餐费，决定每人只收取五十元的成本费。

罗竹风的朋友实在太多，应国靖精心挑选了八十位。结果，除个别朋友生病不能前来之外，其他人如期出席，另外还多了十几位没收到请柬慕名而来的人。来客都主动在进门的地方交了"饭钱"，称赞这种祝寿的方式新颖、独特，很有借鉴意义。祝寿会非常热烈，大家踊跃发言，其乐融融。事后，罗竹风对应国靖说："你今天这件事办得很好，有这么多朋友来祝寿，而且都是自掏腰包，我很过意不去，但心里又踏实，我毕竟没花公家一分钱。"当然，其中一位没花钱的就是罗竹风，他执意要交钱，在朋友们的一致反对声中，才同意没交。在这次祝寿会上，还来了一位特殊的客人，他既不是出版界的，也不是文化界的，而是在罗竹风住所附近的一位肉摊摊主，这位摊主听说罗竹风喜欢吃肉，每次有好的肉进来，他都给罗竹风留出一点。

罗竹风请这位肉摊主一起祝寿，让家人替他交上"饭费"，活动结束又让他把朋友亲属送的糕点带回家。之后，这位摊主见了应国靖说："没想到罗老这样的大干部如此看得起我这样的小人物，难得啊。"

应国靖感叹："罗老就是这样一位平易近人的长者，在他人眼里看来是不可思议的事，可在罗老身上竟是习以为常，因为他从来没把自己看成是高人一等的特殊公民，他只知自己来自人民，是人民的一员，他始终尊重每个人，这也就是罗老永远受人尊重的原因之一。"[1]

接掌上海社会科学学会联合会主席之职的李储文，在为纪念罗竹风诞辰一百周年而出版的《罗竹风画传》序言中说："竹风同志以'行云流水六十秋'来描述自己的学术生涯，但我们知道他经历过不少折腾和坎坷，可是他却很少提及他所经受的磨难，一如既往、不避艰辛、不计名位、忠心耿耿地为当代事业尽心竭力。"[2]

行云流水六十秋，罗竹风说："几十年来究竟留下多少脚印呢？从幼小、少壮到老迈，脚印即使是凌乱歪斜的，其中也必有'轨迹'可寻。对于一个知识分子来说，不妨从他所写的文章中加以探索，'言为心声'，'文如其人'的说法，都还是有点道理的。"[3]

淡淡几笔，犹如一片云，轻飘而去，消失在苍莽的天穹——这就是罗竹风。

---

[1]　应国靖:《说不尽的罗老》，载《罗竹风纪念文集》，上海辞书出版社 1997 年版，第 330 页。

[2]　上海市社会科学界联合会主编:《罗竹风画传》，上海辞书出版社 2011 年版，第 4 页。

[3]　罗竹风著:《行云流水六十秋》，上海教育出版社 1991 年版，第 1 页。

罗竹风编辑出版大事年表

1911 年

11 月 25 日（农历十月初五），生于山东省平度县（今平度市）西七里河子村，取名罗震寰。

1931 年　20 岁

考入北京大学中文系，同时兼修北大哲学系。九一八事变之后，加入北大学生"南下示威团"到南京请愿。

1932 年　21 岁

参与创刊和主编《北大新闻》报，发表"刊前"文章。

1933 年　22 岁

参与主编《冰流》杂志，以"田牛"为笔名在《冰流》杂志发表小说，主要有《潮汐》、《建设》、《这一群》、《航》、《示威归来》等。

1934 年　23 岁

11 月，在陈望道主编的杂志《太白》半月刊第五期，以笔名"陆旭"发表杂文《看画》，这是目前发现的他较早的一篇杂文作品。

1937 年　26 岁

7 月，全民族抗战开始，响应中共中央北方局"脱下长衫，参加游击队"的号召，与夫人张秀珩一起回到平度，改罗震寰为罗竹风，投笔从戎。

1938 年　27 岁

2 月，调任胶东抗日游击队第三支队政治处教育科长兼司令部宣传部长，同时兼任《胶东日报》社社长。加入中国共产党。

8 月，兼任胶东公学教师。

兼任文化联合社编辑委员，编辑出版马恩列斯及毛泽东著作和其他革命理论、文艺书籍。

1939 年　28 岁

在胶东《大众报》发表《文学运动的新方向》、《纪念鲁迅先生》、《反对帝国主义战争》、《关于学习》、《杂论游击队》、《展开反汪斗争》。

1940 年　29 岁

在《文化防线》1940 年第 1 期发表《伤逝》。

1943 年　32 岁

在《胶东大众》发表《关于童话的写作问题》、《论中国文学的鲁迅方向》、《封禁与篡改》，完成《猛烈开展新文字运动》一文。

1944 年　33 岁

在《胶东大众》发表《汉字和新文字》、《关于文艺形式的讨论》、《五四运动与中国语文革命》、《从新文字的理论到实际》、《新文字的学用和难易》。

1945 年　34 岁

6 月，出任胶东文协常委。

7 月，任胶东公学教务长，主持编写审定解放区中学教材。在胶东 22县推行拉丁化新文字。

1946 年　35 岁

在《大威周刊》发表《恶政府》、《"统治"与"统乱"》；在《胶东大众》发表《从闻一多教授被杀谈起》、《中学生的课外阅读问题》。

1947 年　36 岁

在《胶东文艺》1947 年第 5 期发表《袁世凯的皇帝梦》；在《胶东大众》1947 年第 6 期发表《论文字中的语言问题》；在《大威周刊》第 48 期发表《论简字》。

1948 年　37 岁

在胶东解放区从事教育和文化工作。

9 月，济南解放，任山东省教育厅督学主任。

1949 年　38 岁

6 月，青岛解放，任解放军军事管制委员会文教部大学处处长，以首席军代表身份从济南到青岛接管山东大学，任军管小组党总支书记兼校务委员会秘书长。

1951 年　40 岁

3 月，华东大学与山东大学合并。任山东大学副教务长，中文系教授，讲授"大学国文"。

5 月 1 日，《文史哲》创刊。

1952 年　41 岁

2 月，任华东军政委员会文教委员会宗教事务处处长。

1954 年　43 岁

5 月，负责推动上海宗教界三自（自治、自养、自传）爱国运动。

1955 年　44 岁

7 月，任上海市人民委员会宗教事务处处长。

1956 年　45 岁

2 月 22 日，上海市哲学社会科学学术委员会筹委会成立，任秘书长，主持日常工作。

9 月，上海市语文学会成立，任副会长兼党组书记。

筹建中国科学院上海历史研究所和经济研究所。

1957 年　46 岁

1 月，《学术月刊》在上海创刊。

11 月，被任命为上海市出版局代局长。

任《辞海》副主编。

1958 年　47 岁

3 月，上海市哲学社会科学学会联合会成立，罗竹风作筹备工作报告。

6 月 8 日，带领上海各出版社社长、总编辑、编辑 700 多人，在市区繁华区域宣传推销党的方针、政策方面的图书。

11 月，任上海市政协常委，兼任华东师范大学教授。

1959 年　48 岁

1 月 2 日，上海市文字改革协会筹备委员会成立，任常务副主任兼秘书长。

6 月 14 日，辞海编辑委员会举行第一次会议，舒新城任主任委员，罗竹风任副主任委员。

9 月 1 日，上海出版学校（四年制中等专科学校）开学，罗竹风兼任校长。

1960 年　49 岁

2 月，中华书局上海编辑所开始出版《中华活叶文选》。

4 月 2 日，中华书局辞海编辑所完成《辞海》试写稿，连同《辞海》修订工作情况一同送毛泽东审阅。

1961 年　50 岁

2 月 6 日，主持辞海编辑所在上海浦江饭店召开各学科召集人扩大会议。

2 月 20 日，《辞海》编委会在上海锦江饭店召开会议，讨论集中修改《辞海》二稿，200 多人参加，后移至浦江饭店修订。

5 月，少年儿童出版社出版《十万个为什么》第 1 册。

10 月，按学科分类编排的《辞海》试行本 16 分册出版，内部发行。

上海市出版局颁发关于改进上海出版工作的意见四稿（简称"出版八条"）。

1962 年　51 岁

2 月，中华书局上海编辑所《中华文史论丛》召开作者座谈会，到会的有周谷城、罗竹风、刘大杰、陈虞孙、周予同、马茂元、赵景深、朱东润、郭绍虞等专家学者 16 人。

5 月 6 日，在《文汇报》副刊"笔会"以笔名"骆漠"发表杂文《杂家——一个编辑同志的想法》。

7 月，任政协上海市第三届常务委员会委员。

8 月，制定《上海市出版局所属出版、印刷、发行单位间经济关系的暂行规定》。

1963 年　52 岁

4 月 15 日，《辞海》试排本共 60 分册编纂完成，供内部修改使用。

5 月，石西民、罗竹风召集宋原放、曾彦修等人，审查并修改《辞海》政治性较强的词目，然后汇编成《辞海》审读本，送中宣部审查。

7 月 20 日，辞海编辑所在上海浦江饭店再次集中编写人员，修订试排本，一个月内完成。

1964 年　53 岁

1 月，《辞海》编写人员在浦江饭店集中，根据中共中央批示精神，对定稿进行复查。

5 月，《辞海》未定稿在中华印刷厂排校。上海出版印刷公司调派 60 名校对人员，全书校对 10 次，通读 3 次。

1965 年　54 岁

4 月，《辞海》未定稿上下两卷出版，全书收词 98000 条，1160 余万字。印行 1.5 万部，内部发行。

6月20日，毛泽东接见《辞海》古典文学分科主编刘大杰时说，我已经看了《辞海》未定稿，你们已经做了不少工作，现代词目有些写得简单了，可以考虑《辞海》将来的出口问题。

1971年　60岁

3月15日—7月22日，国务院在北京召开全国出版工作座谈会，讨论今后两三年的图书选题计划。4月12日、6月24日，周恩来总理两次接见会议代表，批判极左的错误思想，指示不要把十七年（1949—1966）的图书统统报废、封存、下架，把修订《辞海》未定稿列入国家出版计划。

1972年　61岁

7月，上海人民出版社设立辞海编辑室，8月起开始对《辞海》未定稿进行全面修订工作。

1974年　63岁

8月19日，邓小平对《辞海》军事分册的修订工作作出批示，仍交由军事科学院主持，组织全军写作力量参加。

1975年　64岁

5月23日—6月17日，国家出版局在广州召开中文语文词典编写出版规划座谈会，制订10年内编写160部中外语文词典的规划。上海承担修订《辞海》、编写出版《汉语大词典》等词典的任务。

9月1日—5日，国家出版局在上海召开山东、江苏、浙江、安徽、上海（后来福建也参加）五省市协作编写《汉语大词典》座谈会。领导小组办公室设在辞海编辑所。

1976 年　65 岁

11 月，上海出版系统拟订"加强知识分子工作的试行规定"。罗竹风被安排到上海人民出版社古籍组恢复工作。

1978 年　67 岁

1 月 1 日，上海出版系统恢复原来建制，撤销大社，重建上海市出版局，下设 10 个专业出版社。

7 月，上海古籍出版社《中华文史丛刊》复刊。由朱东润、李俊民、罗竹风主编，从 1980 年起改为季刊。

10 月，经上海市委批准，被平反，恢复名誉。

11 月 22 日，上海市委批复辞海编委会由夏征农任主编，罗竹风等任《辞海》副主编，统筹安排工作。

12 月 28 日，主持《辞海》编委会扩大会议，各地学者及印刷、发行部门代表 900 多人参加。各学科主编及主要编写人员集中修订《辞海》未定稿。

1979 年　68 岁

中国宗教学会成立，任副会长，担任全国宗教学科规划领导小组副组长。

3 月，出席上海市哲学社会科学学会联合会第二次各学会理事会联席会议，当选为常务副主席，作《上海社联工作报告》。

6 月，在江苏宜兴参加《宗教词典》编写会议，提出"无神论"不属于宗教范畴，不应列入《宗教词典》。

8 月，国家教委与国家出版局决定，罗竹风任《汉语大词典》主编。

9 月 21 日，《辞海》（1979 年版）出版汇报大会在上海举行。会议由夏征农主持，罗竹风汇报《辞海》修订历程。

11 月，汉语大词典编纂处在上海建立。

在苏州东山主持召开《汉语大词典》第一次编委会。

任上海社会科学学会联合会常务副主席兼党组书记，主持日常工作。

上海市语文学会恢复，续任副会长。

1980 年　69 岁

3 月，再次当选上海社联常务副主席。

8 月 15 日，《辞海》（1979 年版）缩印本出版。

10 月 6 日，中国语言学会在武汉成立，王力为名誉会长，吕叔湘任会长，罗竹风任副会长。

11 月，主持在杭州召开《汉语大词典》第二次编委会。

任《辞海》常务副主编，《中国大百科全书》总编委兼宗教卷主编。

1981 年　70 岁

5 月，任上海市文字改革委员会副主任。

9 月，与《汉语大词典》编写领导小组组长陈翰伯、首席学术顾问吕叔湘联名向中央书记处提交《关于加强〈汉语大词典〉工作的报告》。

任《中国人名大词典》主编之一。

1982 年　71 岁

春，上海市宗教学会成立，任会长，发表《关于中国社会主义时期宗教的几个问题》主旨演讲。

任上海市语文学会会长。

12 月，上海辞书出版社出版《辞海》百科增订本。

1983 年　72 岁

12 月，联名陈翰伯、吕叔湘向中央书记处提交《关于〈汉语大词典〉定稿出版工作的请示报告》。

任《中国社会主义时期的宗教问题》主编。

1984 年　73 岁

1 月 1 日，以《辞海》主编、常务副主编的名义，夏征农、罗竹风联名向中央宣传部和上海市委正式提交《修订一九七九年版〈辞海〉，出版一九八九年版〈辞海〉报告》，获批。

6 月 13 日，当选上海市哲学社会科学学会联合会主席兼学术委员会主任委员。

主编《上海杂文选》（1979—1983）。

1985 年　74 岁

3 月 22 日，出席并主持《中国大百科全书·宗教卷》佛教学科审稿会议。

5 月，与陈翰伯、吕叔湘联名向中央书记处提交《关于加强〈汉语大词典〉定稿工作的请示》。

6 月 22 日，上海编辑学会成立，罗竹风、赵家璧等被聘请为顾问。

7 月，主持《民主与法制画报》创刊座谈会。

1986 年　75 岁

上海编辑学会创立《杂家》双月刊。

2 月，上海编辑学会创立《编辑学刊》季刊。

3 月 6—9 日，中国出版工作者协会第二次会员大会在北京召开，被聘为顾问。

5 月，《上海杂文选》（1979—1983）出版。

6 月 19 日，上海市出版工作者协会第二次会员大会举行，被聘为顾问。

6 月，《辞海》获上海市 1979—1985 年哲学社会科学优秀成果特等奖。

7 月，上海市语言文字工作者协会成立，任会长。

10月，《杂家和编辑》一书由山西人民出版社出版。

10月14日，《汉语大词典》第1卷出版，在北京王府井书店举行首发式，胡乔木出席并讲话。

10月18日，汉语大词典出版社成立，主要承担《汉语大词典》及其他语文工具书的出版任务。

1987年　76岁

1月11日，辞海编委会在上海宾馆召开《辞海》1989年版修订工作汇报会。由常务副主编罗竹风主持。

4月，中国韬奋基金会在北京成立，任基金会理事。

12月，任上海市杂文学会会长。

任上海市语言文字工作委员会主任。

受聘担任《平度县志》编委会顾问。

1988年　77岁

1月，中国大百科全书出版社出版《中国大百科全书·宗教卷》。

11月，《上海杂文选》（1984—1986）出版。

1989年　78岁

10月，上海辞书出版社、外文出版社联合出版《中国人名大词典》，分历史人物卷、当代人物卷、现任党政领导人物卷，分中英文两个版本。

1990年　79岁

12月，主编《宗教通史简编》出版。

任中国宗教学会名誉会长、顾问。

任中国出版工作者协会顾问，上海市社会科学院宗教研究所名誉所长。

1991 年　80 岁

12 月，《行云流水六十秋》出版。

出席《汉语大词典》第六卷出版工作会议。

同月，主编《宗教学概论》出版。

1992 年　81 岁

6 月，主编《宗教经籍选编》出版。

12 月，《上海社会科学界人名词典》出版，任编纂委员会主任。

任上海市语文学会顾问。

1993 年　82 岁

8 月，在青岛主持召开《汉语大词典》工作委员会会议。

1994 年　83 岁

1 月 18 日，《辞海》（1989 年版）获第一届国家图书奖荣誉奖，《汉语大词典》获国家图书奖，《中国人名大词典》获国家图书奖提名奖。

2 月，主编《人·社会·宗教》出版。

5 月 10 日，《汉语大词典》编纂出版庆功会在北京举行，作总结发言。

6 月 23 日，上海哲学社会科学优秀成果颁奖，《汉语大词典》获特等奖。

1995 年　84 岁

9 月，为香港《普通话》丛刊创刊 10 周年纪念特刊题词。

1996 年　85 岁

4 月，《辞海》编委会召开主编扩大会议，研究部署 1999 年版《辞海》编纂修订任务。向大会提交书面发言，对全体编纂人员付出的辛勤劳动表示敬意和感谢，并预祝 1999 年版《辞海》修订工作圆满顺利。

8 月，任《中国新文学大系·杂文卷》主编。

11 月 4 日上午 11 时，在上海华东医院病逝。

参考文献

罗竹风：《杂家和编辑》，山西人民出版社 1986 年版。

罗竹风主编：《中国社会主义时期的宗教问题》，上海社会科学院出版社 1987 年版。

罗竹风主编：《宗教通史简编》，华东师范大学出版社 1990 年版。

罗竹风：《行云流水六十秋》，上海教育出版社 1991 年版。

罗竹风主编：《宗教学概论》，华东师范大学出版社 1991 年版。

罗竹风主编：《宗教经籍选编》，华东师范大学出版社 1992 年版。

罗竹风主编：《上海杂文选》（1990—1992），上海文艺出版社 1994 年版。

罗竹风主编：《人·社会·宗教》，上海社会科学院出版社 1995 年版。

罗竹风主编：《中国新文学大系》杂文卷，上海文艺出版社 1997 年版。

本社编：《编辑杂谈》，北京出版社 1981 年版。

本社编：《春华秋实六十载》，上海古籍出版社 2016 年版。

本书编委会编：《山东大学百年史》，山东大学出版社 2001 年版。

本书编委会编：《上海宗教志》，上海社会科学院出版社 2001 年版。

本书编纂委员会编：《上海出版志》，上海社会科学院出版社 2000 年版。

本书编纂委员会编：《烟台文化志》，人民出版社 1999 年版。

巢峰：《出版论稿》（增补本），上海人民出版社 2001 年版。

陈树萍：《北新书局与中国现代文学》，上海三联书店 2008 年版。

陈望道：《修辞学发凡》，上海教育出版社 1979 年版。

［美］德索尔：《出版学概说》，姜乐英、杨杰译，中国书籍出版社 1988 年版。

邓明以：《陈望道传》，复旦大学出版社 1995 年版。

董瑞兴主编：《文以载道——金性尧先生纪念文集》，上海古籍出版社 2008 年版。

顾裕禄：《中国天主教的过去和现在》，上海社会科学院出版社 1989 年版。

胡适、陈独秀等：《新青年的理想国》，中国书店 2013 年版。

黄鸿森：《百科全书编纂求索》，中国大百科全书出版社 1994 年版。

黄镇伟：《中国编辑出版史》（第 2 版），苏州大学出版社 2014 年版。

吉少甫主编：《中国出版简史》，学林出版社 1991 年版。

李春平：《辞海纪事》，上海辞书出版社 2000 年版。

李申、王本灵：《〈汉语大词典〉研究》，商务印书馆 2015 年版。

李树：《平度史话》，青岛出版社 2012 年版。

刘增人：《叶圣陶传》，江苏文艺出版社 1995 年版。

钱伯城：《问思集》，上海古籍出版社 2001 年版。

阮仁泽、高振农主编：《上海宗教史》，上海人民出版社 1992 年版。

沙健孙等：《北京大学校史》（1898—1949），上海教育出版社 1981 年版。

上海社会科学学会联合会主编：《罗竹风纪念文集》，上海辞书出版社 1997 年版。

上海社会科学学会联合会主编：《上海社联三十年》，上海社会科学院出版社 1988 年版。

上海市编辑学会编：《上海出版人》，学林出版社 2003 年版。

上海市社会科学界联合会主编：《罗竹风画传》，上海辞书出版社 2011

年版。

舒新城：《近代中国教育思想史》，吉林人民出版社 2012 年版。

舒新城：《舒新城自述》，安徽文艺出版社 2013 年版。

宋原放、李白坚：《中国出版史》，中国书籍出版社 1991 年版。

王琳珺：《平度军事史》，长征出版社 2004 年版。

王绍曾：《近代出版家张元济》，商务印书馆 1984 年版。

夏征农：《夏征农文集》，上海人民出版社 2006 年版。

向阳：《华岗传》，浙江人民出版社 2003 年版。

徐俊西主编：《海上文学百家文库·陈毅 夏征农 陈沂卷》，上海文艺出版社 2010 年版。

姚福申：《中国编辑史》，复旦大学出版社 1990 年版。

叶圣陶：《叶圣陶语文教育论集》，教育科学出版社 1980 年版。

叶永烈：《姚文元传》，时代文艺出版社 1993 年版。

余敏主编：《出版学》，中国书籍出版社 2002 年版。

俞筱尧、刘彦捷：《陆费逵与中华书局》，中华书局 2002 年版。

张玟、林克勤：《书籍编辑学简论》，中国书籍出版社 1989 年版。

张树年主编：《张元济年谱》，商务印书馆 1991 年版。

张忠强：《罗竹风传略》，东方出版中心 2016 年版。

赵家璧：《编辑忆旧》，生活·读书·新知三联书店 1984 年版。

中共平度县委党史办公室编：《刘谦初》，中共党史资料出版社 1990 年版。

中国社会科学院语言研究所编：《纪念吕叔湘先生百年诞辰》，商务印书馆 2004 年版。

周广璜、李扬眉编：《继绝开新——作者读者编者回忆〈文史哲〉》，商务印书馆 2011 年版。

周维强：《太白之风：陈望道传》，浙江人民出版社 2006 年版。

周怡：《威海早期报业史》，中央文献出版社 2014 年版。

后　记

　　有幸受邀撰写《中国出版家·罗竹风》一书，感谢"中国出版家丛书"编辑委员会的信任，把如此重要的出版家交给我。感谢人民出版社的鼓励，使我能顺利完成这个光荣而艰巨的任务。感谢我参阅过的那些文献的编纂者，使我能够比较全面地掌握与罗竹风相关的资料。本书所用照片多采自《罗竹风画传》①、《罗竹风纪念文集》②、《罗竹风传略》③、《上海出版志》④、《民主与法制创刊十周年纪念册》⑤，山东省平度第一中学校史馆，在此一并表示衷心感谢。

　　感谢罗老家乡山东省平度市的孙志裴、张忠强、李炳玉诸先生，感谢罗老在山东大学的学生吕家乡先生。多少年来他们一直坚持"守

---

　　① 上海市社会科学界联合会主编，上海辞书出版社 2011 年版。
　　② 上海社会科学学会联合会主编，上海辞书出版社 1997 年版。
　　③ 张忠强著，东方出版中心 2016 年版。
　　④ 《上海出版志》编纂委员会编，宋原放、孙颙主编，上海社会科学院出版社 2000 年版。
　　⑤ 民主与法制社 1989 年版。

护"着罗老，除了不断收集相关资料，撰写文章、书籍，还为保护罗老故居，建设纪念馆奔走呼吁，取得了显著成果，令人敬佩。尤其是他们"只要宣传、弘扬罗老精神，无论是谁，都无条件支持"的博大胸怀，更让人深为感动。《罗竹风传略》一书的作者、青年学者张忠强先生，不仅把宝贵的《北大新闻》和《冰流》复制件及许多宝贵照片慷慨赠予本人，还把本书的清样打印出来，逐字过关，挑出了很多错别字和时间节点上的误差。在此特别向孙志裴、张忠强、李炳玉先生的执着、奉献精神致敬，对他们为本书作出的贡献表示诚挚的谢意。

当然，最应该感谢的是本书的传主罗竹风先生。记得，先生曾经在一篇文章中说过这样的话："外界有个印象，似乎我是专门编写辞书的；其实，不过是一种误会。人不相知，莫此为甚！"此语可谓电光石火，"人不相知，莫此为甚"，凭什么我敢接下这个任务，下笔去写中国出版家罗竹风呢？

余生也晚，却因了这样的机缘巧合，使我与罗竹风先生有了一段难以忘却的"忘年至交"。从地缘上讲，我们是老乡，我们的老家同属胶东半岛以西的昌潍大平原，先生乃平度县人，我是潍县出生。从师承关系上说，先生曾任山东大学教务长，那时我尚未出生，但我后来就读于山东大学历史系，可攀先生为校友、师长。大学毕业后，我被分配到出版社工作，先生曾经担任出版局代局长多年，我们也应该算是同行，或为同仁吧。后来，我转岗报纸副刊，负责杂文栏目的编辑工作。先生是大杂文家，我曾向其约稿并请他为我们的一次杂文评选活动担任评委。他不仅赐作还写了很长的一封信，与我探讨杂文的写作、编辑问题。如今，这封密密麻麻长达三页的罗竹风亲笔信，已经成为我名人信札收藏的压箱之宝。

初识先生，源自两次远观。一次是 1979 年秋天刚入学不久，山东大学在时任校长吴富恒的主持下举办文科研讨会，后来这次大会被誉为"实践是检验真理的唯一标准"大讨论的前奏，开思想解放风气之先。全国社科、理论界大腕云集济南，就真理标准问题畅所欲言，展开大争论。我们这些新入校的学生，被拉去给会场填空，从学校步行一个小时，到达毛泽东主席曾经两次作过报告的珍珠泉礼堂。在那个崇拜英雄的年代，在那个追逐偶像的年龄，在那个学术领袖重获尊重的思想解放之初，主持人介绍每一位与会者的大名时，都会响起一阵热烈的掌声。罗竹风以及黎澍、刘大年、金冲及、萧涤非、吴大琨、李俊民的名字第一次进入我的脑海。远观主席台上的诸位先生，感觉无比高大，他们思想的光芒成为照亮我们这些年轻学子，在学海遨游的灯塔。

另一次远观先生是 1981 年秋天的山东大学校庆。作为校友，罗竹风与臧克家、徐中玉等一起出席。我的座位就在去往主席台的通道边上，身材魁梧、年逾七十的罗竹风，步履轻盈，边走边与我们打着招呼，他的神采令人久久难以忘怀。

时至 1988 年，我已经调到一家晚报做副刊编辑。秋天，罗竹风到济南参加杂文研讨会，如此大好的约稿时机，是不能错过的。经罗竹风的学生吕家乡介绍，利用一个中午的时间，我来到了罗老的房间。让我稍感惊讶的是，一个三十年代参加革命的老干部，下榻的房间竟然只是一个标准间。说明来意后，罗竹风一口应下。都说大家难求，名家难约，罗竹风却毫无一点大家、名人的架子，令我难以忘怀。李储文为《罗竹风纪念文集》所作的序文，其中也提到有一年他与罗竹风一起到济南的情景："五十年代初，我们从北京出差返沪，途中在济南小停，入住的招待所设施十分简陋，但竹风同志随遇而安，并不在乎。他还笑着跟我说，就他而言，一块羌饼、几支大葱、一杯清茶，于愿已足。"① 以此可推，罗竹风先生简朴实在的工作和生活作风，由来已久。

虽然是午休时间，前来探望罗老的熟人还是络绎不绝，有他在山东大学的同事、学生，有他一起在胶东地区参加革命的战友，还有如我一样慕名而来约稿、拜访的人，把一间小屋挤得满满当当。我先告辞，并向罗老提出合影留念，他很高兴地让我在沙发上坐下，由吕家乡先生为我们拍照。这是我与罗老唯一一张合影，是第一次也是唯一一次与罗老这样近距离接触。

有了这次短暂却温馨的面晤，在之后的日子里，我有事相求就写信，甚至成为一种工作和学习、生活中的习惯，完全忘记了罗老的身份和他日理万机的工作节奏。1990 年 1 月 5 日，罗老在一封写给我的信中这样说："今年已 78 岁，早已进入'老龄'门坎，所幸身体还算健壮，每日工作不下十来个小时，近来主要是为别人的书稿写'前言'（序），颇以为苦！一两千字的'前言'，必须读完全部书稿才能下笔，劳动量相当可观。自己写点文章反而要'忙里偷闲'挤点时间，又怎能写得好呢！"

李储文说："竹风同志一生著作等身而有余，其中主持《辞海》、《汉语大词典》的编纂工作，业绩辉煌。"其实，罗竹风与书交道一生，真正称其为"著作"的也只有区区两本书。一本是 1986 年 10 月

---

① 上海社会科学学会联合会主编：《罗竹风纪念文集》，上海辞书出版社 1997 年版，第 2 页。

由山西人民出版社出版的《杂家和编辑》，另一本是 1991 年 12 月由上海教育出版社出版的《行云流水六十秋》。读罢他为《杂家和编辑》一书写的序，让我知道了作为一个出版家对于书的独特之感："三年以前，《书讯》出了个题目：你的第一本书是什么？我无以答对，只好交'白卷'了。"何为交"白卷"，就是截止到 1986 年 10 月《杂家和编辑》一书出版之前，他还没有著作问世。这是为什么呢？他接着说："我对书有一种看法，固然不必'藏之名山，传之后世'，但质量第一，总得像本书的样子。书还有严格的标准么？有的，这就是它的知识性，稳定性和可读性。我所写的一些零星文章，却远远达不到这种要求，因而从来也没有想到，要把过去的文章搜集起来出一本书的念头。"①

所谓不忘初心，方得始终。罗竹风是一位真正的出版家，他所秉承的中国出版人"甘为他人做嫁衣"的精神，是他永不停步的动力。无论陆费逵、张元济、舒新城，还是赵家璧、李小峰这些彪炳史册的出版家，虽多是学贯中西、才华横溢的大学问家，但是他们名下却极少有大作可言。茅盾曾经这样评价出版家张元济："在中国的新式出版事业中，张菊生确实是开辟草莱的人，他不但是有远见、有魄力的企业家，同时又是一个学贯中西、博古通今的人。他没有留下专门著作，但《百衲本二十四史》每史有他的跋，以及所辑《涉园丛刊》各书的跋，可以概见他于史学、文学都有高深的修养。"② 后人整理了《张元济日记》、《张元济书札》、《张元济年谱》，字里行间无不透着一个出版家的理想与智慧，都是可以燎原的思想火花。

---

① 罗竹风:《杂家和编辑》，山西人民出版社 1986 年版，第 1 页。
② 茅盾:《我所走过的道路》（上册），人民文学出版社 1981 年版，第 109 页。

罗竹风何尝不是如此。

晚年的罗竹风重病缠身，在完成了《辞海》、《汉语大词典》之后，他以病房为办公室，通过与亲朋好友通信的形式，继续着自己对出版事业的思考。从 1993 年 9 月住进上海华东医院，到 1996 年 11 月 4 日去世，罗竹风在这三年多的时间给友人和学生写了一千多封信。假如能把这些信件整理出来，当是一笔宝贵的精神财富。

罗竹风给自己印了一张这样的名片："我一生大体所干四事：一是辞书编纂者；二是语文改革倡导者；三是宗教研究者；四是写杂文的。如果以此头衔印成名片，可能是名副其实的。"[①]

这是一本定向性比较强的著作，只能在"出版"两个字上展开写作。因为时间跨度大，相关的机构名称因历史原因数度改变。以"上海社联"为例，1956 年 2 月成立时为上海市哲学社会科学学术委员会筹备处，罗竹风任筹备处秘书长。1957 年正式成立之后叫作上海市哲学社会科学学会联合会，罗竹风先后任副主席、常务副主席兼秘书长、主席、名誉主席。该机构的称谓还有诸如上海社会科学学会联合会、上海市社会科学学会联合会等，均属于不规范称呼，只是业内人士一看便知是"上海社联"，这个机构现在的正式名称是上海市社会科学界联合会。再比如，上海古籍出版社的前身是中华书局上海编辑所，上海辞书出版社的前身是中华书局辞海编辑所。这牵扯到《辞海》、《十万个为什么》、《中华活叶文选》等连续出版物的版本问题，本书在撰写过程中对此都进行了必要的厘清。还有就是，罗竹风在上海市出版局的职务，官方文件载明是"代局长"，很多回忆文章往往

①　马少波：《战地同袍并马驰》，载《罗竹风纪念文集》，上海辞书出版社 1997 年版，第 62 页。

直称"局长"，当是出于尊重。

罗竹风对家乡、对故人情谊深厚，他对夫人张秀珩一生的感情，则堪称楷模。在一封写给著名剧作家马少波的信中，罗老对亡妻的思念读来令人动容："秀珩'走了'十一个年头了，她独自一人睡在龙华公墓里。去年清明已'乔迁'龙华公园，孩子们曾去扫墓，为我献上几朵华东医院南花园正在盛开的海棠和樱花，聊以慰孤魂于寂寥。往者已矣，来日可追，像我这样多病之身，也只有听其自然而已。"[①]他们结婚于1935年，直到1984年7月张秀珩因病去世，两人五十年如一日相濡以沫，无尽思念，跃然纸上。

人无完人，但我还是想引用罗老北京大学同学、山东大学同事，著名历史学家杨向奎先生纪念罗竹风的话，作为本书的结语：

曲径危桥都历遍，

到头终是一完人！

2017 年 5 月 30 日　农历五月初五初稿于潍县老家

---

① 马少波：《战地同袍并马驰》，载《罗竹风纪念文集》，上海辞书出版社 1997 年版，第 62 页。

统　　筹：贺　畅

责任编辑：周　颖

封面设计：肖　辉　姚　菲

版式设计：汪　莹

图书在版编目（CIP）数据

中国出版家 . 罗竹风 / 许志杰 著 . —北京：人民出版社，2018.12

（中国出版家丛书 / 柳斌杰主编）

ISBN 978 - 7 - 01 - 019033 - 4

I. ①中⋯　II. ①童⋯　III. ①罗竹风（1911~1996）- 生平事迹　IV. ① K825.42

中国版本图书馆 CIP 数据核字（2018）第 042788 号

中国出版家·罗竹风

ZHONGGUO CHUBANJIA LUO ZHUFENG

许志杰　著

人民出版社 出版发行

（100706　北京市东城区隆福寺街 99 号）

北京盛通印刷股份有限公司印刷　新华书店经销

2018 年 12 月第 1 版　2018 年 12 月北京第 1 次印刷

开本：710 毫米 × 1000 毫米 1/16　印张：20.25

字数：250 千字

ISBN 978 - 7 - 01 - 019033 - 4　定价：76.00 元

邮购地址 100706　北京市东城区隆福寺街 99 号

人民东方图书销售中心　电话：（010）65250042　65289539